全国中等医药卫生职业教育“十二五”规划教材

药品市场营销

（供药剂及相关专业用）

主　编　张　丽（山西药科职业学院）

副主编　魏保华（济南护理职业学院）

徐　娟（天津卫生职业技术学院）

施　勇（北京卫生职业学院）

编　委　（按姓氏笔画排序）

张　丽（山西药科职业学院）

张　琳（南阳医学高等专科学校）

郑　林（贵州中医学院三源药业有限公司）

赵　雯（山西药科职业学院）

施　勇（北京卫生职业学院）

徐　娟（天津卫生职业技术学院）

高环城（山西医科大学汾阳学院）

魏保华（济南护理职业学院）

中国中医药出版社

·北京·

图书在版编目(CIP)数据

药品市场营销/张丽主编 . —北京：中国中医药出版社，2013. 8（2016.9重印）
全国中等医药卫生职业教育“十二五”规划教材
ISBN 978 -7 -5132 -1557 -2

Ⅰ. ①药… Ⅱ. ①张… Ⅲ. ①药品 - 市场营销学 - 中国 - 中等专业学校 - 教材 Ⅳ. ①F724. 73

中国版本图书馆 CIP 数据核字（2013）第 155596 号

中 国 中 医 药 出 版 社 出 版
北京市朝阳区北三环东路 28 号易亨大厦 16 层
邮政编码 100013
传真 010 64405750
三河市双峰印刷装订有限公司印刷
各地新华书店经销
*
开本 787 ×1092 1/16 印张 14. 5 字数 322 千字
2013 年 8 月第 1 版 2016 年 9 月第 3 次印刷
书 号 ISBN 978 -7 -5132 -1557 -2
*
定价 29. 00 元
网址 www. cptcm. com

如有印装质量问题请与本社出版部调换

社长热线 010 64405720
购书热线 010 64065415 010 64065413
书店网址 csln. net/qksd/
官方微博 http：//e. weibo. com/cptcm

全国中等医药卫生职业教育“十二五”规划教材

专家指导委员会

前　言

“全国中等医药卫生职业教育‘十二五’规划教材”由中国职业技术教育学会教材工作委员会中等医药卫生职业教育教材建设研究会组织，全国120余所高等和中等医药卫生院校及相关医院、医药企业联合编写，中国中医药出版社出版。主要供全国中等医药卫生职业学校护理、助产、药剂、医学检验技术、口腔修复工艺专业使用。

《国家中长期教育改革和发展规划纲要（2010－2020年）》中明确提出，要大力发展职业教育，并将职业教育纳入经济社会发展和产业发展规划，使之成为推动经济发展、促进就业、改善民生、解决“三农”问题的重要途径。中等职业教育旨在满足社会对高素质劳动者和技能型人才的需求，其教材是教学的依据，在人才培养上具有举足轻重的作用。为了更好地适应我国医药卫生体制改革，适应中等医药卫生职业教育的教学发展和需求，体现国家对中等职业教育的最新教学要求，突出中等医药卫生职业教育的特色，中国职业技术教育学会教材工作委员会中等医药卫生职业教育教材建设研究会精心组织并完成了系列教材的建设工作。

本系列教材采用了“政府指导、学会主办、院校联办、出版社协办”的建设机制。2011年，在教育部宏观指导下，成立了中国职业技术教育学会教材工作委员会中等医药卫生职业教育教材建设研究会，将办公室设在中国中医药出版社，于同年即开展了系列规划教材的规划、组织工作。通过广泛调研、全国范围内主编遴选，历时近2年的时间，经过主编会议、全体编委会议、定稿会议，在700多位编者的共同努力下，完成了5个专业61本规划教材的编写工作。

本系列教材具有以下特点：

1. 以学生为中心，强调以就业为导向、以能力为本位、以岗位需求为标准的原则，按照技能型、服务型高素质劳动者的培养目标进行编写，体现“工学结合”的人才培养模式。

2. 教材内容充分体现中等医药卫生职业教育的特色，以教育部新的教学指导意见为纲领，注重针对性、适用性以及实用性，贴近学生、贴近岗位、贴近社会，符合中职教学实际。

3. 强化质量意识、精品意识，从教材内容结构、知识点、规范化、标准化、编写技巧、语言文字等方面加以改革，具备“精品教材”特质。

4. 教材内容与教学大纲一致，教材内容涵盖资格考试全部内容及所有考试要求的知识点，注重满足学生获得“双证书”及相关工作岗位需求，以利于学生就业，突出中等医药卫生职业教育的要求。

5. 创新教材呈现形式，图文并茂，版式设计新颖、活泼，符合中职学生认知规律及特点，以利于增强学习兴趣。

6. 配有相应的教学大纲，指导教与学，相关内容可在中国中医药出版社网站

（www. cptcm. com）上进行下载。本系列教材在编写过程中得到了教育部、中国职业技术教育学会教材工作委员会有关领导以及各院校的大力支持和高度关注，我们衷心希望本系列规划教材能在相关课程的教学中发挥积极的作用，通过教学实践的检验不断改进和完善。敬请各教学单位、教学人员以及广大学生多提宝贵意见，以便再版时予以修正，使教材质量不断提升。

中等医药卫生职业教育教材建设研究会

中国中医药出版社

2013 年 7 月

编写说明

本教材是“全国中等医药卫生职业教育‘十二五’规划教材”之一。教材内容适应我国中等医药卫生职业教育发展需要，遵循“以学生为中心，以就业为导向，以能力为本位，以岗位需要为标准”的原则。适合中职学校药剂、营销、管理等专业教学使用，也可以作为医药企业营销职业培训教材，还可以作为医药界营销人员的参考书。

本教材内容选取、体例设计和形式编排，均突显知识性、趣味性和操作性，具有内容实用、理论精炼、可操作性强的特色。

1. 结合医药市场的发展动态、针对药品营销的特点、依据就业岗位的工作需要组织教材内容。内容包括药品市场营销分析、药品市场营销战略、药品市场营销策略，以及药品市场营销实践技能。

2. 根据药品营销活动的程序、结合学生的认知特点设计教材体例。每章前有“知识目标”和“能力目标”，章后有“知识结构”，章节中理论精炼，并穿插有“知识卡”、“微案例”、“课堂互动”等能力拓展栏目。每章后的“目标检测”包括“练一练”、“说一说”、“想一想”、“做一做”等多种形式。

3. 本教材编写坚持校企结合，体现了教材编写的职业性、实践性和开放性。编写人员主要来自医药类职业院校营销教学一线的教师，不仅富有教学经验，而且多数具有企业营销实践经历。还特别邀请了医药企业的营销专家郑林参加，为教材提供了大量素材和编写思路，使教材紧密结合药品营销实际。

本教材由张丽主编。编写内容分工：张丽编写第一、四章，赵雯编写第二章，徐娟编写第三、六章，施勇编写第五章，魏保华编写第七章，高环城编写第八章，张琳编写第九、十章。

本教材编写过程中，参阅了大量药品营销相关文献和实例，我们在书末附“主要参考文献”，以尊重原作者对医药业发展和营销教学的付出和贡献，在此也特向有关文献和资料的作者谨致谢意！同时向所有为本书的编写和出版提供帮助者谨致谢意！

由于编者水平有限，本书难免存在一些错误和不足之处，恳请各位专家、读者提出宝贵意见，以便再版时修订提高！

《药品市场营销》编委会
2013年7月

目 录

第一篇　药品市场营销分析

第一章　药品市场营销认知

学习目标

知识目标

1. 掌握市场、药品市场、市场营销和药品市场营销的内涵；
2. 理解不同营销理念的要点和现实应用；
3. 了解市场营销职业道德的基本原则。

能力目标

1. 能对不同营销理念的运用进行正确分析；
2. 能正确判断分析市场营销职业道德行为。

第一节　药品市场营销

一、市场和药品市场

（一）市场

1. 市场的含义　市场是个多义词，随着商品经济和企业经营活动的发展，以及使用对象和场合的不同，市场一词的内涵也不断丰富和发展，大致可归纳为以下三种：

（1）商品流通学对市场的理解　市场是商品交换的场所，是指买卖双方购买和出售商品、进行交易活动的地点。如我们所熟悉的农贸市场、中药材批发市场等。这是最早的也是传统的市场概念。

(2) 经济学对市场的理解　市场是商品交换关系的集合，指所有卖者和买者各种错综复杂交换关系的总和，包括供给和需求两个方面。如市场经济、市场体制等。

(3) 市场营销学对市场理解　市场是某种商品的所有现实购买者和潜在购买者需求的总和。市场就是“需求”，是“特定的人”——即消费者群体，是企业为其提供产品或服务的全部顾客，包括有支付能力和购买欲望的个人和组织。如老年保健品市场、儿童药品市场等。

2. 市场的构成　一个现实有效的市场包含三个要素：有某种需要的人、满足这种需要的购买力和购买欲望。用公式表示就是：

市场 = 人口 + 购买力 + 购买欲望

人口是构成市场的基本因素；购买力是构成市场的物质基础；购买欲望是购买力得以实现的必不可少的条件。市场的这三个因素是相互制约、缺一不可的，只有三者结合起来才能构成现实的市场，才能决定市场的规模和容量。如果缺少购买力和购买欲望要素中的任何一个，则只能是潜在的市场。

从经营者的角度来看，人们常常把卖方称为行业，而将买方称为市场，它们的关系如图 1 -1 所示。

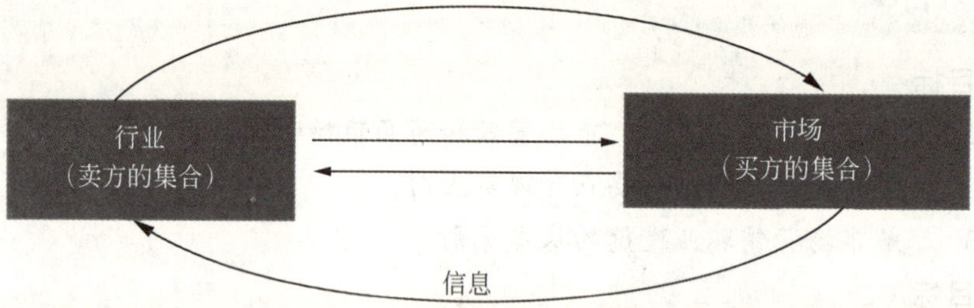

图 1 -1　市场与行业的关系图

课堂互动

从市场营销的角度看，市场就是买方、是需求，而其他销售者都是竞争者，而不是市场。你认为正确吗？

3. 市场的分类　市场按照不同的划分标准可以分为不同类型。市场营销学根据购买者的不同将市场划分为两大类：消费者市场和组织市场。

(1) 消费者市场　是指个人及家庭为满足生活消费而购买商品或服务所构成的市场。主要特征：①属于终端市场，其购买目的是为了生活消费需要，而与营利无关；

②购买人员大都缺乏专门的商品知识和市场知识，可诱导性较强；③购买会随着购买力水平、商品价格的变化而变化，需求弹性较大；④购买者多而分散，需求多样化，购买决策比较简单。

（2）组织市场 是指企业为进行生产、销售活动，政府部门为维持机构运作，非营利性组织为履行职责，而购买商品和服务所构成的市场。分为：生产者市场（产业市场）、中间商市场、政府和团体市场。主要特征：①购买的直接目的是为了获取经济利益；②一般由专业人员集体分析研究、做出购买决策，购买决策相对复杂；③购买者一般了解所购商品的各种情况，不容易受广告宣传、价格变动的影响；④在地理位置上更为集中，这是由自然条件和生产布局决定的，行业较强的地理区域集中性，从而导致这些区域的采购量占据整个市场的很大比重。

课堂互动

我国医药企业密集的地理区域主要集中在哪些地区？

（二）药品市场

1. 药品市场的含义 药品市场是某种药品的所有现实购买者和潜在购买者需求的总和。即对医药商品具有购买欲望和购买力的顾客或用户。

知识卡

《中华人民共和国药品管理法》对药品作出如下定义："药品是指用于预防、治疗、诊断人的疾病，有目的地调节人的生理机能，并规定有适应证或者功能主治、用法用量的物质。包括中药材、中药饮片、中成药、化学原料药及其制剂、抗生素、生化药品、放射性药品、血清、疫苗、血液制品和诊断药品等。"该药品定义主要包括以下含义：

1. 明确规定药品的使用目的，区别于保健品、食品、毒品、化妆品。
2. 明确规定药品的范围，包括传统药和现代药，即中药和西医。
3. 明确规定药品是人用药品，不包括农药和兽药。

2. 药品市场的特点

（1）药品需求的特殊性 药品是事关人们健康和生命安全的特殊商品，药品市场需求更加注重药品的质量特性。

（2）药品供应的及时性 疾病产生的突发性和治疗的迫切性，决定了药品的需求供应应有很强的时效性。

（3）药品消费结构的二元性 药品消费的基本模式是医生根据临床治疗疾病的需要决定患者消费的药品。对于大多数药品尤其是处方药，患者购买和消费药品，而医生却是药品消费的主要决策者。

3. 药品市场的分类 药品市场根据不同的分类标准可分为不同的类别，主要有以下几类：

（1）根据药品的分类管理要求分类 处方药市场和非处方药（OTC）市场。

（2）根据购买的药品种类不同分类 原料药市场、中药材市场、生物技术药市场、化学合成药市场和保健品市场。

（3）根据市场客体组成分类 药品消费者市场、药品生产者市场、药品中间商市场、药品政府和团体市场。

二、药品市场营销

（一）药品市场营销的含义

微案例

本田汽车公司在美国推出新车

日本本田汽车公司要在美国推出一种雅阁牌新车。在设计新车前，他们派出工程技术人员专程到洛杉矶地区考察高速公路的情况，实地丈量路长、路宽，采集高速公路的柏油，拍摄进出口道路的设计。回到日本后，他们专门修了一条9英里长的高速公路，就连路标和告示牌都与美国公路上的一模一样。在设计行李箱时，设计人员意见有分歧，他们就到停车场看了一个下午，看人们如何放取行李。这样一来，意见马上统一起来。结果本田公司的雅阁牌汽车一到美国就备受欢迎，被称为是全世界都能接受的好车。

市场营销一词，由英文“Marketing”翻译而来，主要指以市场交换为中心的一系列活动。

1. 药品市场营销 是指药品营销者为了实现其营销目标，通过市场交换手段，以满足某种药品购买者现实和潜在需求为中心的综合活动。包括：市场调研分析、市场细分、目标市场选择、市场定位、产品开发和定价、分销和销售促进、客户关系管理等一系列活动。

市场营销的核心是交换。交换过程是一个积极主动寻找机会、满足双方需求和欲望的活动和管理过程；交换能否顺利进行，取决于营销者创造的产品和价值满足顾客需要的程度和交换过程管理的水平。

课堂互动

在现代营销实践中，充当营销者角色的既可以是卖方，也可以是买方。“生活处处是营销”，请你用营销的方式为大家作自我介绍！

2. 市场营销与推销 现代市场营销源自企业的销售管理，但绝不等同于推销（Selling）。市场营销与推销的区别主要表现在以下两个方面：

（1）活动范围不同 市场营销活动包括售前、售中、售后的与市场有关的一系列活动，既包括商品生产销售之前的市场调研、消费需求研究、新产品开发、市场机会分析、选择目标市场等；又包括商品销售中的商品定价、分销、广告、人员推销、销售促进等；还包括商品售出之后的售后服务、售后信息反馈等。而推销只着眼于产品的销售环节，只是市场营销活动的一部分，而且还不是最重要的部分。因此，有学者将营销比作一座冰山，十分庞大，且根基深厚，而推销只是冰山露出水面的顶端。

（2）活动中心不同 推销是以生产经营者为中心，注重卖方需求，出售能够生产的商品而从中牟取利润。而营销是以购买者为中心，以顾客需求为中心，注重买方需求，生产和经营适合顾客需求的、能够销售的商品。管理学权威德鲁克说："人们总是认为某种推销是必要的，但营销的目的却要使推销成为不必要。"

（二）市场营销的核心概念

1. 需要、欲望、需求

（1）需要 是人们未得到某些基本满足的心理感受状态，如，衣、食、住、行的欠缺。需要存在于人类自身和所处的社会环境。

（2）欲望 是人们想得到某些特定物品满足其需要的愿望，如，一个人需要食品，想要得到一个面包。欲望会随着社会条件的变化而变化。

（3）需求 是人们对具有支付能力并且愿意购买的某种物品的欲望。可见，人类的需要和欲望是市场营销活动的出发点，未满足的需要和欲望代表着市场机会。市场营销者并不创造需要，只是激发人们的欲望，进而影响其需求。市场营销的实质就是不断开发潜在的需求，并努力满足消费者的这种需求。

2. 产品与服务

（1）产品 广义产品是指企业提供给市场的能够满足人们需要和欲望的任何东西，包括有形物品和无形的服务；狭义产品是指与服务相对的有形物品。

（2）服务 服务包括两类：一类是纯服务，即提供满意；另一类是功能性服务，即提供利益。消费者购买产品时，实际上是购买该产品的利益和满意。市场营销就是提供产品所包含的利益和满意，让消费者的需要得到更大程度的满足。

3. 交换与交易

（1）交换 是指通过提供某种东西作为回报，从别人那里获得所需之物的行为。

（2）交易 是交换的基本单元，在交换的过程中，双方达成协议，就称之为发生了交易。如果双方正在进行谈判，并趋于达成协议，就意味着正在进行交换。一项交易涉及：至少有两件有价值的物品；双方同意的交易条件、时间、地点；通常有法律制度来维护和迫使交易双方执行承诺。怎样达成交易是营销长期关注的焦点。

4. 顾客让渡价值

顾客让渡价值是指顾客总价值与顾客总成本之间的差额。顾客总价值包括：产品价值、服务价值、人员价值和形象价值等；顾客总成本包括货币成本、时间成本、精神成本和体力成本等。

不同的顾客群对产品价值的期望与对各项成本的重视程度是不同的。企业为了争取顾客，往往采取“顾客让渡价值”最大化策略。

顾客让渡价值提高的途径：一是通过改进产品、服务、人员与形象，提高产品的总价值；二是通过降低生产与销售成本，减少顾客购买产品的货币支付和时间、精神与体力的耗费，从而降低货币与非货币成本。

知识卡

“顾客是公司最重要的业务伙伴！”

作为一个公司（沃尔玛），我们的目标是，不仅为顾客提供最好的服务，而且具有传奇色彩。

——山姆·沃尔顿

这家公司（克莱斯勒）中每一个人所拥有的唯一的工作保证来自于质量、生产率和满意的顾客。

——李·亚柯卡

微案例

迪斯尼乐园提供的全是欢乐

美国的迪斯尼乐园，欢乐如同空气一般无所不在。它使得每一位来自世界各地的儿童美梦得以实现，使各种肤色的成年人产生忘年之爱。因为迪斯尼乐园成立之时便明确了它的目标：它的产品不是米老鼠、唐老鸭，而是快乐。人们来到这里是享受欢乐的。公园提供的全是欢乐。公司的每一个人都要成为欢乐的灵魂。游人无论向谁提出问题，谁都必须用“迪斯尼礼节”回答，决不能说“不知道”。因此游人们一次又一次地重返这里，享受欢乐，并愿付出代价。

课堂互动

1. 分析“满意的顾客是最好的广告；不满意的顾客是最糟糕的广告！”
2. 说说一个高度满意的顾客会给公司带来什么？

三、市场营销的产生与发展

（一）市场营销的产生与发展

1. 形成阶段（19 世纪末至 20 世纪初）

（1）背景　19 世纪末 20 世纪初，欧美等主要资本主义国家相继完成工业革命；欧美的一些大型工业企业推行了美国工程师泰勒的“科学管理”制度；生产增长速度超过需求的增长速度，市场竞争出现；广告、商标、包装等市场销售技术兴起。

（2）营销研究　1905 年美国一些大学的商学院开设产品销售课程；1912 年美国哈佛大学赫杰特齐（J. E. Hegertgy）教授写出了第一本以 Marketing 命名的教科书，被视为市场营销学作为一门独立学科的里程碑。

2. 发展阶段（20 世纪 30 年代至二次大战）

（1）背景　1929～1933 年，资本主义各国相继发生了规模空前的经济危机，经济受到了严重的打击，导致有支付能力的需求不足。企业在实际经营活动中开始重视产品销售，千方百计地要把生产的商品推销出去。

（2）营销研究　人们高度重视市场营销学的研究，并将研究成果应用于企业的业务活动；但其研究范围仍局限于流通领域，着重研究如何在更大规模上推销已生产出来的商品，重视研究商品推销术和广告术。

3. “革命”阶段（二战结束至 20 世纪 70 年代末）

（1）背景　20 世纪 50～70 年代末，由于科学技术的进步，社会政治经济情况发生了很大变化，军事工业转为民用工业，出现第三次技术革命，企业的经营管理实践也有了很大进展。市场营销被广泛地应用于社会各个领域，受到普遍重视，并取得了惊人的成功。

（2）营销研究　营销研究范围扩展到了生产领域和消费领域，从以产品为中心转向以消费者为中心；市场营销产生了一次重大变革，一些市场营销专家相继提出了市场细分、市场营销观念、营销组合、品牌形象、买方行为理论等观点，形成了现代市场营销原理。

4. 新发展阶段（20 世纪 80 年代初至今）

（1）背景　20 世纪 80 年代，市场营销又面临新的挑战：贸易保护主义抬头、市场形成封闭状态、信息革命等。

（2）营销研究　菲利普·科特勒提出了大市场营销观念，将营销组合由 4P 扩展为 6P，后来又扩展为 11P，从战术营销转向战略营销，也被称之为市场营销的第二次革命。之后，各种新的观点不断涌现：社会营销、服务营销、全球营销、网络营销、关系营销、绿色营销等逐渐引起社会各界的关注。

课堂互动

请说说你理解的“绿色营销”和“关系营销”的实质是什么？

（二）市场营销在中国的传播与发展

1. 引进认识阶段（20 世纪 70 年代末至 80 年代初）
2. 组织建设阶段（1983～1987 年）
3. 推广应用阶段（1988～2001 年）

4. 本土化阶段（2001 年后至今）

总之，市场营销是在商品经济高度发展，生产迅速扩大，市场供求矛盾日益尖锐，竞争越来越激烈的情况下发展起来的。它还将随着社会经济、政治状况的不断发展变化，得到进一步的充实和完善。

知识卡

市场营销组合（marketing mix），指企业用来进占目标市场、满足顾客需求的各种营销手段的有机组合。

4PS 组合：产品 Product、价格 Price、分销渠道 Place、促销 Promotion。

6PS 组合：4P +2P（政治力量 Political Power，公共关系 Publice Relation）。

市场营销战略意义上的 4PS：探索 probing（市场调研）、划分 pratitioning（市场细分）、择优 prioritizing（选择目标市场）、定位 positioning（市场定位）。

11PS 组合：4PS 战略 +6PS 策略 +人（people）。

4P 理论是营销的基础框架，它解决企业为顾客提供什么产品，怎样为顾客服务的问题。但是，随着新经济的发展，市场营销环境发生了很大变化，消费突出个性化、人文化和多样化。因此，20 世纪 90 年代以来，市场营销专家们又相继提出了 4C、4R、4V 等理论，使营销理论在不同经济环境下创新与发展。

第二节　市场营销观念

市场营销观念，是指企业从事市场营销活动过程中所持的态度、思想和观念，也就是企业的营销理念或营销哲学。其核心是企业以什么为中心来开展生产经营活动，从而正确处理企业、顾客和社会三者之间的利益关系。

市场营销观念是一种观念，一种态度，一种企业思维方式，对企业的营销活动具有指导作用、规范作用和凝聚作用。因此，营销观念始终是企业发展过程中的一个核心问题，其正确与否，将直接影响着企业经营的成败。

了解市场营销观念的演变，对于企业更新观念，自觉适应快速变化的市场新形势，加强市场营销管理，具有十分重要的意义。

微案例

强生公司的营销观念

美国强生公司非常重视社会利益，曾在《财富》杂志的民意测验中被评为美国最受推崇的对社会和环境负责的企业。强生公司有一份被称为“本公司信条”的文件，强调诚实、正直和以人为本，这一信条反映了公司对社会利益的重视。按照这一信条，强生公司宁愿自己遭受巨大损失也不愿让一件劣质产品上市。同时，公司还特别重视消费者和本公司职员的利益。强生公司的总裁这样说：“我们相信，只要我们坚持设法做正确的事情，总有一天市场会报答我们的。”许多年来强生公司以实际行动来信守他们的诺言，市场也给予了他们回报，强生公司对消费者和社会的贡献，使该公司成为美国最能盈利和最受消费者信赖的企业之一。公司总裁说：“我们的信条不应该被看做是某种社会福利方案……它仅仅是一种普通的好的商业方式。”

一、市场营销观念的演变

市场营销观念是在一定的经济基础上产生和形成的，随着市场环境的变化，相应地发展演变。营销观念主要可归纳为生产观念、产品观念、推销观念、市场营销观念和社会营销观念五种。

（一）生产观念

1. 生产观念　是一种重生产、轻市场营销的观念。认为：企业的一切经济活动都以生产为中心，生产是企业经营中的决定因素，只要生产出来产品就不愁卖不出去，消费者喜爱那些可以随处买得到的、价格低廉的产品。

2. 生产观念的背景　在社会生产力水平较低，产品供不应求的“卖方市场”（买卖双方中卖方处于主导地位）条件下产生。企业的中心任务是生产，努力提高生产效率，增加产量，降低成本，生产出让消费者买得到、买得起的产品。

（二）产品观念

1. 产品观念　是从生产观念中派生出来的以产品为中心的一种观念。认为：只要产品质量上乘，具有其他产品不可比拟的优点与特征，就会受到顾客欢迎，顾客就会找上门来购买，顾客愿意多花钱去购买优质产品。

2. 产品观念的背景　同生产观念一样产生于产品供不应求的“卖方市场”条件下。当企业拥有某些名牌老产品，或开发了某项新产品时，往往会坚信自己的产品将在市场上经久不衰，把注意力全部集中在现有产品身上，忽视掌握市场需求动态。最终会滋生“产品自恋症”，致使企业产品销售量下降而陷入困境。

（三）推销观念

1. 推销观念　也称销售观念，是以销售为中心的观念。认为：消费者不会因自身的需求与愿望来主动购买商品，只有在强烈的销售刺激引导下才会购买。企业要销售已生产出来的产品，必须大力开展推销活动，千方百计地运用推销术或广告术，刺激或诱导顾客购买。至于商品售后顾客是否满意，则不是主要的。

2. 推销观念的背景 产生于西方国家由“卖方市场”向“买方市场”（买卖双方中买方处于主导地位）的过渡阶段。在1920～1945年间，由于科学技术的进步，生产力的提高，产品产量与花色品种迅速增加，逐渐出现了市场商品供过于求，卖主之间竞争激烈的局面。企业要想在日益激烈的市场竞争中求得生存和发展，就必须重视推销，关心如何去扩大产品的销量。广告业、交易会的兴起和发展，都是这一观念的产物。推销观念的立足点是对企业已经生产出来的商品加强推销，仍属于传统营销观念，但提高了销售工作在企业经营管理中的地位，为企业转变市场营销观念创造了条件。

（四）市场营销观念

1. 市场营销观念 是作为对上述诸观念的挑战而出现的一种新型的营销观念，其核心是以满足顾客需求为企业经营活动的中心。认为：满足顾客的需求与愿望是企业的责任，企业的一切计划与策略应以顾客为中心，在满足顾客需求的基础上，实现长期的合理的利润。由此，出现了“顾客至上”、“顾客就是上帝”等口号。

2. 市场营销观念的背景 二次世界大战结束后，西方国家产品进一步供过于求，市场竞争激化，市场需求更为多样化和多变化。因此，企业的中心任务是根据顾客的需要生产、销售产品，产生了市场营销观念。显然，在购买过程中消费者有充分的选择余地，买卖双方中必然是买方处于主导地位，即市场是“买方市场”。

课堂互动

有人说“市场营销观念的出现是营销观念的分水岭”，你同意此说法吗？

微案例

汉堡快餐业受到批评

一个企业仅仅奉行市场营销观念满足个体消费者眼前的需要是不够的。例如，餐饮业大量使用的一次性餐具包装，迎合了消费者对方便、卫生的需要，但也造成资源的极大浪费和严重的环境污染。汉堡包快餐行业提供了美味可口的食品，但却受到了批评。原因是他的食品虽然可口却没有营养。汉堡包脂肪含量太高，餐馆出售的油煎食品和肉馅饼都含有过多的淀粉和脂肪。出售时采用方便包装，因而导致了过多的包装废弃物。在满足消费者需求方便的同时，这些餐馆可能损害了消费者的健康，也污染了环境。忽略了消费者和社会的长远利益。

（五）社会营销观念

1. 社会营销观念　是对市场营销观念的重要补充和完善，其核心是强调兼顾消费者、企业、社会三方面的利益。认为：企业在满足顾客需要并由此获得利润的同时，必须考虑到消费者和整个社会的长远利益，考虑到环境的保护和资源的节约问题。该观念要求企业在追求经济效益的同时兼顾社会效益，因而是真正符合社会可持续发展要求的营销观念。

2. 社会营销观念的背景　20 世纪 70 年代，西方资本主义国家出现能源短缺、通货膨胀、失业增加、环境污染严重、消费者保护运动盛行的新形势。于是，西方学者提出了社会营销观念，强调企业在做市场营销决策时，要综合考虑顾客、企业、社会三者利益的统一。

知识卡

不同营销观念的特征

生产观念——“我们生产什么就卖什么。”

产品观念——“我们生产最好的产品。”

推销观念——“我们卖什么，就让人们买什么！”

市场营销观念——“市场需要什么，我们就生产什么！”

社会营销观念——“符合消费者和社会长远利益前提下，满足市场的需求。”

课堂互动

下列表述属于什么营销观念？

1. “广告一响，黄金万两。”
2. “只有疲软的产品，没有疲软的市场。”
3. “开发绿色电器，健康家庭生活。”
4. “顾客的需要就是我们的产品。”
5. “生产你所能够出售的东西，而不是出售你能够生产的东西。”

二、传统营销观念与现代营销观念

生产观念、产品观念、推销观念，都是“以生产者为中心”，企业首先考虑的是产品而不是顾客，要求顾客的需求符合企业的供给，把市场作为生产和销售过程的终点，属于传统营销观念。

市场营销观念、社会营销观念，都是“以顾客为中心”，企业首先考虑的是顾客需要而不是已有的产品，然后根据顾客需要，设计生产符合市场需要的产品，并对市场营销因素进行合理有效的组合，制定出既能满足需求，又有利于企业长期发展的营销策略，属于现代营销观念。

传统营销观念与现代营销观念的区别主要表现在以下四个方面：

1. 营销起点不同 传统营销观念的起点是产品，终点是市场，企业根据本企业的条件生产产品，然后到市场推销，售出产品，以提高劳动效率、降低生产成本为前提来增加产量和销量；现代营销观念的终点是市场，起点也是市场，企业根据消费者的需求组织生产经营活动，市场需求是企业经营的出发点和归宿，营销程序为市场——产品——市场。

2. 营销中心不同 传统营销观念的中心是产品，认为有了产品就有了顾客，把企业的主要精力用在产品的生产和推销上，企业主宰市场，消费者处于被动地位；现代营销观念的中心是消费者，认为消费者需求就是市场机会，市场引导企业开展营销活动，企业把主要精力用来研究消费者需要和欲望，并据此组织生产和经营。

3. 营销手段不同 传统营销观念的营销手段是单一的，主要是推销与广告宣传等促销手段，以生产出来的产品为前提，运用等客上门、广告宣传与推销等手段，千方百计推销已生产出来的产品，甚至强行兜售，硬性推销；现代营销观念的营销手段是开展整体营销活动，是以消费者需求为中心，根据目标市场要求设计市场营销组合，通过整体市场营销活动来实现企业目标。

4. 营销目标不同 传统营销观念是从扩大产品销售中获得更多利润，企业大多以短期利益为目标，重视眼前利益，目光短浅，斤斤计较每一笔交易；现代营销观念是从消费者的满足中获利，从战略高度出发，以长期整体利益为目标，高瞻远瞩，注重整体利益。

传统营销观念与现代营销观念的比较见表 1－1。

表 1－1 传统营销观念与现代营销观念的比较

营销观念	时间		市场状况	经营思想核心	运作重点	
	我国	西方				
生产观念	1978 年以前	20 年代前	卖方市场	扩大生产，提高产量	效率	传统营销观念
产品观念	1978～1988 年	20～40 年代	供求基本平衡	讲求质量、价廉物美	质量	
推销观念	1988～1994 年	40～50 年代	买方市场	大力促销，刺激购买	促销	
市场营销观念	1994 年以后	50～70 年代	全面买方市场	满足消费者需求	市场需求	现代营销观念
社会市场营销观念	1994 年以后	70 年代以后	需求多样化	兼顾消费者、社会、企业三者的利益	价值最大化	

第三节 市场营销职业道德

课堂互动

讨论：在现实经济生活中，侵犯他人权利、损害他人和社会利益的行为经常发生，这种现象应完全归咎于法制不健全与执法不力吗？

一、遵守市场营销职业道德的价值

（一）遵守市场营销职业道德的必要性

市场营销职业道德，是企业和营销人员在市场营销活动中应当自觉遵守的行为规范。它是一种内在的强制力，通过企业管理者和营销人员的道德观念、道德情感和道德信念来形成一种内心的压力和习俗的约束，从而迫使营销行为人有意识、有目的地做出自己的道德选择。道德调控是自觉的行为，是人对自己的战胜，也是社会的胜利。因此，弘扬和遵守市场营销职业道德有其必要性。

1. 市场营销职业道德是市场经济健康发展的基础 “童叟无欺”、“平等交换”、“互惠互利”、“公平竞争”等基本道德规范，在市场经济的每一个历史阶段都是调节人们的市场行为和市场秩序的必要杠杆。纵观世界历史，没有任何一个社会、任何一个时代曾经在道德沦丧的条件下实现过经济繁荣。

2. 市场营销职业道德是企业健康发展的客观要求 企业的营销活动和营销人员的营销行为与市场营销职业道德相符合的程度，直接影响到企业、竞争者和顾客的关系，也影响到市场秩序、社会利益和社会风气。因为判断一个企业的优劣，并不仅仅取决于企业是否去追求利润以及追求了多少利润，而关键取决于它是以何种方式、什么手段追求并谋取利润的。因此，企业营销人员从事营销活动时必须遵守市场营销职业道德。

（二）市场营销职业道德调控的特点

营销职业行为和市场秩序的调控手段，一方面靠法律，另一方面要靠道德。法律源于道德，是强制的道德，而道德是自觉的法律。法律、法规是用一种外在的强制力迫使人们接受某种行为规范，是不得已而为之。市场经济不能只讲法制，还必须高度重视道德对市场秩序和市场营销行为的调控作用。与法律、法规相比，市场营销职业道德调控市场行为具有很多优点，其调控结果也相对完美。

1. 防范的及时性 市场营销职业道德存在于企业管理者和市场营销人员的内心，对于不良营销行为具有超前的警示性和防范的及时性。而营销立法和执法有一定的滞后性，市场上的个别经营者往往正是利用立法和执法的“时间差”实施损人利己的行为。

2. 调控的广泛性 对于一些不良市场行为，在调控过程中可能没有相应的法律依据，而营销职业道德却可以对其起到直接预防、减轻或制止影响等作用。一般情况下，法律与道德对某一行为的判定是一致的，违反法律的行为也是违反道德的行为，因为法律是“最低的道德”，它是道德规范体系中可以对人的行为使用国家权力外在强制的部分。但有些违反道德的行为并不一定违反了法律。例如，医药广告中夸大残疾人遭受的痛苦，日用品广告中表现裸女或暗含性意等等，我国广告法没有对此作明确规定，但这些营销广告因不符合中华民族传统道德会受到谴责和制止。

3. 调控的低成本性 法律对营销行为的调控力度虽然很大，但立法、执法和执法监督都需要投入很多人力、物力和财力。而营销职业道德的调控过程是在企业管理者和营销人员的内心完成的，没有什么物质代价，是最节约的社会调控。

知识卡

药品营销更应该坚守职业道德

医药行业最根本的宗旨是为人民健康服务，一切药品营销活动都应围绕为人们提供安全有效的药品、满足人们防病治病的需要来进行。医药行业的特殊性及其重要地位要求从业人员不仅要依靠法律的、行政的、经济的手段来保证经营活动的顺利进行，认真贯彻《中华人民共和国药品管理法》和国家有关医药商品的管理条例、规定、办法，而且要通过道德的力量来启迪、激励从业人员，使他们自觉约束自己的行为，遵守医药行业职业道德，具有高尚的职业道德素质。

医药行业职业守则：遵纪守法，爱岗敬业；质量为本，真诚守信；急人所难，救死扶伤；文明经商，服务热情。

二、市场营销职业道德的基本原则

市场营销职业道德的基本原则，是指与市场营销职业行为相适应的特殊的道德要求。其出发点是在有利于他人利益和社会利益的前提下实现营销者的利益。主要表现在以下五个方面：

（一）诚信原则

诚实守信历来是人类道德的重要组成部分。在现代市场营销中，诚信居于举足轻重的地位。营销者在市场营销活动中，应对顾客、经销伙伴及其他利益相关者说实话，出示真凭实据，并销售货真价实的商品与服务。能信守或兑现营销中做出的承诺，不仅要信守明确的承诺，如合同、协议、产品说明书、广告声明等，而且要信守隐含的承诺，如推出一项合格的产品就隐含地承诺了对该产品所要求的质量负责。如果企业由于某种原因不能履行承诺，那么企业有义务做出解释，并主动赔偿损失，承担责任，接受惩罚。

（二）负责原则

所谓负责，就是要求营销者在市场营销活动中必须承担相应的社会责任，对自己的一切业务行为本身及其后果承担政治的、法律的、经济的、道义的责任。企业在求利过程中，不能“见利忘义”而“不仁不义”，必须自觉维护消费者权益和社会利益，以满足消费者需求为己任，要“义、利”兼顾，努力向顾客提供能真实有效地满足其需要的产品，尽力帮助顾客解决各种困难和问题，以此赢得顾客的信任。只要营销者本着对社会、对顾客高度负责的精神去从事营销活动，最终一定能获得丰厚的回报。坚持负责原则，需要营销者具有高度的自觉性和勇气，有时甚至需要牺牲一定的利益，做到真正意义上的负责。

（三）公平原则

在现代社会经济生活中，每一个社会成员在法律上和人格上都是平等的，因而在社会和经济交往中，公平是一种普遍的道德要求。理所当然，营销者在市场营销活动中应当坚持公平原则，一方面，对任何服务对象都要坚持公平原则，营销者对待顾客不能以貌取人、厚此薄彼，接待顾客时不可店大欺客、强买强卖等；另一方面，在与竞争对手的营销竞争中坚持公平原则，营销者应当在公平合理、光明正大的前提下参与竞争并充分发挥自己的聪明才智，去追求“阳光下的利润”，决不能要奸弄巧，为达到目的而不择手段。

（四）互利原则

现代市场营销是通过克服交换障碍而实现互利互惠交换的活动，必须同时满足交换主体双方的不同要求，否则就难以达到营销的目的。在市场营销过程中，作为卖方的营销者不仅要考虑交换对自己有利可图，还要考虑到作为买方的顾客也有利可图，这就要求营销人员从双方的共同利益出发开展营销，尤其要充分了解顾客的购买目的和购买动机，帮助顾客解决问题，努力满足顾客的需求。只有在营销中坚持互利互惠原则，企业与顾客之间的关系才有可能持续发展，并借助良好的口碑扩展客户资产。

（五）文明原则

在市场营销活动中，营销者必须适应社会发展的要求，本着以人为本的宗旨，坚持文明经商的原则。这一原则要求营销者在为顾客提供产品和服务、创造顾客价值的过程中，努力做到以下三点：

1. 经营环境文明化 营销场所必须明亮整洁、布局合理、设备齐全、管理有序，尽量给客户提供方便、舒适、安全的商务经营环境。比如，在实物销售点，既要有布局合理、整齐清洁的货架（货柜），以及丰富多彩的商品陈列，又要有方便顾客挑选、购买、装运的各种便利条件以及供顾客休息的场所。现代化、文明化的经营环境，再配以适销对路的产品和热情周到的服务，必将会赢得顾客。

2. 经营方式文明化 随着科技的发展和社会的进步，市场营销者必须努力实现经营方式的文明化、现代化，由单一的面对面的钱－货交易，发展到函件交易、电子化交易、期货交易；由“货物出门，概不负责”发展到“优质服务，讲求信誉”；由单一的商品买卖发展到咨询、培训、销售、运输、安装、维修一条龙服务的综合经营，从而促进客－企关系的新发展。

3. 经营主体文明化 营销者作为经营主体，是文明经商中的能动性因素。营销者要树立文明经商的观念，不仅要通过自身的努力促进经营环境、经营方式的文明化，而且要在营销实践中不断加强自身的文明化建设，具体要做到：

（1）仪表适当 营销人员的衣着、化妆、行为举止都要做到庄重大方，给人以清新、精神、和谐、亲切的感觉。

（2）语言规范 营销人员在与顾客交往中，要尊重顾客，会运用各种礼貌语言，还要针对顾客的购买心理，运用规范化的语言，赢得顾客的好感和信任。

（3）技能娴熟 营销人员要熟悉自己经营的商品和服务，熟练掌握报价、示范、度量、商品包扎、收款付款等业务技能，为顾客提供增值服务。

微案例

自觉遵守营销职业道德

珍视明滴眼液在2009年与中国光华科技基金会联合开展《防近视——珍视明校园关爱行动》：向北京、河北、河南、山东、陕西、新疆维吾尔族自治区等13个地级市的50多万名大中小学生捐赠总价值400多万元的滴眼液，用于在青少年群体中普及用眼、护眼卫生健康常识，改善当前青少年近视低龄化的趋势，积极推动我国青少年防近视用眼、护眼卫生公益活动的开展，促进社会各界关注青少年视力健康教育。结果：在竞争异常激烈的滴眼液市场中，珍视明滴眼液从2008年的1个多亿上升到2009年的2个多亿。

三、败德性营销行为及其预防措施

所谓败德性营销行为，是指所有违反社会道德规范和法律、法规，以不正当手段追求利润并给他人利益或社会利益带来损害的营销行为。

（一）败德性营销行为的危害

在现实的企业营销活动中，常常出现一些败德性营销行为，表现在营销活动的许多方面。比如，市场调研中派人打入其他企业窃取情报；促销中利用虚假广告骗买骗卖等，给社会、企业和个人带来多种危害，具体说来，包括以下几种：

1. 损害广大消费者的利益 市场营销的本质在于实现企业利润目标的同时，满足广大消费者的需求。因此，消费者是企业的“上帝”。但是，败德性营销行为所表现的制售假冒伪劣产品，漫天要价、乱“宰”顾客，利用虚假广告进行欺诈，骗买骗卖等，对广大消费者而言，不仅造成了他们经济上的损失，而且影响到他们的身心健康，严重者会危及他们的生命安全，致使消费者的权益被破坏殆尽。

2. 损害其他竞争者的利益　在正常的市场背景下，公正性是市场竞争的一条基本的原则。然而，有些企业为了排挤竞争对手、独占市场，则通过不正当手段窃取他们的商业秘密；用贿赂的方式推销商品；在广告或宣传中诋毁、贬低竞争对手的商业信誉或产品声誉；用低于成本的价格进行倾销等，所有这些行为的出现，无不有损市场竞争的公正性原则，使市场竞争秩序受到破坏，严重地影响了其他企业的生产经营活动，并使之处于不利的竞争地位，正当利益遭受损害。

3. 损害社会公共利益　企业在营销过程中必须遵循一定的规则，并遵守社会公德，承担相应的社会责任，为增进社会利益和促进健康发展作贡献。而败德性营销行为均会不同角度损害社会公共利益。如大量假冒伪劣产品对名优产品的冲击，使名牌企业利润减少，造成国家利税下降；某些企业在销售过程中拉关系、走后门，加剧社会风气的败坏，妨碍社会主义精神文明建设。

4. 损害企业自身利益　无论是制造、销售假冒伪劣产品，还是用虚假广告进行骗买骗卖，或是采用其他不正当营销手段等，从短期看，企业由于欺骗消费者，引诱消费者上钩而获取了眼前的利益，但从长远看，其违法活动一旦被揭露、曝光，必然危及本身的声誉和信誉，遭受社会舆论的谴责，受到消费者的唾弃，最终失去顾客，失去市场。

5. 损害个人和家庭利益　有些企业营销人员上骗公司，下骗客户，私自串货，贪污挪用公款，最后落得身败名裂、众叛亲离的下场。有些营销人员利用色情贿赂来达到实现销售的目的，不利于自身的健康和发展，也不利于家庭的稳定与和谐。

微案例

某公司生产的心脑康胶囊，其功能主治为“活血化瘀，通窍止痛，扩张血管，增加冠状动脉血流量。用于冠心病、心绞痛及脑动脉硬化症”。广告宣称“冠心病、脑血栓、中风偏瘫当天服用当天见效；郑重承诺，一盒无效，全额退款，一个疗程未治愈者，免费提供用药，直至彻底康复”等。

该药品广告功能主治的宣传超出了食品药品监督管理部门批准的内容，含有利用患者名义作证明、不科学地表示功效的断言和保证，严重欺骗和误导消费者，明显属于违背营销职业道德的行为。

（二）预防和减少败德性营销行为的措施

为了企业的长远发展和营销人员的健康成长，应当采取必要的措施预防和减少败德性营销行为的发生。

1. 端正经营思想，树立社会营销观念，在营销活动中要把消费者利益、企业利益和社会利益统一起来。

2. 确立伦理道德在制定企业市场营销战略中的中心位置，树立和实践“寻求卓越就是寻求伦理”的企业发展观。

3. 制定一套切实可行的道德规则，作为企业行动的指南，有效地约束营销者的行为，规范市场营销行为。

4. 强化企业营销过程的管理，从营销战略的制定、市场调研、产品的开发和生产，到价格制定、产品分销以及促销等，每一个环节都要进行监督，按企业的道德规则运行。杜绝出现道德、法律上不允许的突发性事件。

5. 培育健全的企业人格，从企业领导人到市场营销人员都要加强道德、法纪的学习和教育，力求在从事营销活动的过程中，成为一个“道德人”、“法律人”。

课堂互动

举出现实中败德性营销行为的例子，说说其给社会、企业和个人带来的危害以及给我们的启示。

【知识结构】

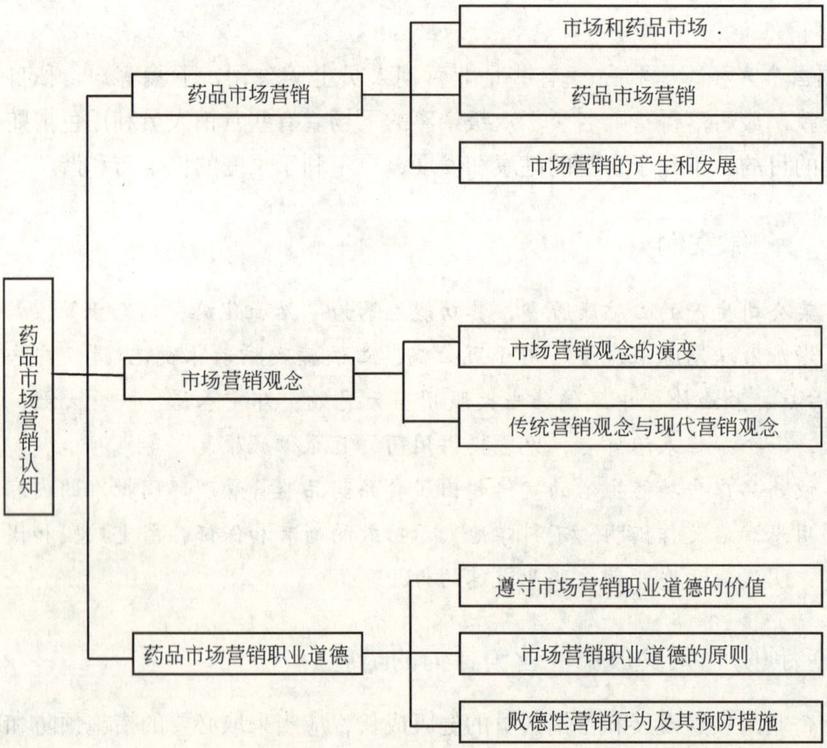

图1-2 药品市场营销认知知识结构图

【目标检测】

☆练一练

判断：

1. 从市场营销的角度来看，市场是商品交换的场所。(　　)
2. 市场营销不仅要考虑顾客需求，还要主动引导消费，创造需求。(　　)
3. 一个现实有效的市场，需要具备人口、购买力和购买欲望三个要素，缺一不可。(　　)
4. 香烟既受顾客欢迎，又给企业带来利润，生产香烟符合社会营销观念。(　　)
5. 只要加大产品的推销力度，产品不会没有销路。(　　)

单选：

1. 福特汽车公司一度拒绝增加汽车生产的花色品种，而只生产一种黑色的小汽车，他们深信只要生产出来就能卖掉。这是典型的（　　）
   A. 推销观念　B. 社会营销观念　C. 生产观念　D. 市场营销观念
2. 人们有能力购买并且愿意购买某种具体药品的欲望，称为（　　）
   A. 需要　B. 需求　C. 效用　D. 欲望
3. 以下四种观念中，以买方为中心的是（　　）
   A. 推销观念　B. 生产观念　C. 市场营销观念　D. 产品观念
4. 以下四种观念中，以卖方为中心的是（　　）
   A. 推销观念　B. 社会营销观念　C. 市场营销观念　D. 大市场营销观念
5. 某造纸企业花费 500 万元来处理废气、废水等，这种行为观念应该叫做（　　）
   A. 社会营销观念　B. 市场营销观念　C. 推销观念　D. 产品观念

☆说一说

1. 什么是市场？市场由哪些要素构成？
2. 什么是药品市场营销？市场营销与推销是什么关系？
3. 分析下面两种观点："酒香不怕巷子深"、"酒香也怕巷子深"。
4. 你如何理解"商道即人道"这句话的含义？

☆想一想

案例

汇仁牌"乌鸡白凤丸"从区域市场走向全国市场

乌鸡白凤丸是江西省的一个传统产品，其生产厂家也不少，如较早的江西泰和制药厂和樟树制药厂等，但真正使乌鸡白凤丸走向全国市场并产生规模效益，获得消费者青睐的是汇仁牌乌鸡白凤丸。汇仁制药有限公司经营乌鸡白凤丸进行了如下运作：

1. 大量的市场调研和产品分析

他们通过深入的市场调研，得出如下看法：由于妇女的生理保健要求、康复要求和支付能力普遍提高，所以，用于补气养血、调经止带的乌鸡白凤丸的市场需求量是巨大的。但是，过去由于其他厂家在产品的剂型、包装和宣传上不到位，所以，产品的销售只局限于江西这一区域市场，而且未向该区域市场的纵深发展。

2. 准确的目标市场确立和市场定位

汇仁从主打产品汇仁肾宝到另一主打产品乌鸡白凤丸，目标消费群由男性转为女性，以已婚女性为主，兼顾未婚女性；功能由壮阳转为滋阴，产品的三大功能：补气养血，调经止带，润肤养颜。宣传从《太后篇》《新闻发布会篇》，到《送礼篇》《产品功能诉求篇》，汇仁乌鸡白凤丸的广告语始终是“女人的问题，女人办”。显然，汇仁乌鸡白凤丸的功能和主治主要是解决女人一生必然要经历的孕、产、乳期之痛。

3. 改造产品的配方和剂型

汇仁的药剂师们先对原配方进行调整，除保留原有的乌鸡等成分外，还加入了更多对女性身体有益的鹿角胶、鳖甲、牡蛎、桑螵蛸等成分，使配方更科学、更有效。针对原有的大蜜丸剂型不便于服用的弱点，他们经过科学分析和调整，把乌鸡白凤丸的剂型改成了颗粒剂。

4. 请专业人士对产品的外包装进行设计

汇仁牌乌鸡白凤丸的外包装的图案既有仿古色彩又有现代含义。内包装设计为小包装，外包装盒比较大，这样可以方便购买者携带，作为礼品馈赠也显得大方美观。

5. 精心设计广告，并投入较高的广告费进行宣传

汇仁的每则广告都是精心设计的，让消费者耳熟能详。如其企业广告“仁者爱人，汇仁制药”，“喝汇仁肾宝，你好我也好”等。针对乌鸡白凤丸的药用特点，公司推出了“女人的事情女人办，汇仁牌乌鸡白凤丸”的著名广告词。同时，汇仁在选择广告媒体时，声像广告与图文广告同时并用，分别在中央电视台、各地方电视台、广播电台、销售终端的每一个店面发布广告；汇仁投入一定的广告费进行宣传，电视广告每天总会在中国的一家或多家电视台播放，其图文广告则几乎遍及城乡的每一个销售终端；选择归亚蕾作产品形象代言人，一是可以借《大明宫词》之势，迅速提升产品知名度，二是借归亚蕾在剧中武则天的扮相造型，暗合乌鸡白凤丸最早由唐代白凤丹衍生发展而来，曾是宫廷秘方，显示出产品文化的源远流长。

6. 利用汇仁肾宝建立起有力的分销渠道

汇仁把乌鸡白凤丸分销到每一个销售终端，让经销商因为可见的利益而积极推销，让消费者在见到广告的同时就能就近买到产品。实现了厂家、经销

商、消费者三赢。

问题：

1. 分析汇仁牌乌鸡白凤丸能从区域小市场走向全国市场的关键原因。

2. 结合案例分析市场营销活动包括哪些内容？

☆做一做

组建营销团队

一、实训目的

通过实训，使学生能清楚目标、明确任务；认知营销职业，树立正确的营销观念。

二、实训内容

本实训在校内教室进行。教师布置任务，学生组建营销团队，进行团队展示。具体内容包括：

1. 团队（组）名称、标志、口号、队歌等。

2. 团队研究的行业、企业、主打产品。

3. 团队愿景（长远目标）。

4. 每个团队 6 ~8 人，挑选 1 名队长，其他成员合理分工，相互配合。

5. 团队本学期的目标任务（市场调研方案策划、企业营销战略和策略分析、模拟演示等）。

三、实训步骤

1. 团队闪亮登场，展示精神风貌。

2. 介绍团队，声音洪亮、吐字清楚，内容主题明确、条理清晰。

3. 进行活动，活动中举止文雅大方、语言礼貌、专业、有序。

4. 活动完毕，礼貌谢场。

四、实训评价（100 分）

1. 知识（30 分，包括应知知识、应会知识）

要求：熟悉营销活动过程，掌握营销核心理念。

2. 专业能力（60 分，包括组织能力、沟通能力、解决问题能力、创新能力、自我管理能力）

要求：团队名称、标志、口号、队歌、目标，自主设计、有新意；团队集思广益、富有团队精神；团队活动体现文明礼貌。

3. 态度（10 分，包括参与意识、合作意识）

要求：遵守纪律，积极参与，协同合作。

第二章 药品购买行为分析

学习目标

知识目标

1. 掌握药品消费者市场的特征、购买动机和购买决策过程；
2. 理解影响药品消费者购买行为和医生处方行为的因素；
3. 了解药品组织市场的特征和购买决策过程。

能力目标

1. 能分析影响药品消费者购买行为的因素和购买决策过程；
2. 能分析药品组织市场购买决策参与者及其在药品采购决策中的角色和作用。

第一节 药品消费者市场购买行为

市场营销中，根据购买者的不同将药品市场划分为药品消费者市场和药品组织市场。这两类市场分别由不同的购买者组成，其需求及购买行为也相差甚远。例如，山西地道中药材“党参”可能被患者个人买去，也可能被药品企业或医院买去。虽然购买同一种药材，但其购买目的、购买行为却大不相同。

课堂互动

请问：患者个人、药品生产企业、药店、医院、诊所等在购买“党参”时，分别属于什么市场？他们的购买目的及购买过程一样吗？

一、药品消费者市场的特征

药品消费者市场　是指个人或家庭为了满足其维护健康、预防疾病、治疗疾病等生活需要，而购买药品及相关服务的个人或群体。它是药品营销的主要对象，因为只有消费者市场才是药品的最终归属，是一切药品市场的基础。

知识卡

一切企业，无论是生产企业还是服务企业，也无论是否直接为消费者服务，都必须研究消费者市场，因为消费者市场需求是人类社会的原生需求，从根本上决定其他所有市场需求，它是企业乃至整个经济活动为之服务的最终市场。

药品是特殊的商品，因而药品消费者市场购买行为既有普通消费者市场的共性，又具有其作为特殊消费品市场的独特性。主要表现为以下几个特征：

1. 多样性 消费者对于药品的需求呈现出选择的多样性和需求的层次性。比如，消费者在购买同种疗效的药品时，在首先关注疗效的前提下，可能有的关注中药或西药的成分，有的关注价格的高低，有的关注服用的方便性等。

2. 发展性 随着人们生活水平提高，医保意识越来越强，药品市场规模壮大以及各种医疗制度良好运行，必将大大提高我国的人均用药水平，人们对药品的消费需求，不论是从数量上还是从质量上，都在不断地发展。

3. 伸缩性 消费者对药品的购买会随着购买力水平的变化、药品价格的变化而变化，伸缩性较强。

4. 替代性 有些药品之间存在此消彼长的关系，即一种药品的销售会限制另一种药品的销售，它们是替代品，如青霉素钠盐与青霉素钾盐。

5. 诱导性 由于药品在使用中需要相对多的医疗和医药产品方面的专业知识，而大多数消费者都缺乏专业知识，容易受到医生、执业药师、药店店员、患过相同病情的亲友等人员以及药品广告等影响来决定购买。

6. 季节性 药品消费需求因季节的不同而不同，主要原因是不同季节会对人体产生不同的特殊影响，引发季节性疾病，从而导致用药需求呈现出明显的季节性，如春冬之交一般是感冒药的需求旺季。

此外，药品消费者市场特殊性还体现在药品作用两重性，药品专用性，药品质量重要性，药品时效限时性，药品等级一致性，药品管理科学性等。

二、药品消费者购买行为类型

药品消费者的购买行为复杂多样，根据消费者的购买态度可划分为七种类型。

1. 习惯型 消费者会根据购买经验和购买习惯反复购买自己熟知和惯用的药品，不会轻易改变原有的购买方式。这类药品消费者往往忠诚于一种或数种老牌、名牌药品，不轻易购买别种同类药品，对新药一般不贸然尝试购买，属于保守型的购买者。营销者应该从质量、价格、宣传上来扩大自己药品的影响力，使其成为消费者偏爱、习惯购买的对象。

2. 理智型 消费者非常重视药品的质量、效用、价格等，往往经过冷静地思考和认真地比较后才决定购买。这类药品消费者在购买时，购买感情色彩少，头脑冷静，行为慎重，主观性较强，不轻易相信广告、促销及售货员推销，会根据具备的医学和药学专业知识对自己所要购买的药品进行考虑并反复地比较。营销者不应过多推荐其他品种药品，而应以准确的导购服务为主。

3. 经济型 消费者由于经济条件的限制，喜欢买便宜的药品，注重商品的内在质量和实际效用，对包装等不太讲究。营销者应该生产或经营一些经济实惠的药品品种，注意推荐低价且效果不错的药品，满足此类消费者的购药需求。

4. 冲动型 消费者容易在药品的外观、售货员的推荐、其他顾客的态度、广告宣传等外界因素的影响刺激下产生购买行为。购买一般以直观感觉为主，从个人兴趣或情绪出发，喜欢新颖、新奇的药品。营销者应采取临时减价、独特包装、现场表演、商品展销会等策略促成顾客的冲动购买。

5. 疑虑型 消费者善于观察细小事物，在选购商品时小心谨慎、疑虑重重、动作缓慢，常会因犹豫不决中断购买，购买后还会疑心是否上当受骗。营销者对这类消费者需要热情服务，耐心介绍药品知识，以促使其购买行为发生。

6. 感情型 消费者依据自己的情感体验来确定是否购买药品。企业应尽可能注重药品的包装、品质、特征和药品的柜台陈列等，以符合其感情需求，并提供热情的咨询和适当的推荐服务。

7. 躲闪型 消费者由于患有隐私型疾病，在购买药品时有躲闪、不安等不自在的行为。对于此类购买者，不要有过多的询问和特别的关注，否则会更令其不舒服甚至吓跑，而应令其放松，适当地关心并引导其购药用药。

药品企业应根据不同的药品和消费者情况，去设计和调整其营销组合，有针对性地运用各种营销策略，满足不同消费需要，以使企业的资源得到合理的分配和使用。

课堂互动

你自己去药店买药时的态度，是偏于理智，还是冲动，还是偏好便宜的又或者是其他情况？

三、影响药品消费者购买行为的因素

药品作为特殊消费品，其消费者的购买行为主要受到以下因素的影响，如图 2 -1。

（一）社会文化因素

社会文化因素主要包括文化和亚文化、社会阶层、相关群体、社会角色与地位等一系列因素。影响药品消费的社会文化因素主要是文化和相关群体。

1. 文化 是指人类在创造物质财富的过程中所积累的精神财富的总和。它包括知识、信仰、艺术、道德、法律、风俗习惯等。每一文化都包含较小的亚文化群体，如民族亚文化群、宗教亚文化群、种族和地理亚文化群。例如，我国消费者受传统中医药文

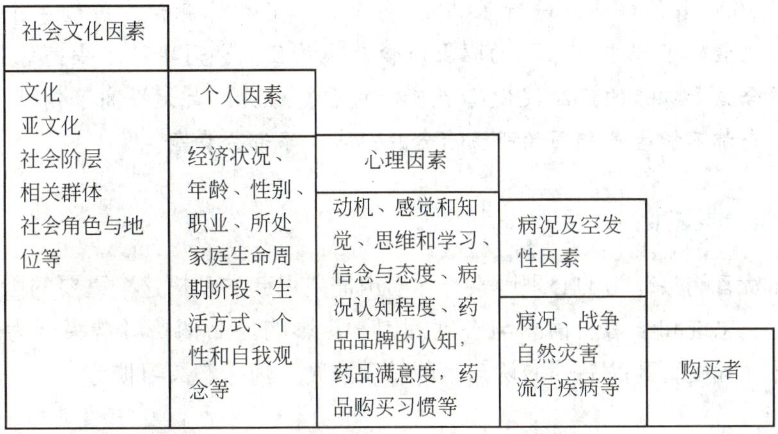

图 2－1　影响药品消费者购买行为的因素图

化的影响，普遍认为中药的毒副作用小，疗效全面，可以从根本上治疗疾病，在预防和保健方面也作用显著。

2. 相关群体　是指直接或间接影响消费者购买行为并与之相互作用的群体。它有三种基本形式：一是主要群体，如家庭、朋友、邻居与同事等；二是次要群体，如宗教、职业和贸易协会等；三是崇拜群体，如电影明星、体育明星的崇拜者和追随者。药品是受他人影响程度最深的消费品，药品消费的影响者主要包括：医生、执业药师、药店店员、亲友、“病友”、药品广告人等。

（二）个人因素

个人因素即经济状况、年龄、性别、职业、所处家庭生命周期阶段、生活方式、个性和自我观念等，这些均会影响消费者的购买行为和决策。

消费者的经济状况是制约消费行为的一个基本因素，在很大程度上决定消费者的购买能力。青年人一般对时尚品如减肥、增高、美容等兴趣浓厚。老年人对治疗心血管类药品需求较多，对延年益寿等保健药品比较感兴趣，一般在仔细比较分析后才购买。教师则购买较多的治疗咽喉炎的药品等。处于满巢阶段 I 的家长们更喜欢选择高质量的钙片、维生素类等儿童药品和保健品。“外向”型的消费者，求新心理较强，往往是新产品的首批购买者，购买过程中受促销因素的影响较大；而“内向”型的消费者则相反。对病情判断力强的人，购买 OTC 药的可能性更大些。

微案例

哈慈改良驱虫消食片

驱虫消食片的消费者主要是儿童。俗语说，良药苦口利于病，但家长总不能在逼孩子吃饭的同时还要逼孩子吃药。哈慈公司聘请欧洲一流的调味师，共调制了1000多种口味，进行了2000多个样本的口味测试。经过半个月的测试，终于调出了“香香味”的驱虫消食片。并且，公司申请了中药保护品种。这种适合孩子口味的产品促使了消费者的重复购买，大大提高了销量，同时，其他药企都不能生产相同的驱虫消食片，减少了部分竞争。

（三）心理因素

影响消费者购买行为的心理因素，除了由需要引起的动机这个重要的因素外，还有感觉和知觉、思维和学习、信念与态度等因素。影响药品消费者购买行为的心理因素有：病况认知程度，药品品牌的认知，药品满意度，药品购买习惯等。

（四）病况及突发性因素

疾病如果影响正常工作和生活，超出忍受程度，人们就会选择药品。患者对症状的预期，人们的健康意识和自我保健意识都会影响药品购买行为。

一些突发性的因素也会影响药品消费的趋势，如战争、自然灾害、流行疾病等，都会推动一些相关药物的消费。比如，2002年的一场“非典”，使得国内的一些维生素类、提高免疫力的生物制剂以及抗病毒药的生产经营企业，在一夜之间变得供不应求。

课堂互动

分组讨论你熟知的消费者在购买感冒药时会考虑哪些因素。

四、药品消费者购买决策

（一）药品消费者购买决策过程

药品消费者购买决策过程是一个动态的系列过程，一般分为五个阶段，如图2-2。

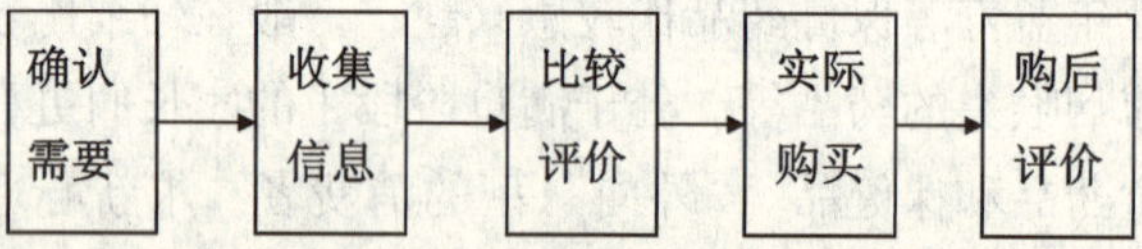

图2-2　药品消费者购买决策过程图

1. 确认需要　确认需要是整个购买过程的起点。消费者只有首先认识到有待满足的需要时，才能产生购买动机。引起消费者认识需要的刺激可以来自两个方面：一种是人体内部的刺激，如患病，会产生购买药品的需要；另一种是人体外部的刺激，如流行时尚、相关群体影响，会产生购买养颜、瘦身等时尚产品的需要。

知识卡

药品消费者的需要主要表现为三方面：①突发性需要：消费者对药品的需求不具备预见性和预期性，而是随着疾病发作突发性的产生，这是药品市场中最常见的一种需要；②经常性需要：一些慢性病患者，久病成医，对某类药品的品牌、效能、价格都非常熟悉，经常购买、服用；③无意识需要：即潜在的需要，很多消费者本身已经存在某种病症，但由于一些原因没有发现，一旦发现也就产生的用药需要。药品企业应针对消费者不同的需要采取对应的营销策略。

2. 收集信息　在多数情况下，消费者并非有了购买欲望就马上采取购买行为，而是当认识到自身的需求后，广泛搜集有关信息。信息来源主要有四个方面：

（1）个人来源　家庭成员、朋友、邻居、同事和其他熟人；

（2）商业来源　医院、诊所、药店、药品包装、药品说明书等；

（3）公共来源　药品展览、义诊服务、广告宣传、科普教育等；

（4）经验来源　以前的用药经验、已有的药品知识等。

一般来说，消费者取得信息最多的是“商业来源”和“公共来源”，这也是企业有可能支配的来源。而消费者认为可信度最高的是“个人来源”和“经验来源”，此来源的信息对消费者购买发挥着权衡和抉择的作用。药品企业营销者应结合药品消费者的行为特点，灵活选择各种信息来源组合，向消费者有效传递信息，突出自身品牌的特色，促使消费者最终选择本企业的药品。

3. 比较评价　消费者把收集的有关药品信息加以整理、分析后，会对这些备选药品的属性作出价值判断，以便能识别、选择一种最适合自己需要的药品。比较评价是一个复杂的过程，在OTC药品市场上，除了消费者本身因素如病情、经济条件、文化认同等，影响对药品判断选择的因素还有药品因素（包括药品的适应证、安全性、疗效、毒副作用、价格、品牌形象、广告宣传等）和服务因素（包括药品零售网点的数量、所处位置、药店的形象、服务项目、知名度、药品陈列、POP广告、店员的服务态度和质量等）。药品企业要努力提高本企业产品的知名度，并突出宣传人们比较评价药品时所考虑的主要因素。

4. 实际购买　消费者通过评价选择后就会做出购买决定并发生购买行为，但在此过程中，会受以下两种因素的干扰：一是“他人态度”，包括家庭成员、相关群体、医生、药品零售人员的态度等。二是“风险因素”，如财务风险、功能风险、生理风险、社会风险、服务风险等。消费者购买行为是购买意向与未知因素相互作用的结果。药品企业应尽可能通过多种措施争取“他人态度”的支持，设法减少“风险因素”的影响，以推动消费者购买本企业药品行为的发生。

5. 购后评价　消费者购买和使用某种药品后，必然会有满意或不满意的评价，这种评价将影响到购买后行为。感到满意的消费者在后继行为方面会有积极的表现，包括自己可能重复购买，也可能向他人进行宣传和推荐该产品等。感到不满意的消费者根据不满意程度有可能采取相应的行动，向企业讨一个说法，如告诉亲戚朋友、向消费者协会投诉、向新闻媒体披露甚至告上法庭等。这些行为都会对企业有一定负面影响或是造成巨大的损失。所以，认真对待消费者购后的态度和行为是企业营销活动中的重要环节。

（二）药品消费者购买决策内容

药品消费行为复杂多样，对药品消费者购买决策内容分析主要包含以下六个方面内容，可以简单地概括为“5W1H”，如图 2－3。

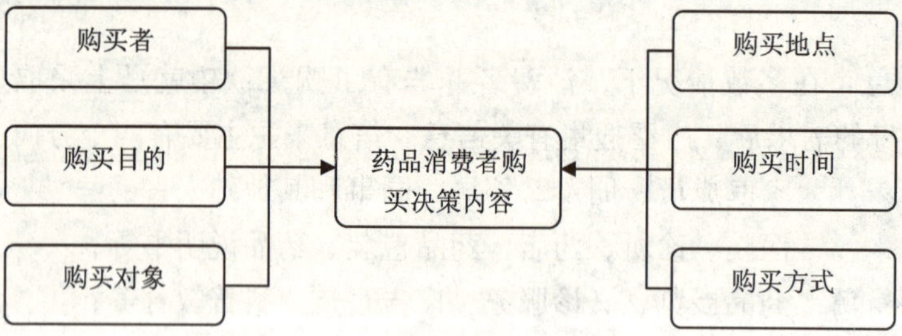

图 2－3　药品消费者购买决策内容构成图

1. 购买者——谁来购买（who）　消费者购买的药品并非都是自己使用，使用的药品也并非都是亲自购买。药品企业必须了解分析特定药品的购买者情况，包括购买者角色、主要的患病种类、年龄构成、收入情况、职业、地区分布等。这是企业研究药品消费者市场的基础和开始。

2. 购买目的——为何购买（why）　消费者购买行为主要是由其购买目的引起的。药品消费者会根据自己的病情，选购使用相应的药品。这是消费者对药品需求的根本目的，决不会因销售人员的提示和诱导而改变。药品企业能做的就是审方给药、指明药品所在位置，或者依据病情推荐治疗该疾病的药品。

3. 购买对象——购买什么（what）　购买对象是购买决策最基本的内容。消费者确定购买对象不只是确定要购买的药品类别，还包括要决定购买药品的品牌、品种、价格、包装以及与药品本身相关的服务等。

4. 购买地点——何处购买（where）　消费者购买地点的选择受购买经验、购买习惯、惠顾动机、个人偏好以及求便、求廉、求速等很多因素的影响。比如，到医院就诊者一般在医院的药房购买药品，也有一小部分在附近的药店购买药品；不少药店有自己的诊所，来就诊者自然在该药店购买药品。药品零售企业应合理选择店址，经销的药品品种齐全、质量过关、价格合理，并努力做到店面环境整洁、药品陈列科学、服务上乘，吸引众多消费者坚定在该药店购买药品。

5. 购买时间——何时购买（when）　消费者购买时间的确定同样受很多因素的影响，如消费者的闲暇时间、促销活动等，但最主要的还是满足其需要的迫切性的大小。如果消费者急需某种药品，就会很快进行购买，以解决自己的不安和紧张。药品消费具有急迫性的特征，消费者在任何时间都可能购买药品。但这任何时间里也有规律存在，那就是集中性、季节性、流行性、节日性、突发性购药。

6. 购买方式——如何购买（how） 如何购买是指消费者怎样购买药品、购买行为如何，主要指消费者购买商品时的货币支付方式和获得产品所有权的方式，如现金结算、赊销、邮购、网上定购等。消费者如何购买，受个性、职业、年龄、性别等若干因素的制约。药品企业必须通过市场调研，了解消费者的购买动机、消费需求及流行消费趋势等，采用有效的营销策略。

第二节 医生处方行为

一、医生处方行为相关概念

处方是注册执业医师在诊疗活动中为患者开具的、由取得药学专业技术职务任职资格的药学专业技术人员审核、调配、核对，并作为患者用药凭证的医疗文书。

医生处方行为是基于医疗工作的特点，在社会宏观环境、医疗保健制度和医院规章制度的约束下，医师结合自己的知识水平和临床经验而表现出来的行为习惯。

处方药是指必须凭执业医师或执业助理医师处方才可调配、购买和使用的药品。

处方药市场是医药企业、药品经销商、医院和医疗机构等组织销售处方药品的市场。与非处方药不同的是：处方药是必须根据医师处方才可购买和使用的药品，医生是一个主动的执行者，而消费者是被动的。

二、医生处方行为类型

按照医生对药品的态度可将医生处方分为下列几种类型：

1. 未接触型 每年医药市场上都会出现大量的新药，医生不认识某药品或者只是刚刚听说过的情况，没有使用经验，或者同事之间没有交流药品的疗效反馈，无法形成对此药品的任何看法。医生出于谨慎，他们一般不会开该种药品的处方。

2. 中立型 医生知道某药品，或者有过一两次的处方经验，对此药品的态度是不赞同也不反对，对其没有特殊的兴趣，只是根据以往的使用情况进行一定程度的替代使用。

3. 赞同型 医生在长期的处方实践中，积累了某药品的使用经验，认同其疗效等优点，会在同类病症中只开该药品的处方。

4. 支持型 医生认同某药品的优点会坚持开处方，同时还在各种场合帮助宣传和推荐该药品。

5. 敌意型 医生对某药品持有反对态度，不会开含有该药品的处方。医生反对的态度有可能是因为使用药品过程中产生问题，也有可能因为与相关销售人员发生冲突。

课堂互动

分组讨论影响消费者购买非处方药品的因素有哪些?

三、影响医生处方行为的因素

表 2-1 影响医生处方行为的因素

医生	患者	药品	药品企业	医药政策法律
经验 处方习惯	要求处方	疗效	提供药品质量的证据	医保制定 医疗费用支付方式
心理需求 执业环境	要求特定药品处方	品牌	提供药品信息的方式	医院补偿机制 医生处方行为干预

（一）医生

1. 医生经验 医生的每个处方都由是否进行处方行为和处方如何组合两个阶段组成。一方面，是否进行处方行为，需要医生凭经验选择，不仅要看患者疾病程度决定，还要看患者的心理需求。另一方面，如何进行处方的药品组合，也需要一定经验作为基础。这是因为某些患者同时患有不止一种疾病，一种疾病的表现可能会掩盖其他疾病，或者几种疾病的表现可能类似而导致误诊。这些都需要依靠长期实践积累起来的经验判断。

2. 医生处方习惯 对于一些常见疾病，医生往往会根据以往习惯开具处方，处方习惯是决定使用品牌药或普通药的重要因素之一。医生在长期的处方实践中形成了对某个药厂或者某个医药代表的喜爱，那么这种喜爱自然延伸到了对应的药品上。

3. 医生心理需求 医生通过处方来满足其自尊心。每个医生都想成为一个受人尊敬的好医生，这就要求他开具的药品能帮助他将患者的病治好，而且要比其他的药物优秀。同时，医生也需要在同行中树立被人尊重的地位，在人与人之间交往中得到尊重等。

4. 医生执业环境 不同区域医生获取的医疗信息不完全相同，其处方行为就存在差异。医生开处方的时候除了受到地域因素的影响，还与医生周边的人际环境有关联，如消费者、同行、领导、医药代表等。由于医生在处方时都有自身的处方习惯，所以同行、领导之间共同会诊，研究治疗方案的情形较多，对于某一种药品进行交流评价的情形很少。

知识卡

患者就诊时，有的会向医生提出与自己病情有关的要求或要求进行某些有关的检查，不同医生对提出处方要求的消费者态度也会不同，表现出以下几种情形：一是与消费者合作，不论消费者的要求是否恰当，一律同意并满足；二是拒绝消费者要求，表现出其权威的独断性，由于信息的不对等，消费者本身就存在服从心理；三是与消费者协调沟通，申明理由，部分地满足消费者。

（二）患者

1. 要求医生一定要进行处方行为 有些患者的病患意识非常强烈，对于医生的不处方行为，他们感到不踏实，认为医生没有认真诊断，针对这种心理，医生可以使用安慰剂等处方行为，对患者进行心理安慰。

2. 要求医生进行特定药品的处方行为 一些患者不仅要求医生有处方行为，而且处方组合中必须包含价格昂贵的药品，为了能够达到治疗目的，在劝说沟通无效的情况下，进行安慰剂和价格较高药物的处方行为，也是合理的。针对患者要求特定药品（非价格昂贵）的处方行为，一般来说，医生在征询了患者想法后，会予以同意。

其实，患者的医药知识或许没有医生想得那么简单，他们对于自己身体的关注超过了医生的了解程度，在到医院就诊之前，可能为对自身疾病做一个了解而进行多方面咨询。他们对于药品的指定，可能是出于对疾病的了解（久病成医），也可能是专家推荐。

（三）药品

1. 药品的疗效 医生在针对消费者的某种疾病进行处方时，首先要考虑药品是否对症。例如同为抗生素产品，不同种类的抗生素具有明确的适应证，因此医生首要关注的应该是药品的治疗范围与疾病的一致性。

2. 药品的品牌 当确定用某种类型的治疗药物后，其关注的因素主要是药品品牌，如对某种降糖药物品牌的知晓度、对品牌的认知来源、对品牌特性的了解、对品牌的评价，医生对这些品牌因素的了解状况，都影响着医生的处方行为。通过对医生调研药品的品牌因素，可以了解和分析企业产品和主要竞争产品的品牌知名度，特别是在无提示情况下的第一品牌提及率，这可以得知在同类产品中，哪些品牌是医生心目中的强势品牌，也就是医生处方时首选的品牌。再继续调研为什么医生会选择该药品，该药品的营销方式是什么，有哪些方式值得借鉴。

（四）药品企业

药品企业进行营销时要注意选择适合的营销手段，不仅要提供关于药品质量的证据，也要用简洁易懂的方式来提供药品相关信息。医生没有多少时间来仔细研究每一种处方药，而对不熟悉的药品，他们通常都会采取保守的处方行为。对于患者来说，既没有相关的医学知识，也没有兴趣花时间来研究药物的疗效。尽管药品企业目标客户只是相关科室的医生，但不同的科室、不同的人员都有不同的需求，企业必须了解和运用医生通常乐于接受的推广方式，促使医生在繁忙的工作中从众多的新药里发现并青睐本企业的产品。

（五）医药政策法律

医药政策法律包括医保制度、医疗费支付与控制方式、医院补偿机制及其他各类医生处方行为干预措施。其中医保制度对医生处方行为影响最大。消费者参与了国家医疗保险或商业保险，当然希望医生为其处方的药物能够报销，同时医生对是否参加保险的患者处方行为也有很大区别。随着参加保险人数逐年增多，药品是否进入《基本医疗保险药品目录》将变得越来越重要。

第三节　药品组织市场购买行为

一、药品组织市场的分类

药品组织市场，是指为维持经营活动，对药品进行再加工、转售，或向社会提供服务，而购买药品和服务的组织，包括企业、政府机构及各种社会团体。药品组织市场的分类如图 2－4。

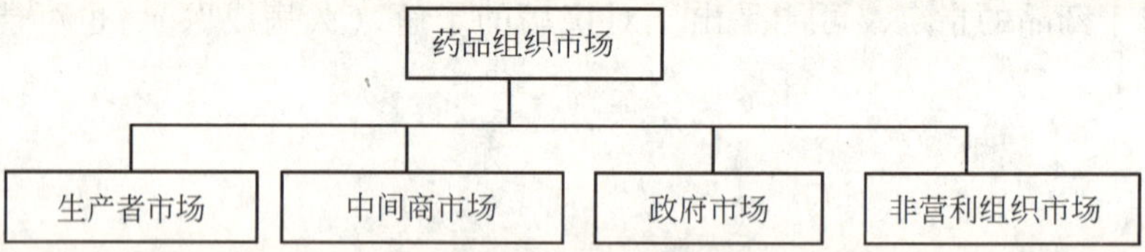

图 2－4　药品组织市场构成图

1. 生产者市场　生产者市场是指购买药品、药品中间体、药品原辅材料和服务，用于进一步加工、制造其他药品，并用以销售或租赁给他人以获取利润的企业和个人。购买对象主要包括四类：生产装置、原辅材料、中间体及零部件、附属设备和消耗品。

2. 中间商市场　中间商市场是指购买药品用于转售，以获取利润的单位和个人。它由各种药品批发商和零售商、各级各类医院和诊所组成。

3. 政府市场　是指为了执行政府职能而购买药品和服务的各级政府及其下属部门，即政府机关、社会团体、部队、企业、事业单位及各种集体组织。该市场使用国家拨付的财政性经费或集体资金，购买公用医疗消费品。政府财政部门是政府采购的主管部门，负责管理和监督政府采购活动。

4. 非营利组织市场　非营利组织市场是指为了维持正常运作和履行职能而购买药品和服务的各类非营利组织。比如，红十字会、慈善机构、救助机构等。

二、药品组织市场购买行为类型

（一）生产者市场购买行为

生产者市场购买行为主要包括三种类型：

1. 新购　是指生产企业向某一药品生产企业或经营企业首次购进某种药品。由于企业不了解该药品，在采购过程中需要大量的相关信息，往往比较慎重，采购的成本高，风险性大。为确保从具有合法资格的企业购进合法和质量可靠的药品，依据《药品经营质量管理规范》，购货方要对首营企业进行包括资格和质量保证能力的审核。

2. 直接重购　是指生产企业从熟悉的供应商那里订购过去采购过的同类药品。购方购买行为是惯例化的，通常选择熟悉并满意的供应商，持续采购，而且不变更购买方式和订货条款，甚至建立自动订货系统。

3. 修正重购　是指购货方为了更好地完成采购任务，部分调整采购方案，比如供应商的改变，所需的产业用品的数量、规格、价格的调整。

生产者选择供应商时会重点考虑以下因素：药品质量、品种、规格、价格，企业交货能力、信誉、技术能力、服务能力，企业财务状况、付款结算方式，企业地理位置等。

（二）中间商市场购买行为

中间商地理分布比产业购买者分散，比消费者集中，他们比较关心药品的价格、折扣、交货期、相关服务以及供应商的市场支持等交易条件。药品中间商由于其规模和形式的不同，其采购行为也有所差异。

1. 购买类型　中间商的采购决定以采购业务的不同为转移，主要有三种类型：

（1）购买全新品种　购买以前从未购买过的某一药品品种。中间商需要分析该品种的市场前景、买主需求强度、产品获利能力等多方面因素，才能决定是否购买。

（2）选择最佳卖主　一是中间商由于自身条件的限制，不能经营所有供应商的产品，而只能选择经营若干品牌；二是中间商（特别是大型零售商）准备用自己的品牌推销商品，正在寻找有一定水准又愿合作的供应商。

（3）寻求更佳交易条件　中间商不需要更换供应者，但希望从现有供应商那里寻求更为有利的供货条件，如更优惠的价格、更积极地促销合作、更及时地供货等，从中获得更多的利益。

中间商选择供应商时会考虑以下因素：消费者对该药品的接受程度；制造商的广告和促销的作用；新药品介绍期给药店的补贴；该药品被开发的原因；卖方的推荐等。

2. 购买模式　因中间商性质不同，采购模式主要分为两类：

（1）药品批发商和零售商的采购　采购工作主要是一些符合 GSP 要求的比价采购活动。具体程序会因为企业内部制度的不同而有所不同。

（2）医院基本目录药品的采购　首先由药品仓库有关人员制订药品进购计划；然后药品采购人员进行较为详细的情报调研，在掌握供应厂商和产品情况的基础上，根据医院采购计划，就药品品种规格、数量质量、价格、供货方式、供货时间、结算方式、违约责任等内容进行谈判；最后签订合同，并评估履约情况，根据合作情况确定以后是否继续合作。

（三）政府市场购买行为

政府市场巨大而有潜力，政府采购向市场化发展，为许多药品企业提供了大量的营销机会。因此，药品营销企业必须识别政府市场购买者行为，制定针对性营销策略。比如，建立单独的营销部门，预先估计政府的需求，收集竞争性情报，仔细准备标书，宣传和提高公司的声誉等。政府采购受社会制约较大，应遵循公开性原则、效益性原则、预算性原则、计划性原则，尽力维护社会公共利益。

政府采购可以采用公开招标竞购、议价合约选购、例行选购、单一来源采购或者其他方式。政府药品采购行为的基本模式是集中招标采购（国家特殊管理的药品仍按有关规定采购供应）。药品集中招标采购，就是在一定范围内公开医疗机构临床用药的采购条件和要求，由众多药品生产企业或药品经营代理企业参加投标，按质量价格比优化的原则选择交易对象的市场交易行为。医疗机构可自行组织或数家医疗机构联合组织招标采购，也可委托招标代理机构开展招标采购。目前进行药品招标采购的品种多为城镇职工基本医疗保险（或公费医疗）药品目录中的药品和医疗机构临床使用量比较大的药品。

知识卡

安徽医改首创县级医院药品网上集中招标采购

新华网1月2日电（记者鲍晓菁）记者从安徽省卫生厅获悉，安徽省近日完成县级医院药品全省统一网上集中招标采购，从2013年1月1日起，本次集中招标的药品将及时配送到县级医院。这标志着县级公立医院首次成为药品网上集中招标采购的独立市场层级。

安徽省卫生厅有关负责人介绍，为切断“以药补医”的利益链条，有效降低虚高的药价，安徽省县级医院药品采取了“统一目录、统一平台、量价挂钩、招采合一、全程监督”的招标采购办法，2012年12月30日全省统一招标工作完成，在保证药品质量的前提下，中标的7000多个品规的药品价格比国家指导价低36.6%。

多位医药企业人士接受记者采访时认为，安徽县级医院药品采购采取单独招标，将使医院在药品采购方面获得更大自主权，并会促进县级公立医院改革。招标原则强调量价挂钩，更是“唯取低价”向“优质优价”转变的标志。

三、影响药品组织市场购买行为的因素

表 2-2　影响药品组织市场购买行为的因素

环境因素	组织因素	个人因素	人际因素
政治法律、经济形势、医药科技、市场竞争、资源供应、金融状况、社会文化等	企业目标、采购政策、采购制度、业务程序、机构设置等	购买决策参与者的年龄、性格、职位、兴趣、文化程度、职业道德、业务素质和业务能力等	药品组织市场购买者内部的人事关系因素

（一）环境因素

环境因素是指药品企业赖以生存的外部环境因素诸如政治法律、经济形势、医药科技、市场竞争、资源供应、金融状况、社会文化等。外部环境因素直接制约着药品组织购买者的生产经营内容、市场规模，规范着他们的生产经营行为，并用法律、行政、经济、舆论等手段对他们的市场行为作出公平的评判与选择，只有适者才能生存。

（二）组织因素

组织因素是指药品组织购买者自身的诸如企业目标、采购政策、采购制度、业务程序、机构设置等因素。组织的这些内部因素会直接影响其采购决策和购买行为，比如采购过程的组织、采购材料的价格和质量确定等，都会受企业目标、企业政策和企业组织机构的影响。

（三）个人因素

个人因素是指组织市场购买决策参与者的年龄、性格、职位、兴趣、文化程度、职业道德、业务素质和业务能力等因素。这些因素会影响到决策人员对供应商的评价，从而影响组织的购买决策和购买行为。

（四）人际因素

人际因素是指药品组织市场购买者内部的人事关系因素。在这些组织内部，由于参与购买过程的部门和人员较多，各自的地位、职权、影响力各不相同，都会不同程度地影响着组织的购买决策和购买行为。

四、药品组织市场购买决策

（一）购买决策的参与者

组织市场上的采购活动是企业经营活动的一部分，决策过程比消费者市场复杂和正规。药品组织购买行为以专业性强、参与人员多、机构稳定等为其特色。一个购买决策

的形成，是由多个人共同参与做出的，主要有以下几类人员和角色：

1. 倡议者 一般是根据生产过程的需要和产品技术标准，最先提出购买药品生产资料的一些技术专家。

2. 影响者 企业内部和外部直接或间接影响购买决策的人员，其看法或建议对最终购买决定有相当影响。如企业技术人员、财会人员、质量管理人员、购买代理商等。企业技术人员是最重要的影响者，他们往往协助企业决策者决定购买的品种、规格等。

3. 决策者 企业中对是否购买、怎样购买有权进行最终决定的人员，即有权决定药品数量、规格、品种、价格及供货厂家的人。一般是企业采购部门经理和企业高层领导者。

4. 采购者 企业中进行实际购买的人员，还包括参加谈判的高层管理人员。他们负责选择供应商并与之谈判签约。

5. 使用者 企业实际使用所购买某种产业药品或服务的一些工程技术人员和生产第一线的工人。他们是企业购销计划的来源者，也是对购买药品的主要评价者。

企业分析产业市场购买决策的参与者，一方面应注意各种不同角色在购买决策过程中的作用；另一方面也必须注意到某些产品购买决策中的角色错位，这样才能找到准确的营销对象，提高营销活动的效果。

（二）购买决策过程

组织市场的购买决策过程主要包括八个阶段，如图 2 -5。

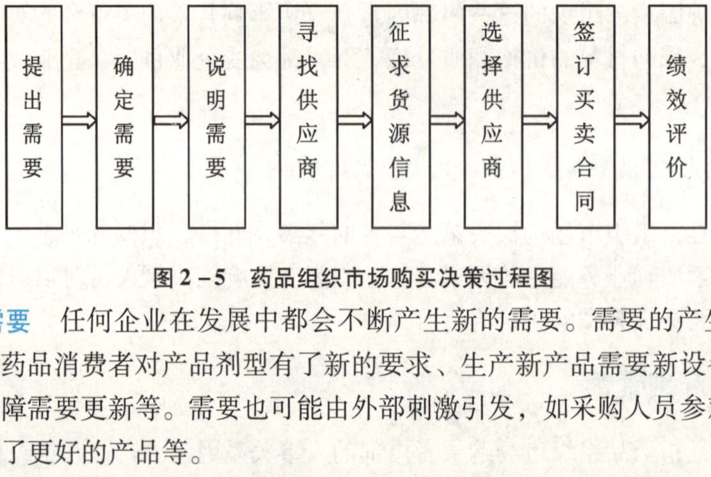

图 2 -5 药品组织市场购买决策过程图

1. 提出需要 任何企业在发展中都会不断产生新的需要。需要的产生可能是内部刺激所致，如药品消费者对产品剂型有了新的要求、生产新产品需要新设备和原料、原有设备发生故障需要更新等。需要也可能由外部刺激引发，如采购人员参观展览会、浏览广告后发现了更好的产品等。

2. 确定需要 企业面对提出的新需要，采购中心的人员要对所需品种的特征和数量做出决定。供货企业的营销人员要展开攻势，设法向采购者介绍产品特性，促使采购中心的人员对本企业的产品产生兴趣，协助他们确定需要。

3. 说明需要 企业采购组织在确定产品的品种、性能、规格、特征、数量、质量和服务等需要后，要指定专家小组，对其进行价值分析，确定能否对它进行重新设计或实行标准化，从而将生产成本降到最低。随后，专业人员将确定最佳产品的特征并制作详细的说明书，作为采购人员的采购依据。

4. 寻找供应商 药品组织市场采购人员通常利用工商名录或其他资料查询供应商。

供应商同时也要进行广告宣传，提高自己在市场上的知名度，使采购企业得到有关的供货信息。

5. 征求货源信息　采购企业在明确供应商后，会向其发函索要详细资料。

6. 选择供应商　采购企业通过对各供应商的信誉、技术能力、产品质量、价格及其相关的售后服务、交货能力、地理位置等属性进行比较分析，最后作出选择。

7. 签订买卖合同　购买者根据所购产品的技术说明书、订购数量、交货时间、退货办法、产品保证条款等内容与供应商签订最后的订单。为了减少订购和储存费用，有些企业采用“一揽子合同”，即和供货商协商确定：当采购方需要时，发个订货单，供货商即按原来的条件价格随时供货。

8. 绩效评价　购进产品后，采购者会向使用者征求意见，了解他们对购进的产品是否满意，并了解供应商的履约情况。根据检查评价决定以后是否维持、修正还是中止供货关系。供应商需要关注采购者的评估标准，以保证自己能让客户满意。

【知识结构】

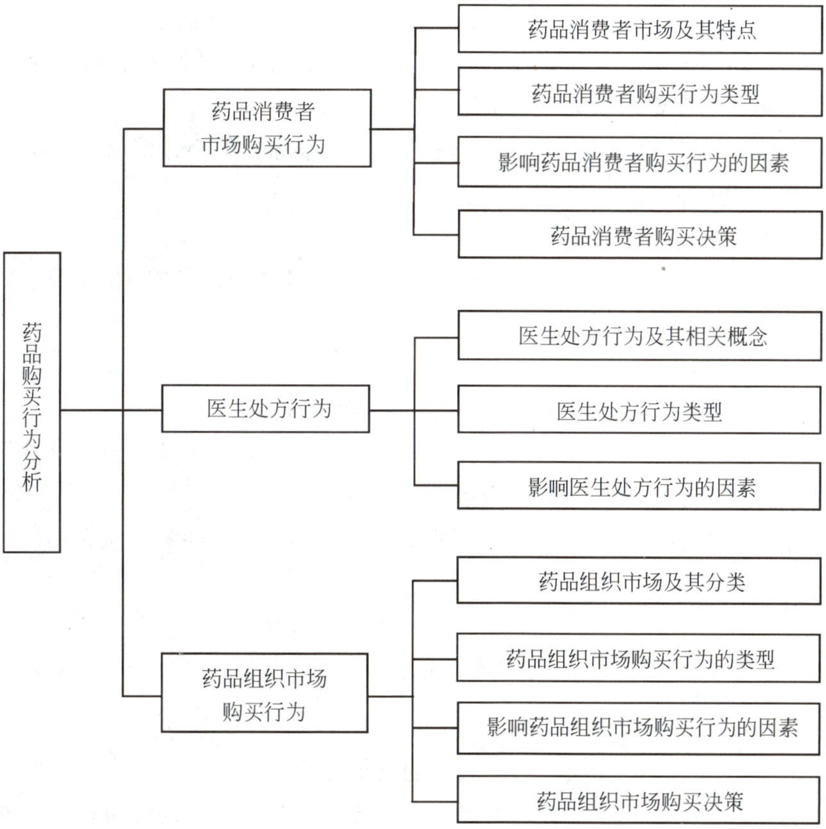

图 2-6　药品组织市场知识结构图

【目标检测】

☆练一练

判断：

1. 组织市场需求属最终消费需要。(　　)
2. 药品组织市场可分为生产者市场、中间商市场、政府市场和非营利组织市场。(　　)
3. 在组织市场采购中，只有采购者可以提出购买建议，并协助确定产品规格。(　　)
4. 消费者购买一盒感冒通胶囊与购买一辆汽车的决策过程大不相同。(　　)
5. 消费者市场的购买行为比生产者市场的购买行为更易受价格因素的影响。(　　)

单选：

1. 一个消费者的完整购买过程是从（　　）开始的。
   A. 确定需要　B. 筹集经费　C. 收集信息　D. 决定购买
2. 小刘计划购买测血糖仪送给母亲，他对血糖仪的信息并不了解，对这样的购买行为，企业首要采取的营销措施是（　　）。
   A. 强调产品价格优势　B. 提供热情的咨询服务，耐心介绍药品知识
   C. 注重柜台陈列　D. 赠品销售
3. 下面哪种因素不会影响医生处方行为（　　）。
   A. 药品疗效　B. 家庭生命周期　C. 处方习惯　D. 医保制度

☆说一说

1. 分析影响一位消费者购买“脑白金”的购买行为因素。
2. 消费者购买决策过程可分为哪几个阶段？营销者相应地应注意什么问题？
3. 举例说明哪些因素会影响医生处方行为。
4. 药品组织市场的购买决策中有哪些参与者？他们分别扮演什么角色？

☆想一想

案例

华素片的市场开拓

华素片系北京四环制药厂生产的一种治疗口腔咽喉疾病的西药，主要特点是：具有独特的碘分子杀菌作用，能迅速治愈病痛；口含；西药；能长久滞留在口腔内发挥药力。咽喉类药品市场品牌众多、竞争激烈。口腔药品市场上产品不算多，且基本上没有知名度高、疗效好的第一品牌；一些药物牙膏和口洁

露等日化品也占据了一部分市场。显然，华素片的市场机会就是：定位于口腔药，主打口腔药品市场。

在了解华素片面对的市场状况后，还要了解华素片的消费者，华素片的消费者（口腔咽喉疾病患者）的购买行为怎样呢？

华素片的患者群并不是固定的一群人，男女老幼都有可能成为患者，其中成人比例高，季节性变化大。他们的选药标准是疗效第一位。一份对患者的抽样调查显示：患者重视疗效的为 93.4%；讲究服用方便的为 67.6%；注重口感好的为 40.3%。口腔病患者多为高关心度的感性购买。顾客关心自己生病的同时又不认为是很严重的事，所以购买时对品牌的忠诚度并不高，他们很可能因为广告的影响或别人的一句介绍更换品牌。口腔病不是什么疼痛难忍、至关生死的大病，大多数患者不到无法忍受的程度不会自觉用药，只在想说、想吃、想唱时才会有强烈的病痛感。因此，患者普遍的心态是认为它是很烦人的小病，希望尽快治好。

消费者购买产品是为了满足某种需求或解决某个问题，营销者就要推出满足这种需求的产品或解决某个问题的办法。在分析了华素片的市场状况及患者的购买行为之后，我们可以充分地了解到：华素片不仅具有满足患者希望尽快治好口腔病的心理，同时还有能尽快治好口腔病的功能，它所卖的是其快速治愈的功效。于是，华素片以“快治人口”的承诺和“病口不治，笑从何来”的呼唤走进了患者心里，患者认识并认可它了，销售也就随之增长了。

问题：

1. 请讨论目前市场上华素片的竞争药品有哪些？
2. 本案例中华素片厂家是怎样分析、研究消费者购买行为的？
3. 本案例中影响消费者购买华素片的因素有哪些？

☆做一做

药品消费者购买行为分析

一、实训目的

学会对消费者心理及行为进行分析

二、实训内容

学生分析老年人购买非处方药品的心理和行为。由教师确定调研地点，组织学生制定详细调研方案并进行实地调研，完成老年人购买非处方药品心理和行为分析并写出分析报告（包括消费心理、影响购买的因素、购买决策过程）。

三、实训步骤

1. 学生分组进行实训活动，每一小组 6～8 人，注意小组成员性别、学习状况、性格特征等的合理搭配。

2. 学生自己联系调研对象，并进行调研活动。

3. 最后根据调研结果完成老年人购买非处方药品心理和行为分析报告。

四、实训评价（100 分）

1. 学生的参与、准备程度（50 分）

（1）很投入，调研方案很合理，可行性强，对调研对象积极拜访、沟通顺利。（40～50 分）

（2）投入，调研方案合理，可行性较强，接触过调研服务对象，调研过程较流畅。（30～40 分）

（3）不够投入，调研方案不够合理，可行性较弱，没接触过调研服务对象，调研过程不流畅。（20～30 分）

（4）不投入，调研方案不合理，可行性差，没接触过调研服务对象，任务完成差。（0～20 分）

2. 消费者购买行为分析报告（50 分）

（1）教师和调研服务对象评价很高，分析报告条理清晰，专业性强，实用性强。（40～50 分）

（2）教师和调研服务对象评价合格，分析报告专业性较强，实用性较强。（30～40 分）

（3）教师和调研服务对象评价不合格，要求学生反复修改方案直至调研方案合格。（0～20 分）

第三章　药品营销环境分析

学习目标

知识目标

1. 掌握药品市场营销的宏观环境因素和微观环境因素；
2. 理解药品营销环境的特征、环境机会和威胁分析的方法；
3. 了解研究药品营销环境的意义。

能力目标

1. 能分析一个具体药品企业所面临的机会与威胁；
2. 能说出药品企业应对具体环境机会与威胁的对策。

第一节　药品营销环境概述

一、药品营销环境的含义

任何企业都在一定的环境中从事生产、经营活动，其营销活动也会受到环境的影响。各种环境因素时时刻刻影响和制约着企业的生存和发展。

课堂互动

变色龙，学名避役，是一种非常奇特的动物，因为它善于随环境的变化，随时改变自己身体的颜色。变色既有利于隐藏自己，又有利于捕捉猎物。试分析变色龙的这一特性对企业的生存和发展有什么启示？

药品营销环境，是指对药品企业的市场营销活动产生影响的所有内外部因素和条件的总和。

影响和制约医药企业营销活动的环境因素多种多样，也很复杂。这些环境因素既有来自企业内部的，也有来自企业外部的，既有企业可控的，也有企业控制不了的。按环境因素对医药企业营销活动影响的范围，将营销环境分为微观环境和宏观环境。

微观环境直接影响和制约企业的市场营销活动，而宏观环境主要以微观营销环境为媒介间接影响和制约企业的市场营销活动。前者可称为直接营销环境，后者可称为间接营销环境。两者之间并非并列关系，而是主从关系，即直接营销环境受制于间接营销环境。

知识卡

不同的环境因素对企业营销活动影响的时间长短是不同的。因此我们要区分以下几个概念：

流行：不可预见的，短期的，没有社会、经济和政治意义的因素。

趋势：能预见且持续时间较长，并能预测未来的因素。

大趋势：是社会、经济、政治和技术的大变化。它不会在短期内形成，但一旦形成则会对我们的生活产生较长时间的影响。

一些流行的环境因素对企业营销活动的影响是短期的，企业可以抓住机会获得利润；而趋势和大趋势对企业的影响则是长期和深远的。因此企业要进行恰当的分析并准确的预测未来，以指导企业的营销活动。

二、药品营销环境的特征

1. 客观性 药品营销环境作为一种客观存在，有着自己的运行规律和发展趋势，不管医药企业是否认识和了解这些环境因素，它们都会对企业产生影响。大部分环境因素是不以企业的意志为转移的。

2. 相关性 构成药品营销环境的各种因素和力量是相互依存、相互作用和相互制约的。如经济因素不能脱离政治因素而单独存在；同样，政治因素也受到经济因素的影响。

3. 多变性 药品营销环境随着时间的推移时刻处于变化之中，因此，营销环境是动态的。例如随着医药经济的发展，我国的药事法规体系不断完善；随着人们生活水平的提高，人们的健康意识和消费观念也在不断的变化。

4. 差异性 不同的医药企业的性质不同，所处的地理环境不同，政府管理制度也不尽相同。因此，不同的企业会面临不同的环境因素。即使不同企业面临同一环境因素，企业的态度和反应也不相同。

5. 不可控性 一般情况下，企业的外部环境是企业不可控制的，如政治法律、人口增长、文化习俗等，迫使企业不得不做权衡，谋求发展。但是企业可以通过对内部环境要素的调整与控制，来对外部环境施加一定的影响，最终促使某些环境要素向预期的方向转化。

三、分析药品营销环境的意义

环境因素是客观存在的，是企业生存和发展的土壤。任何医药企业都是在一个开放的、不断发展变化的社会经济大环境中开展其营销活动的。分析药品营销环境的意义体现在如下几个方面：

1. 是企业从事药品营销活动的立足点　任何企业的药品营销活动都不是孤立的，如企业需要借助于媒介向公众传递企业和产品的信息；企业通过分析消费者可以了解消费者的需求，以便推出满足消费者需求的产品和服务。因此，分析营销环境是企业进行营销活动的基础。

2. 可以使企业发现经营机会、避免环境威胁　在营销环境中，机会和威胁并存，医药企业只有对营销环境进行分析，才能找出机会，避免或减轻威胁，使企业更好地发展。

3. 能为医药企业营销决策提供科学依据　企业只有对营销环境进行认真的调查、分析和预测，才能制定有效的营销策略。如某企业的某个非处方药要进入某个区域市场，那么这个企业就需要对这个区域市场的情况进行详细的分析，包括消费者的用药习惯、竞争品种的情况、竞争对手的策略、当地居民的收入等等，才能制定出适合这个区域的营销策略。

第二节　药品营销微观环境

药品营销微观环境，是指与医药企业紧密相连，直接影响企业营销能力的各种参与者。由于这些环境因素对企业的营销活动有直接的影响，因此又称为直接营销环境。主要包括：药品企业本身、供应商、营销中介、顾客、竞争者及社会公众。

一、企业内部环境

药品企业内部的环境力量，是指医药企业内部管理、技术、人员的总和。是企业可控制的因素。

企业的市场营销是由营销和销售部管理的，它由品牌经理、营销研究人员、广告及促销专家、销售经理及销售代表等组成。市场营销部负责制订现有各个产品、各个品牌及新产品、新品牌的研究开发的营销计划。在制订和实施营销计划时，必须考虑到与公司其他部门的协调，如与最高管理当局、财务部门、研究开发部门、采购部门、生产部门和会计部门等的协调，因为正是这些部门构成了营销计划制订者的公司内部微观环境。

营销部门必须与企业的这些部门密切合作，并争取高层管理部门和其他职能部门的理解和支持。高层管理部门制定企业的目标和政策，营销部门依据高层管理部门的规划来做决策，而营销计划必须经最高管理层的同意方可实施。

二、供应商

供应商，是向医药企业供应原材料、设备、能源、劳务、资金等各种资源的企业和个人。供应商提供商品的数量多少、质量的优劣、价格的高低、交货及时与否，直接影响企业产品的成本、质量、售价、利润和交货期，因此，企业必须对供应商的情况有比较全面的了解和透彻的分析。

对供应商的研究一般包括两方面的内容：一是供应商的供货能力，或企业寻找其他供货渠道的可能性；二是供应商的价格谈判能力。这两个方面是相互联系的。需要分析的因素主要有：供应商所处行业的集中程度、是否存在其他货源、企业后向一体化的可能性、寻找替代品的可能性等。

微案例

网上招标采购，使得企业的采购供应发生了新的变化。例如海尔是一家全球化的公司，海尔的采购盯着全球的供货商，从货比三家到万里挑一，海尔的采购周期从10天压缩到了3天，同时国际供货商的比例达到了67.5%，其中世界500强企业占到了44家，如GE、埃莫生、巴斯夫等等。采购的全球化，使得供应商之间的竞争加剧，同时也使得企业采购选择的余地增加，采购成本降低，供货方可参与产品的前期设计，采购品的附加价值增大。

三、药品营销中介

药品营销中介，是在药品从生产企业转移到消费者这一过程中承担着对药品的促销、分销、储存和运输等职能以及为医药企业融通资金的各类组织。包括中间商、实体分配公司、营销服务机构和金融机构等。

1. 中间商 是帮助药品生产企业完成药品由生产者向用户价值转移的商业机构。按是否拥有药品的所有权，分为经销商和代理商。经销商拥有所经营商品的所有权；代理商不拥有所经营商品的所有权。中间商又可分为批发商和零售商。批发商的业务交易一般是在企业之间进行；而零售商的交易对象一般是直接消费者。

2. 实体分配公司 主要指储存和保管商品的仓储公司和负责货物运输的运输公司。在我国，很多中间商与实体分配公司是合二为一的，但随着社会分工深化，专业的实体分配公司会逐步发展起来。

课堂互动

国药控股天津物流有限公司坐落于天津空港经济区内，占地面积约33000平方米，库区面积约为32000 ㎡，配备储位30000个，年吞吐量大于400万件，年配送货值超过100亿元。该公司自有运营资质的车辆27台（其中自有冷藏车5台），基本满足天津区域内的医院、社区、药店，以及小终端的配送需求。同时，与外包承运商有着长期合作关系，运输方式涵盖公路、铁路、空运，配送区域涉及除2个特别行政区之外的全国32个省、直辖市、自治区。国药控股天津物流有限公司对所配送的药品没有所有权。

试分析该公司属于哪种市场中介？该公司在药品流通过程中起到了哪些作用？

3. 营销服务机构 主要是为医药企业提供营销咨询和广告服务的组织，它们虽不直接参与医药商品的经营和销售，但对企业营销决策的制定和营销方案的实施起到重要作用。

4. 金融机构 主要是信贷公司、银行、保险公司等。它们帮助企业融通资金，企业应该与其建立良好的合作关系。

四、顾客

顾客，是出于直接使用目的或者再加工、再销售目的而购买药品或服务的个人或组织，是具有支付能力的实际和潜在的购买者。企业的顾客组成了企业的目标市场，是企业存在的生命动力，是影响企业营销活动成败的重要因素。按照顾客的购买目的不同，可以把顾客市场分为消费者市场、生产者市场、转卖者市场和社会集团市场。

在市场营销活动中，市场是现实顾客和潜在顾客的总和，企业的一切营销活动都应以满足顾客的需要为中心。顾客需要是影响组织营销活动最重要的因素，企业要努力通过营销活动创造顾客价值和顾客满意，以求得自身的生存和发展。研究顾客需求和偏好是组织营销活动的起点，按顾客需求的不同对市场进行分类最有助于开展市场营销活动。

课堂互动

在药品的销售过程中，顾客满意往往会促使重复购买。请思考零售药店如何做才能达到顾客满意？

五、竞争者

竞争者，是与本企业存在利益争夺关系的其他经济主体。凡向企业所服务的目标市场提供相同或类似产品，并对企业构成威胁的单位或个人都是企业的竞争者。从争夺市场来看，竞争者是那些生产相同或相似功能产品的企业（包括生产替代用品的企业）；从争夺资源来看，竞争者是使用相同资源的企业。

竞争是市场经济的基本特征，每个企业在开展生产经营活动的过程中都会遇到各种各样的竞争对手。企业竞争对手的状况直接影响企业的营销活动，企业要生存和发展，必须识别和了解竞争对手，以获取战略优势。

一个企业所面对的竞争者主要有以下几类：

1. 现有竞争者 是指正在生产和销售与本企业相同的产品的企业。多家企业生产相同的产品，必然会采取各种措施争夺用户，从而形成市场竞争。对现有竞争者的分析主要包括：竞争者的数量、分布区域、各自的规模、技术力量、资金状况、竞争者的发展方向等。

2. 潜在竞争者 一种产品开发成功，会吸引众多企业加入，这些即将加入的企业构成了潜在竞争者。潜在竞争者会给企业造成压力。

例如，果汁饮料目前正以健康时尚的形象成为饮品市场的消费新宠，销量增幅很大，是饮料消费中增长最快的。汇源果汁是果汁的专业生产厂家，正面临着潜在竞争者的巨大压力。以生产碳酸饮料来占领市场的饮料巨头可口可乐公司已经推出新型的果汁饮品；百事可乐公司也将下一个目标定为果汁饮品。这些大公司的进入将会给果汁生产企业带来巨大的竞争压力。

3. 替代品竞争者 企业向市场提供的产品不能单纯的看成是一种物质品，而应看成是一种抽象的使用价值。比如感冒用药，既有西药，也有中药，每个类别中又有很多品种。虽然它们的剂型、有效成分等可能不同，但它们具有相同的功能，这就构成了可以相互替代的产品。如果两种相互可以替代的药品间功能价格比大致相当，就不会造成实际的威胁；如果两种相互可以替代的药品间功能价格比相差悬殊，低价产品会对高价产品的生产和销售造成很大威胁。

知识卡

医药企业在市场竞争中必须要明确的几个问题：谁是自己的竞争对手？竞争者的目标是什么？竞争者的策略是什么？竞争者的优势和劣势是什么？竞争者将来的措施可能是什么？竞争者对我们策略可能的反应是什么？等等。

六、社会公众

社会公众，是对企业实现其营销目标的能力发生影响的任何团体和个人。药品企业必须主动处理好公众关系，树立企业的良好形象，保障市场营销活动的顺利开展。

每个企业的周围有七类公众：

1. 金融公众 指关心和影响企业取得资金能力的集团。包括银行、投资企业、证券企业、保险企业等。

2. 媒体公众 指联系企业和外界的大众媒体。包括报纸、杂志、电台、电视台、网络等。

3. 政府公众 指负责企业的业务、经营活动的政府机构和企业的主管部门。包括工商局、税务局、物价局等。

4. 公民行动公众 指有权指责企业经营活动对环境、消费者权益等损害行为的团体和组织。包括保护环境团体、消费者协会等。

5. 地方公众 指企业周围的居民和团体组织。

6. 一般公众 指对企业产品并没有购买，却影响着消费者看法的个人。

7. 内部公众 指企业内部全体员工。处理好企业内部公众关系，是搞好外部公众关系的前提。

第三节 药品营销宏观环境

药品营销宏观环境，是指影响医药企业营销活动的一系列巨大的社会力量和因素。主要包括：人口、经济、政治法律、科学技术、社会文化及自然生态等因素。他们独立于企业之外，是企业无法直接控制的因素，他们因通过影响微观环境来间接地影响企业的营销活动，因此又称为间接营销环境。

一、人口环境

人口是营销活动的最终对象，是构成市场的第一因素，人口的多少直接决定市场的潜在容量，人口越多，市场规模越大。除此之外，人口的年龄结构、性别结构、地理分布、家庭规模、受教育程度、人口增长速度等，都会对市场需求产生重大影响。

1. 人口规模与增长速度 一个地区的总人口数量多少，是衡量市场容量及潜在容量的重要标准。了解一个地区的人口数量，有助于准确判断市场潜力，对于医药企业来说尤其重要。据统计，2011 年我国的人口自然增长率为 4.79‰，这意味着，每年新增的人口数大概为 600 多万。人口数增加了，对各种药品的需求会相应增加。

2. 人口地理分布 我国地域辽阔，人口分布不均衡，东南沿海地区人口密度大，西北地区人口密度小。而且不同地区的人群，由于风俗习惯、气候条件、经济发展状况、收入水平、地理环境的不同，对药品需求的数量、品种和价位也存在差异。例如有些地区偏好中药，有些地区偏好西药等等，加上近几年人口流动性增大，这些都有助于企业发现新的市场机会，寻找新的市场发展空间。

3. 人口年龄结构 随着社会发展，医疗条件和生活条件的改善，人们的保健意识普遍不断增强。不同年龄段的人注重健康的侧重点不同，对药品的需求也不同。目前我国人口年龄结构的显著特点是：青少年比重约占人口总数的一半，人口老龄化现象越来越明显，对药品的需求也发生相应的变化，婴幼儿、儿童用药和老年人的医疗和保健用品、生活用品需求不断增加。据统计，老年人平均用药量是儿童的 4 倍，老年人口增加将直接刺激药品销售量上升，这必然会给一些企业带来一定的市场机会。

课堂互动

截至 2011 年底，我国 60 岁及以上老年人口达 1.85 亿，预计到“十二五”期末，全国老年人口将增加 4300 多万，达到 2.21 亿，届时 80 岁及以上的高龄老人将达到 2400 万，65 岁以上空巢老人将超过 5100 万。因此中国人口正在进入老龄化。有关专家预测，到 2050 年，中国老龄人口将达到总人口的三分之一。老年人口的快速增加，特别是 80 岁以上的高龄老人和失能老人年均 100 万的增长速度，对老年人的生活照料、康复护理、医疗保健、精神文化等需求日益凸显，养老问题日趋严峻。

请说说人口老龄化对医药市场有哪些影响？对医药企业有哪些机会和威胁？

另外，人口的性别、健康状况、家庭结构等，都会对药品市场需求产生重大影响。

二、经济环境

市场不仅需要人口，而且还需要购买力。一个国家或地区的经济发展状况及经济形势，对企业的市场营销活动产生重要的影响。经济的繁荣显然能为企业的发展提供机会，而经济的衰退则可能给所有经济组织带来生存的困难。

影响消费者购买力和支出模式的各种因素，包括消费者的收入水平、消费习惯、储蓄情况、就业程度等因素。

1. 消费者收入水平 消费者收入包括一切从工资、社会福利等所取得的总收入。消费者收入水平决定了购买力的大小，但他们不会把自己所有的收入用于消费，形成购买力的收入只占个人收入中的一部分。因此需要区分以下几个概念：

（1）个人收入 指个人从各种渠道所得到的收入。

（2）个人可支配收入 指个人收入中扣除税款和一些交给政府的非商业性开支后所余下的实际收入。可支配收入能够作为个人消费或储蓄的数额。

（3）个人可自由支配收入 指在个人可支配收入中减去维持个人或家庭生活必不可少的支出（如租金、贷款、食物、水电费用等）后剩余的部分。可任意支配收入是影响消费需求变化的最活跃因素。个人可自由支配收入越高，表明其购买力越强。

2. 消费者支出模式 消费者支出模式与消费结构在很大程度上受消费者收入水平的影响。1857 年，德国统计学家恩格尔通过多年的研究，发现了家庭收入水平的变化与各方面支出变化的规律性，称为恩格尔定律。

恩格尔定律，就是随着收入的增加，食物所占比例趋向减少，教育、卫生与休闲等支出比例迅速上升。其中，食物支出占总支出的比重，称为恩格尔系数。

$$恩格尔系数=\frac{食物支出总额}{家庭或个人消费支出总额}\times100\%$$

一般认为，恩格尔系数越大，则该地区或家庭的生活水平越低；恩格尔系数越小，生活水平则越高。

3. 消费者储蓄和信贷

（1）储蓄 大多数消费者的个人收入总有一部分以各种形式储蓄起来，包括银行储蓄存款、债券、股票等。在一定时期内，储蓄的多少及储蓄情况的变化会影响消费者的购买力和消费者的支出，在货币收入不变的情况下，如果储蓄增加，购买力和消费支出便会减少；反之，如果储蓄减少，购买力和消费支出便会增加。

（2）信贷 就是消费者凭借信用先取得商品使用权，然后再按期归还贷款。可见，消费者信贷可以直接创造新的购买力。当前，随着市场经济的发展，消费者信贷也在日益增多，信贷形式主要有短期赊销、分期付款、信用卡信贷等。

三、政治法律环境

政治法律环境主要指制约和影响企业营销活动的政府的方针、政策、法律制度及公众团体等。在任何社会制度下，企业的营销活动都会受到政治法律环境的强制约束。法律为企业的经营和竞争制定了“游戏规则”，而政府不同时期的政策也会影响企业的经营，如医疗体制的改革，即为医药企业提供了机会，也带来了一些风险。

知识卡

我国的经济法律法规日益完善，与医药企业相关的也有很多，例如：《中华人民共和国合同法》《中华人民共和国商标法》《中华人民共和国专利法》《中华人民共和国公司法》《中华人民共和国产品质量法》《中华人民共和国广告法》《中华人民共和国反不正当竞争法》《中华人民共和国消费者权益保护法》《中华人民共和国食品卫生法》《中华人民共和国药品管理法》《药品生产质量管理规范》《药品经营质量管理规范》等等。

微案例

2000 年哈药集团采取广告轰炸的营销策略，用 11 亿元的广告费用获得了 80 亿元的销售收入，并且创造了哈药集团的高知名度。2001 年，哈药集团仍希望拿出销售额 10% 以上的费用来进行广告投放，以巩固其市场地位。但是同年，国家税务总局规定，纳税人每一纳税年度发生的广告费支出不超过销售（营业）收入的 2%。这一规定使得哈药集团的广告策略受到了很大影响。

四、自然地理环境

1. 自然环境　任何企业生产经营活动都需要原材料、能源和水等自然资源供给，但是目前自然资源日益短缺，环境污染日益严重。在这种情况下，低能耗、环保、绿色的产品越来越受到青睐。

2. 地理环境　地理环境的优劣将直接影响当地的经济发展水平，从而影响企业的生产经营活动。不同的气候特征也会形成某些地区对特定药品的消费需求。如在北方地区，冬季是呼吸道疾病的多发季节，因此相关药品需求会增加。

五、科学技术环境

新技术被称为“创造性的毁灭力量”。一种新技术的出现，会产生一些新的产业，同时也会使一些老企业受到冲击甚至被淘汰。企业产品是否具有先进性，决定着其在市场上的竞争能力，也就决定着企业的发展前途和企业命运。因此，企业必须时时关注技术环境的变化。

课堂互动

结合自己的见闻，谈一谈基因技术的进步给哪些企业带来了机遇？

六、社会文化环境

社会文化环境是指一个国家或地区居民的文化程度、宗教信仰、风俗习惯、审美观念、价值观念等的总和。人们所处的社会文化环境对人的素养、价值观念和行为规范等的影响非常大。因此，了解目标市场消费者的风俗、习惯、信仰、禁忌等，是企业开展营销活动的重要前提。

具体来说，教育水平会影响居民的需求层次，影响着消费者的消费心理、购买的理性程度、消费结构等，从而影响着企业营销策略的制定和实施；宗教信仰和风俗习惯会禁止或抵制某些活动的进行；价值观念会影响居民对组织目标、组织活动及组织存在的态度；审美观念会影响居民对组织活动的内容、方式及成果的态度。

综上所述，我们对营销微观环境和宏观环境做一总结，各环境因素及他们之间的关系如图 3 -1 所示。

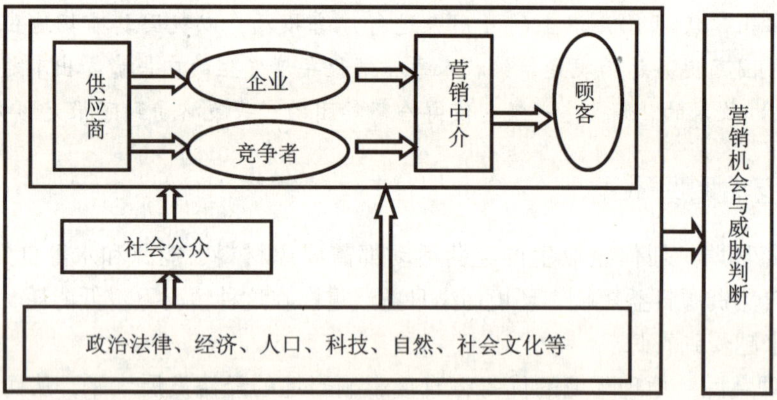

图 3 -1　药品营销环境因素关系图

课堂互动

根据上图说明微观环境各因素和宏观环境各因素之间的作用关系，试分析他们如何对企业营销机会和威胁的判断起作用？

第四节 药品营销环境分析及对策

一、营销环境机会分析及对策

营销环境机会，是指由于环境变化而形成的对企业营销活动富有吸引力的领域或因素。在该市场领域或因素条件下，企业将拥有竞争优势，可以将市场机会转为营销机会，利用营销机会获得营销成功。

（一）营销环境机会分析

分析营销环境机会可以从潜在的吸引力和成功的可能性两方面进行分析。分析的矩阵如图 3 -2 所示。

第Ⅰ象限区内，营销机会潜在吸引力和成功可能性都很大，表明对企业发展有利，企业也有能力利用营销机会，应采取积极的态度，分析把握。

第Ⅱ象限区内，营销机会潜在吸引力很大，但可能性很小，说明企业暂时还不具备利用这些机会的条件，应当放弃。

第Ⅲ象限区内，营销机会潜在吸引力很小，而成功可能性大，虽然企业拥有利用机会的优势，但不值得企业去开拓。

第Ⅳ象限区内，营销机会潜在吸引力很小，成功可能性也小，企业应当主动放弃。

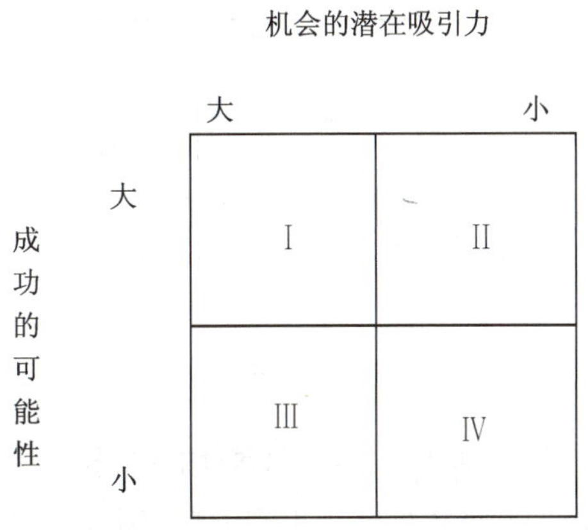

图 3 -2 营销环境机会分析图

（二）应对营销环境机会的对策

1. 及时利用策略 当市场机会与企业的营销目标一致，企业又具备利用市场机会的资源条件，并享有竞争中的差别利益时，企业应抓着时机，及时调整自己的营销策略，充分利用市场机会，求得更大的发展。

2. 待机利用策略 有些市场机会相对稳定，在短时间内不会发生变化，而企业暂时又不具备利用市场机会的必要条件，可以积极准备，创造条件，等待时机成熟时，再加以利用。

3. 果断放弃策略 市场营销机会十分具有吸引力，但企业缺乏必要的条件，无法加以利用，此时企业应做出决策果断放弃。因为任何犹豫和拖延都可能导致错过利用其他有利机会的时机，从而一事无成。

二、营销环境威胁分析及对策

（一）营销环境威胁分析

营销环境威胁，是指由于环境的变化而形成的对企业营销的冲击和挑战，是环境中不利于企业营销的因素和发展趋势。其中，有些冲击和影响是共性的，有些因素对不同的产业影响程度不同。即使是同处一个行业、同一环境中，由于不同的抗风险能力，所受的影响不尽一致。

研究市场营销环境对企业的威胁，一般分析两方面的内容，一方面分析威胁对企业影响的严重性，另一方面是分析威胁出现的可能性。威胁分析矩阵如图 3 -3 所示。

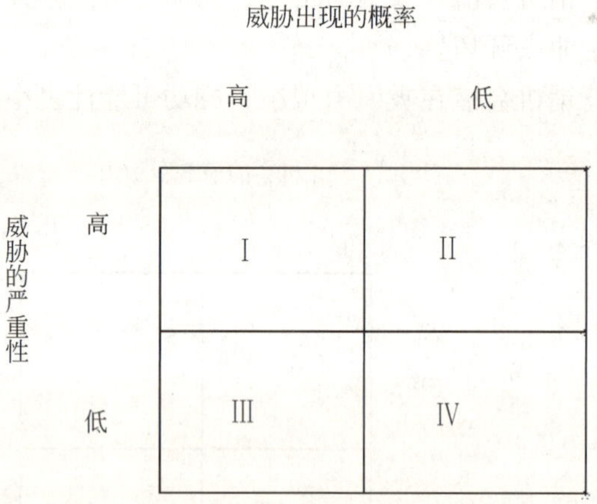

图 3 -3 营销环境威胁分析图

第Ⅰ象限区内，环境威胁严重性高，出现的概率也高，表明企业面临着严重的环境危机，企业应处于高度戒备状态，积极采取相应的对策，避免威胁造成的损失。

第Ⅱ象限区内，环境威胁严重性高，但出现的概率低，企业不可忽视，必须密切注意其发展方向，也应制定相应的措施准备面对，力争避免威胁的危害。

第Ⅲ象限区内，环境威胁严重性低，但出现的概率高，虽然企业面临的威胁不大，但是，由于出现的可能性大，企业也必须充分重视。

第Ⅳ象限区内，环境威胁严重性低，出现的概率也低，在这种情况下，企业不必担心，但应该注意其发展动向。

（二）应对营销环境威胁的对策

1. 转移策略 指当企业面临环境威胁时，通过改变自己受到威胁的现有产品市场，或者将投资方向转移来避免环境变化对企业的威胁。该策略包括三种转移：

（1）产品转移 即将受到威胁的产品转移到其他市场。

（2）市场转移 即将企业的营销活动转移到新的细分市场上去。

（3）行业转移 即将企业的资源转移到更有利的新行业中去。

2. 减轻策略 指当企业面临环境威胁时，力图通过调整、改变自己的营销组合策略，尽量降低环境威胁对企业的负面影响程度。

3. 对抗策略 指当企业面临环境威胁时，试图通过自己的努力限制或扭转环境中不利因素的发展。对抗策略通常被称为是积极、主动的策略。

总之，药品企业面对营销环境中的机会或威胁时，为了最大化获得利润或减少冲击，必须做出相应的对策来应对。营销环境机会与威胁并存，有时表面上是环境威胁，实际上蕴藏了新的机会，如能源危机会引起和创造对新能源的需求。即使是同处一个行业，同一营销环境中，由于不同企业抗风险的能力不同，所处的竞争地位不同，加之对环境变化趋势的理解和认识不同，所受的影响程度也不一致。

企业对营销环境不是只能被动消极地适应。在一定条件下，企业也可以积极影响环境。如何科学地认识、分析和改善营销环境，不仅是现代企业营销管理人员必须掌握的基本功，而且已成为营销理论的研究重点。

微案例

两家鞋业制造公司分别派出了一个业务员去开拓市场，一个叫杰克逊，一个叫板井。

在同一天，他们两个人来到了南太平洋的一个岛国，到达当日，他们就发现当地人全都赤足，不穿鞋！从国王到贫民、从僧侣到贵妇，竟然无人穿鞋子。

当晚，杰克逊向国内总部老板拍了一封电报："上帝呀，这里的人从不穿鞋子，有谁还会买鞋子？我明天就回去。"

板井也向国内公司总部拍了一封电报："太好了！这里的人都不穿鞋。我决定把家搬来，在此长期驻扎下去！"两年后，使这里的人都穿上了鞋子……

请问：两个业务员面对同一环境，一个业务员认为是机会，另一个业务员认为是威胁，你怎么看待？

【知识结构】

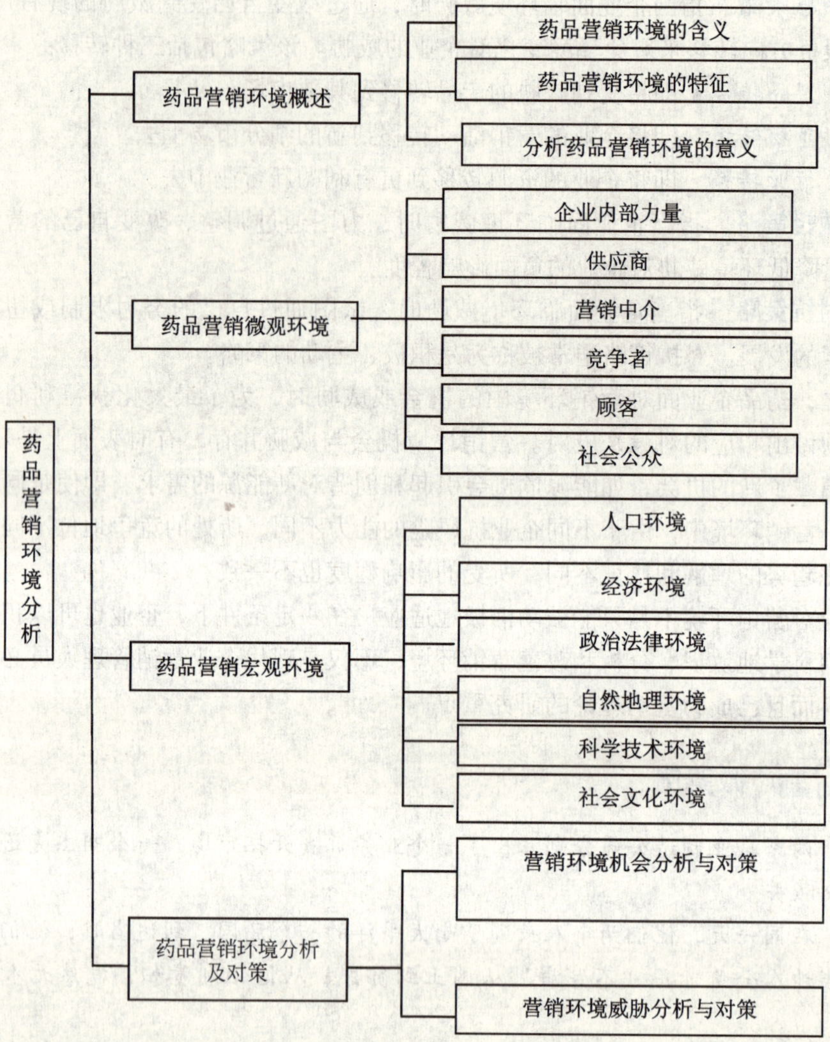

图3-4 药品营销环境知识结构图

【目标检测】

☆练一练

判断：

1. 微观环境因素直接影响企业的营销活动。（ ）
2. 竞争者属于宏观环境因素。（ ）
3. 药品营销环境因素有些是固定不变的。（ ）

4. 影响企业营销活动的不同环境要素之间是相互联系的。(　　)
5. 营销中的顾客就是指个人消费者。(　　)
6. 替代品生产厂家与企业之间没有竞争关系。(　　)

单选：

1. 下列各项不属于药品营销中介的是（　　）。
   A. 中间商　B. 广告公司　C. 银行　D. 供应商
2. 具有商品所有权的中间商属于（　　）。
   A. 经销商　B. 代理商　C. 实体分销商　D. 营销服务机构
3. 为了进行再生产而购买产品的市场属于（　　）。
   A. 消费者市场　B. 生产者市场　C. 转卖者市场　D. 政府市场
4. 一般认为，恩格尔系数越大，则该地区或家庭的生活水平（　　）。
   A. 越低　B. 越高　C. 不变　D. 无法判断
5. 营销市场机会十分具有吸引力，但企业缺乏必要的条件，此时企业应（　　）。
   A. 做出决策果断放弃　B. 待机利用　C. 及时利用　D. 寻求合作伙伴
6. 当企业面临环境威胁时，试图通过自己的努力限制或扭转环境中不利因素的发展，这一策略属于（　　）。
   A. 转移策略　B. 减轻策略　C. 对抗策略　D. 利用策略

☆说一说

1. 什么是药品营销环境？它分为哪几大类？
2. 分析药品营销环境对医药企业有哪些作用？
3. 药品营销的微观环境包括哪些因素？
4. 药品营销的宏观环境包括哪些因素？
5. 企业面对机会和威胁时分别可以采取哪些对策？

☆想一想

案例

中美史克的PPA风波

2000年以前，“早一粒，晚一粒”的康泰克广告曾是国人耳熟能详的医药广告，而康泰克也因为服用频率低、治疗效果好而成为许多人感冒时的首选药物。可自从2000年11月16日，国家药监局下发“关于立即停止使用和销售所有含有PPA的药品制剂的紧急通知”，并在11月30日前全面清查生产含PPA药品的厂家。一些消费者平时较常用的感冒药“康泰克”、“康得”、“感冒灵”等因为含PPA成为禁药。

中国国家药品不良反应检测中心发现，服用含PPA的药品制剂（主要是感冒药）后已出现严重的不良反应，如过敏、心律失调、高血压、急性肾衰、失眠等症状；在一些急于减轻体重的肥胖者（一般是年轻女性）中，由于盲目加大含 PPA 的减肥药的剂量，还出现了胸痛、恶心、呕吐和剧烈头痛。这表明这类药品制剂存在不安全的问题，要紧急停药。虽然停药涉及一些常用的感冒药，会对生产厂家不利，但市面上可供选择的感冒药还有很多，对患者不会造成任何影响。

11 月 17 日，天津中美史克制药有限公司的电话几乎被打爆了，总机小姐一遍遍跟打电话的媒体记者解释：公司没人，都在紧急开会。仍有不甘心的，电话打进公司办公室，还真有人接听——一位河南的个体运输司机证实：确实没人。这是国家药品监督管理局发布暂停使用和销售含 PPA 的药品制剂通知的第二天。

这次名列“暂停使用”名单的有 15 种药，但大家只记住了康泰克，原因是“早一粒，晚一粒”的广告非常有名。作为向媒体广泛询问的一种回应，中美史克公司 11 月 20 日在北京召开了记者恳谈会，总经理杨伟强先生宣读了该公司的声明，并请消费者暂停服用这两种药品，能否退货，还要依据国家药监局为此事件作的最后论断再定。他们的这两种产品已经进入了停产程序，但他们并没有收到有关康泰克能引起脑中风的副反应报告。对于自己两种感冒药——康泰克和康得被禁，杨伟强的回答是：“中美史克在中国的土地上生活，一切听中国政府的安排”。为了方便回答消费者的各种疑问，他们为此专设了一条服务热线。另据分析，康泰克与康得退下的市场份额每年高达 6 亿元。不过，杨伟强豪言：“我可以丢了一个产品，但不能丢了一个企业。”

6 亿元的市场，康泰克差不多占了中国感冒药市场的一半。生产不含 PPA 感冒药的药厂，同时面临了天降的机会和诱惑。由于含 PPA 的感冒药被撤下货架，中药感冒药出现热销景象，感冒药品牌从“三国鼎立”又回到了“春秋战国”时代。

中美史克“失意”，三九“得意”，三九医药集团的老总赵新先想借此机会做一个得意明星。赵在接受央视采访时称：三九有意在感冒药市场大展拳脚。赵新先的概念是：“化学药物的毒害性和对人体的副作用已越来越引起人们的重视。无论在国内还是国外，中药市场前景非常被看好。”三九生产的正是中药感冒药。三九结合中药优势论舆论，不失时机地推出广告用语：“关键时刻，表现出色”，颇为引人注目。

也想抓住这次机会的还有一家中美合资企业——上海施贵宝，借此机会大量推出广告，宣称自己的药物不含 PPA。

在这些大牌药厂匆匆推出自己的最新市场营销策略时，一种并不特别引人注意的中药感冒药——板蓝根，销量大增，供不应求。

问题：

1. 本案例中中美史克公司的经营环境发生了哪些变化？
2. 本案例中中美史克面对环境的变化采取了什么相应的对策？

3. 本案例中中美史克遇到的威胁给竞争对手带来了哪些机会?

4. 如果你是中美史克的总经理，在自己的产品被禁而竞争对手大举进犯的情况下，你下一步将采取何种措施?

☆**做一做**

药品营销环境机会和威胁分析

一、实训目的

通过实训，使学生能正确分析环境机会和威胁，能合理选择应对机会和威胁的对策。

二、实训内容

根据所给出的背景材料，请同学们对相关企业所面临的机会和威胁进行分析。背景材料如下：

据新华网2013年6月24日报道，英媒称，北京和香港研究人员24日表示，今年在中国爆发的禽流感H7N9，其扩散程度可能超出预期，有机会在秋天再次爆发。据英国广播公司网站6月24日报道，研究人员在医学杂志《柳叶刀》发表报告估计，H7N9病毒的总死亡率可能将达到0.16%～2.8%。而统计显示，中国今年春天爆发的H7N9疫情中，因出现严重流感症状而入院的病患的死亡率达36%。这低于2003年爆发的H5N1型禽流感的约60%死亡率，但高于2009年到2010年爆发的H1N1型新流感的21%。报告警告说，虽然受气温升高影响，今年5月8日以来中国只发现一宗H7N9确诊个案，但假如H7N9的模式和N5N1相似，H7N9可能在秋天卷土重来。

三、实训步骤

1. 教师布置案例，学生查阅资料并进行分析。

2. 学生分组自由讨论，派代表阐述小组观点。

3. 学生自由辩论，教师评论总结。

四、实训评价（100分）

教师与学生对各小组的实训实施和完成情况进行评估打分，教师进行点评。

1. 能说出哪些企业会受到此背景的影响。(10分)

2. 营销环境机会与威胁分析：能分析该背景下企业面临的营销机会与威胁。(40分)

3. 能分别说出不同企业应对机会与威胁的对策。(50分)

第二篇　药品市场营销战略

第四章　药品市场调查

学习目标

知识目标

1. 掌握市场调查的方法、调查问卷设计和调研报告撰写的要领；
2. 理解市场调查的内容和调查步骤；
3. 了解市场调查的作用、分类和方式。

能力目标

1. 会设计简单的市场调查问卷、撰写一般性市场调查报告；
2. 能运用主要的调查方法完成一项具体的市场调查活动。

第一节　药品市场调查概述

药品市场调查，是指用科学的方法，有目的有计划地搜集、记录、整理、分析并报告与医药企业有关的药品市场营销信息的活动。市场调查是认识市场、获得市场信息的最基本的方法。医药企业通过市场调查，有利于了解药品市场供求变化情况，掌握市场发展趋势，制定科学的市场营销战略，提高经营管理水平。

一、市场调查的类型

药品市场调查根据调查目的和任务的不同，可分为以下三种类型：

1. 探测性调查 指在调查开始阶段为明确企业存在的问题所进行的调查。这些问题仍处于模糊状态，企业认识尚不够明确，但可能在未来会对市场造成很大的影响。如某企业近期销售量下降，为寻找原因对产品质量、价格问题、竞争状况等，利用座谈会形式小范围内进行的初步调查。

2. 描述性调查 指通过详细的调查和分析，对市场营销活动的某个方面进行客观描述的调查。描述性调查只回答被调查内容是什么或怎么样等问题，而不要求研究其原因与结果的关系，十分重视事实资料的收集与记录。

3. 因果关系调查 指以说明问题产生的原因与结果的关系为主的一种调查。这类调查主要是在市场问题已经明确的情况下，企业寻求解决该问题的方法，即解决“为什么”的问题。

知识卡

市场调查是市场营销的基础性工作，不仅在营销活动前要进行，而且贯穿于整个市场营销活动的全过程。“没有调查就没有发言权”。

二、市场调查的方式

药品市场调查根据调查对象范围大小的不同，可分为以下四种类型：

1. 全面调查 对所有被调查单位进行无遗漏的逐一调查，可分为统计报表制度和普查。特点：资料全面，基本无抽样误差。但工作量大，时间长，费用高。

2. 重点调查 在所有被调查单位中选取重点单位进行调查，重点单位是总体中地位重要或标志值在总体标志值中占比重较大的被调查单位。特点：适用于总体中有重点单位存在的情况，在人、财、物力上都比较节省。但不一定有代表性，即调查结果不宜在总体中推广。

3. 典型调查 在所有被调查单位中选取具有代表意义的单位（典型单位）进行调查。特点：典型单位代表性强，故可以根据调查结果推断总体情况。关键在于典型单位要选得准。

4. 抽样调查 从调查对象总体中随机抽取一部分对象作为样本进行调查分析，然后根据抽样结果推断总体特征。特点：省钱、省力、省时间，又可把调查对象集中在少数样本上，并能获得与总体调查相适应的结果，因此，在市场调查中使用较为广泛。抽样选取样本的方式分为两大类：

（1）随机抽样　按照一定概率从总体中抽取一定数量的被调查单位，收集数据信息，并据此估计总体指标。常用的方法有：纯随机抽样法、分层随机抽样法、等距抽样法、分群随机抽样法等。

（2）非随机抽样　按照调查者主观确定的标准从总体中抽取若干被调查单位，收集数据和信息。常用的方法有：配额抽样法、任意抽样法、判断抽样法等。

三、市场调查的内容

（一）宏观市场环境调查

1. 政治环境 包括政府对该类药品的有关方针、政策和国家的法律法规等。

2. 经济环境 包括各种重要经济指标，如一个国家或地区的经济结构、国民收入、消费结构、消费水平、经济增长走势等。

3. 人口环境 包括全国及各主要药品目标市场的人口规模、人口结构等。

4. 科技环境 包括新技术、新环境、新材料的开发、应用、推广等。

5. 社会文化环境 包括生活习惯、宗教信仰、文化修养、社会风尚等。

（二）药品市场需求调查

1. 某种产品市场需求总量和市场需求增长率。
2. 本行业或同类药品的销售量及市场占有率。
3. 本企业产品的销售量和市场占有率。
4. 药品替代产品市场销售量和占有率。

（三）药品消费者购买行为调查

1. 消费者群体构成与分布的情况。
2. 消费者购买行为与购买习惯的情况。
3. 消费者购买动机与购买方式的情况。
4. 影响消费者需求的各种因素变化情况。

（四）市场营销组合因素调查

1. 产品调查　主要包括产品设计、产品和产品组合、产品生命周期、老产品改进、新产品开发、销售服务等。

2. 价格调查　主要包括市场供求情况及其变化趋势、影响价格变化的各种因素、产品需求价格弹性、替代产品价格、新产品定价策略等。

3. 分销渠道调查　主要包括中间商选择、仓库地址选择、运输工具如何安排等。

4. 促销组合调查　主要包括广告、人员推销、销售促进、公共关系、宣传推广等。

四、市场调查的步骤

为保证市场调查的系统性和准确性，药品市场调查应遵循一定的程序，一般分为五个步骤。如图 4-1 所示。

图4-1 药品市场调查步骤图

（一）确定调查目标

确定调查目标，可以明确为什么要调查，调查中想要了解什么，调查结果有什么用处等。在确定调查目标阶段，通常要先做初步调查，然后确定调研的问题及其范围。

1. 初步情况分析 收集企业内外部有关情报资料进行分析。资料不必过于详细，只需重点收集对所要研究分析的问题有参考价值的资料即可。

2. 非正式调查 向本企业内部有关人员（销售经理、推销员）、精通本问题的专家和人员（批发商、主要零售商）以及个别有代表性的用户征求意见，听取他们对这个问题的看法和意见。

（二）制订调查方案

要使营销调研工作顺利进行，必须要有一个完善的调研方案。一个好的调研方案必须由专业人员设计，主要包括以下内容：

1. 选择调查方法 市场调查的方法主要有询问法、观察法和实验法，选用的方法是否得当，对调查结果的功效影响极大。详细内容将在本章第2节中介绍。

2. 确定调查抽样方式 调查所选样本是否具有代表性，对调查结果影响很大。因此，选取样本需要明确抽样的方法、范围、数量和程序。一般来说，调查不可能对全体对象进行，通常采用抽样调查的方式。

3. 设计调查问卷 问卷设计是市场调查的重要一环，设计的好坏对调查结果影响很大。详细内容将在本章第3节作详细介绍。

4. 确定调查预算 调查预算就是调查活动的资金安排，主要有：资料费、交通费、调查费、印刷费和调查人员的费用等。为防止意外情况发生，预算应留有一定的余地和弹性。

5. 部署调查人员 部署调查人员包括组织调查人员的培训、区域分工、将调查工作明细化、明确各调查人员的工作职责、明确人员间的相互协调配合方法。

6. 安排调查进度 制定详细的调查进度时间表，包括起讫时间和各项活动的时间安排。

（三）实施调查

实施调查就是市场信息资料收集过程，这是市场调查实质性的工作阶段。调查人员在开始一项调查之初，一般先收集二手资料，既节省时间又节省成本，对资料的历史背景也比较清楚，也可与实地调查资料进行对比；当现成的二手资料不能解决调查问题

时，企业必须针对调查问题收集专门的资料，即一手资料

1. 一手资料　企业针对调查问题首次收集的资料，也称原始资料。收集一手资料，即进行实地调查，实地调查工作的好坏，将直接影响调查结果的正确性。因此，进行实地调查应注意：要求调查人员保持客观，边调查边分析，发现问题要追根究源，把调查深入下去。

2. 二手资料　一些过去为其他目的收集、整理的已经成型的信息。一般从以下渠道获得较为可靠：①企业内部，包括公司的资产负债表、销售报表、存货报告等；②政府权威机构的定期出版物，包括政府部门的各种统计年鉴、统计报告、调查报告等；③各个行业协会的报告和定期出版物；④专业市场咨询公司的研究报告。

（四）整理分析调查资料

市场调查收集的资料大多是零星分散的，很难直接用于分析和汇总，需要“去粗取精、去伪存真”的整理分析。这是市场调查出成果的重要环节。包括：

1. 整理资料　一是将调查收集到的资料进行筛选，挑选出对调查目标有重要参考价值的资料，并对其可靠性进行审核，以确保原始资料的准确性和全面性；二是将这些资料按照市场调查主题进行分类、编码、汇总，以便查找归档，统计分析。

2. 分析资料　运用数理统计分析方法对整理汇总的原始资料进行运算处理，并根据运算结果对研究总体进行定量的描述与推断，并得出市场调查结论。

（五）撰写市场调查报告

市场调查结果必须写成调查报告，供有关预测决策部门应用或参考，才有价值。调查报告必须简明概括，力求客观，重点突出，文字简练，图表形象易理解。调查报告的内容包括调查目的、资料收集的方法、调查分析的问题、调查结论和建议等。详细内容将在本章第 4 节中介绍。

【格式范例】

感冒药市场现状调查计划书

调查题目：我国感冒药市场现状及前景调研分析

调查目的：了解我国居民对感冒药的认知水平及治疗用药情况

调查区域：北京、天津、重庆、上海、广州、西安、太原、四川、昆明、郑州 10 大城市

调查对象：18～50 岁家庭购药决策者

调查时间：2013 年 6 月 1 日～7 月 1 日

调查方法：定量调研，采用入户、问卷、面谈访问方式、抽样法

调查内容：

1. 消费者对感冒病的认识水平是否提高？
2. 在 OTC 药物中感冒药的渗透率占多少？

3. 消费者治疗感冒的方法有哪些?

4. 市场上感冒药知名品牌有哪些? 消费者对知名品牌的认可程度。

5. 国内感冒药市场的分布情况。

6. 中药感冒药的市场前景有多大?

调查安排:

6月1~10日，公司调研处设计调查问卷，形成样卷。各地小组领取问卷，选取样本住户进行问卷调查，可进行入户、面谈配合问卷调查。

6月11~20日，回收问卷，自行整理，去粗取精，去伪存真，找出规律。

6月21~30日，收回各地问卷调查结果，由负责人进行资料汇总，分析，写出全面调研报告，下发各个药品销售处，作为销售指导资料。

费用估算:

资料费10000元；交通费20000元；调查费10000元；印刷费5000元；培训费5000元；劳务费55000元；其他费用5000元；大约需支取110000元。

调查单位：美兰德信息公司

调查人员：医药调研部全体

调查负责人：王杰　李强

2013年3月23日

第二节　药品市场调查方法

市场营销调研按信息来源不同，可分为案头调研与实地调研两种形式。

一、案头调查

案头调查，是对已经存在并已为某种目的而收集起来的信息进行的调研活动，也就是对二手资料进行搜集、筛选。案头调研包括以下四方面:

1. 评价现成资料　现成资料是已经取得的第二手资料，可从以下几个方面进行评价：①现有的资料是否全面、精确地满足调研课题的要求；②资料的专业程度和水平如何；③资料所涉及的时期是否适当、时效性如何；④资料的精确性如何，是否可信；⑤资料获得的成本大小和迅速程度如何。这些方面进行综合评价是这一阶段的评价标准，当然实际情况千变万化，可灵活应用。

2. 搜集情报　调查项目确定后，经过前一阶段对现成资料的评价，随着调查的深入，仍需要从相关处收集获得更加详细的资料。从一般线索到特殊线索搜集情报，这是每个调研人员搜集情报的必由之路。

3. 筛选资料　资料收集后，调研人员应根据调研课题的需要和要求，剔除与课题无关的资料和不完整的情报。这就要求调研人员有一定的技术水平，对资料的取舍得当。例如，调研人员在分析进入哪些市场的报告中，他就可以从分析以下因素着手：产品的可接受性、分销渠道、价格、竞争情况、市场消费能力和潜力等。

4. 撰写案头报告　报告是所有调查工作过程和调查成果赖以表达的工具，是对此次调研工作的总结。撰写时应注意：①针对性强，简单明了，用统计图表来反映问题，方便读者了解分析；②有说服力，报告的分析要有理有据，数据确凿，图表精确；③结论明确，这是调研报告意义和价值的体现，非常重要；④时效性强，报告应及时，起到调研工作的画龙点睛作用，是进行决策的重要依据。

二、实地调查

实地调查，是对第一手资料进行搜集、筛选的调研活动。随着社会经济的发展和营销活动的深入开展，现场搜集信息的方法越来越多，但主要有三种：访问法、观察法、实验法。

（一）访问法

1. 访问法　是将拟定调查的事项，以口头或书面的形式，通过会面、问卷、电话或因特网，向被调查者提出询问，从对方的回答中获取资料的调查方法。访问法是市场调查的常规方法，也是获取原始资料的主要方法。

2. 常用的访问法

（1）面谈访问法　是指调查人员按事先准备的调查问卷或提纲当面询问被调查者以获取资料。主要靠“走出去”的方式，但也可以“请进来”，如采用用户座谈会的方式。优点是调查结果的回收率高，收集资料全面，资料真实性强，当面听取被调查者的意见，还能观察其反应，发现新问题；缺点是费用高、范围窄，调查结果受调查人员技术熟练程度和个人理解的影响大。

（2）电话访问法　是指利用电话由调查人员提出问题，请对方做出回答。优点是时间短、速度快、费用低，不受调查人员在场的心理压迫，使调查对象能畅所欲言；缺点是受通话时间的限制，调查问题少而简单，无法收集深层信息。

（3）信函访问法　是指通过信件、报刊广告页、产品包装等途径，把事先设计好的调查问卷分发给被调查者，请他们按要求填好后再寄回。优点是调查面宽、样本量大，成本低，不受调查人员在场的影响；缺点是回收时间周期长，被调查者也常常误解问卷的意思，问卷回收率低，一般只有 15% ~20% 的问卷能收回。调查者可以采取有奖征答等办法提高问卷回收率。

（4）会议访问法　是指通过召开有关会议，利用会议的便利条件展开市场调查的一种的调查方式。各种各样的会议如药品订货会、物资交流会、展销会等，都是开展市场调查的有效场所。调查的形式主要有：发调查表、出样订货、召开座谈会或个别交流等。

（5）网上访问法　是指应用计算机网络技术和传统调查技术相结合的、具有良好交互界面的、为适应网络时代而出现的一种现代调查方法。主要用来做产品研究方面的市场调查，如产品市场占有率、产品推广渠道等内容的调查。

知识卡

网络访问的特点：①不受时空限制；②利用多媒体技术，具有声图文并茂的友好的交互界面的特有优势；③一定程度上可以降低调查成本，省去调查实施过程中访问员费用等人工介入成本、礼品费、交通费等支出；④减少了传统调查“入户难”的难度，在一定程度上提高问卷的应答率；⑤客观性较强，应答者可以不受调查员经验、情绪等主观因素的影响，能获得真实反映应答者态度的数据；⑥问卷处理程序简化，可以减少数据录入和数据转换等的工作。

（二）观察法

1. 观察法 是调查人员直接或通过仪器在现场观察和记录被调查者的行为和心理，获取所需资料的方法。观察法的优点是客观实在，能如实反映问题；缺点是调查结果是一些表面的可直接观测的现象，不能反映内在原因，更不能说明购买动机和意向。

2. 常用的观察法

（1）直接观察法 派人直接对调查对象进行观察。如药店想了解客流变化情况，可以安排调查人员在药店入口处和停车场观察不同时间人数变化情况。

（2）亲自经历法 调查人员亲自参与某种活动收集有关资料。如某药厂要了解它的代理商或经销商服务态度的好坏，可派人到他们那里去买药品，但注意不要暴露自己的身份。

（3）痕迹观察法 不直接观察被调查者的行为，而是观察被调查者留下的实际痕迹。

（4）行为记录法 在调查现场安装收录、摄像及其他监听、监视仪器设备，调查人员不必亲临现场，即可对被调查者的行为和态度进行观察、记录和统计。如想了解顾客进入商店后的行进方向，就可以在店内天花板上安装摄像机，记录顾客行进路线。

（三）实验法

1. 实验法 是从影响调查问题的许多因素中选出一个或几个因素，将它们置于一定条件下进行小规模的实验，通过实验测量获取资料的方法。实验法的优点是方法科学，可获得较正确的原始资料；缺点是不易选择出社会经济因素类似的实验市场，市场环境偶然因素多，影响实验结果，且所需实验时间较长，成本也较高。实验法在因果性调查中应用很广，多用于调查市场营销策略、销售方法、广告效果等，如产品设计、价格、包装等的变动对销售的影响。

2. 常用的实验法

（1）单一实验组前后对照法 对比控制变量改变前后实验组的测量结果，其差异即为控制变量的影响结果。

（2）实验组与控制组对照法 除实验组外再选择一些与实验组中对象类似的作为控制组，在实验组中改变控制变量，而在控制组中控制变量恒定，对比实验组和控制组在同一时期内的测量结果，其差异为控制变量的影响结果。

微案例

某企业药品欲更换包装，首先选择两个相近的地区 A、B，同时在两地分别用新旧包装各销售一个月；一个月结束后两地交换包装再销售一个月，将两次销售结果登记下来。

如果两次新包装销量>旧包装销量，则更换包装；反之，则不更换。如果两次不一致，则需要核算更换的成本与盈利的差异再决定是否更换。

以上每种调查方法各有所长，具体调查过程中，究竟采用哪一种或是几种方法，应根据调查目的、调查要求、调查对象的特点来灵活地进行相应选择。

知识卡

一名干练的调查人员应具备的基本素质

一是有调查时必需的经验和技巧，对问题的症结十分清楚，并能使被访者对问题产生浓厚兴趣，说出想要说的话；

二是要性格开朗、头脑灵活、为人忠诚可靠、肯吃苦，富有创造力和想象力；

三是必须接受公司的培训，如进行产品知识的培训，能对有关产品的疑难问题给予详解、并予以专门指导。

第三节 药品市场调查问卷

一、市场调查问卷的结构

问卷调查是市场营销调研中收集第一手资料的最普遍使用的工具，是沟通调查人员与被调查对象之间信息交流的桥梁。

调查问卷也称调查表，是系统记载需要调查的问题和项目的书面问卷。一个正式的调查问卷一般由三部分构成：前言、调查项目和附录。

（一）前言

调查问卷的前言主要说明调查主题、调查目的、调查的意义，以及向被调查者致意等。包括：

1. 问卷标题 是概括说明调查研究的主题，使被调查者对要回答哪方面的问题有个大致的了解。

2. 问卷说明 是向被调查者说明调查的目的和意义。最好强调调查与被调查者的利害关系，以取得消费者的信任和支持。

（二）调查项目

调查项目是调查问卷所需调查的具体内容，是调查问卷的主体和核心部分。包括：

1. 被调查者基本情况 指被调查者的一些主要特征，如姓名、性别、年龄、家庭人口、收入、文化程度、职业等。列入这些项目，是为了便于对调查资料进行分析和分类。当然，根据调查目的的不同要求，这些项目应有所取舍。

2. 调查主题内容 是调查者所需了解的具体内容，就是依照调查主题设计若干问题要求被调查者回答，如商品的价格、质量、意见等。这部分内容设计的好坏直接影响整个调查的价值，因此，如何设置合理的调查项目，是设计调查表的关键。

（三）附录

调查问卷的附录一般放在问卷的最后，包括：

1. 调查者情况 是把有关调查者的个人档案列入，如调查员的姓名、访问时间等，以明确调查人员完成任务的性质。

2. 填写说明 是对某些问题附带说明，包括填写问卷的要求、方法及被调查者应了解的项目和事项。

3. 结束语 一般在问卷的最后，可以用简短的词语对被调查人员的配合再次表示感谢，也可以征询被调查人员对问卷调查本身的看法。

4. 编码 对调查问卷和问卷中调查项目设置编号，以便于被调查者填写、选择，也便于调查者分类、归档以及在电子计算机上建立数据库系统的统计处理。

总之，调查问卷的设计结构要合理，正文应占整个问卷的三分之二到五分之四，前言和附录只占很少部分。

二、市场调查问卷的提问

一份调查问卷要想成功取得目标资料，除了做好前期大量的准备工作外，提问方式与技巧从一定程度上决定了调查问卷水平质量的高低。问卷调查中可以根据实际情况灵活应用多种提问方式与技巧。

（一）调查问卷的提问方式

根据问题答案是否具有规定性，一般有两种提问方式：封闭式提问和开放式提问。

1. 封闭式提问 是指事先给定了备选答案，被调查者只能在所规定的答案范围内进行选择。封闭式提问常用选择题的形式，便于被调查者回答，也便于调查者统计，但答案伸缩性较小，其设计要求较高。封闭式提问法常用于描述性、因果性调研。

2. 开放式提问 是指由被调查者用自己的话来自由作答。开放式提问常用问答题的形式，容易设计，被调查者回答不受限制，答案能真实反映被调查者的想法，但缺点是对答案的整理分析比较困难，所以在一份调查问卷中只能占小部分。开放式提问常运用于探测性调研阶段，了解人们的想法与需求。

（二）调查问卷的提问技巧

1. 二项选择题　在提问时一个问题提供两个备选答案供应答者选择其一。优点是方便回答，便于统计分析；缺点是强制选择，无法反映应答者意见程度的差别。

例如：“你购买药品时注重牌子吗？”①是（　　）；②否（　　）

2. 多项选择题　在提问时一个问题提供两种以上的备选答案，请应答者选择其中一项或几项答案。这种方法多少可以缓和二项选择法强制选择的缺点，答案的统计分析也很简单。但是，备选答案设计较为复杂，要注意不要遗漏可能的答案，答案之间不能重复，而且备选答案不宜过多。

例如：“下面列出的咽喉类药品，您服用过哪几种？”①华素片（　　）；②金嗓子喉片（　　）；③草珊瑚含片（　　）；④桂林西瓜霜（　　）；⑤双料喉风散(　　)。

3. 自由回答题　调查者围绕调查内容提问，不设定备选答案，被调查者不受任何约束，自由回答。优点：被调查者可积极思考、充分发表看法，而且问题的设计也较简单。缺点：被调查者的观点可能比较分散，个人的表达能力也会导致答案的差异，难以进行数据的统计分析。通常情况下应该较少采用甚至不用这样的提问方式。

例如：您对本次“3.8”女性商品促销活动有何意见和建议？________________

4. 比较题　让回答者对调查对象的性质进行判断，作出比较。被调查者可以在“同意”到“不同意”、“重要”到“不重要”、“极好”到“极差”之间选择。

例如：你如何看待“进口药品比国产药品要好”的说法？①非常同意（　　）；②同意（　　）；③不同意也不反对（　　）；④不同意（　　）；⑤坚决不同意(　　)。

维护消费者权益投诉热线的开通对于你是：①非常重要（　　）；②很重要（　　）；③重要（　　）；④比较重要（　　）；⑤不重要。

某地区餐饮行业的服务是：①极好（　　）；②好（　　）；③一般（　　）；④（　　）差；⑤极差（　　）。

5. 排序题　让回答者对多个给定答案排序。排序法设计中，应注意提示答案不宜过多，过多则应答者难以准确排序，而且回答结果也容易分散。

例如：您购买××产品时优先考虑的因素是：

请将优先顺序号1、2、3……填写在答案前面的（　　）内

（　　）价格　（　　）质量　（　　）效果　（　　）品牌　（　　）外观

（　　）售后服务　（　　）其他

6. 打分题　在提问时给出若干提示答案，请应答者根据自己的认识打分，以反映被调查者对有关事物的看法、观点和评价。

例如：在您看完××广告节目以后，请您就以下几个评价指标在相对位置打分：

程度打分（最差）1　2　3　4　5　6　7　8　9　10（最佳）

①主题是否突出 — — — — — — — — — —
②画面是否清晰 — — — — — — — — — —
③能否引人注意 — — — — — — — — — —
④品牌是否明确 — — — — — — — — — —
⑤是否容易记忆 — — — — — — — — — —

知识卡

调查问卷询问技巧

1. 印象回想法：主要用于了解顾客的兴趣、注意力、选择记忆和平常生活习惯。

例如："请您回想一下，最近一年来引起您注意的感冒药的品牌名称有哪些?"

2. 词汇联想法：列出一些词汇，每项一个，由被调查者提出他头脑中涌现的第一个词。

例如：当您听到下列字眼时，您脑海中涌现的第一个词是什么?

同仁堂——纯中药、老字号、信誉好……

海尔——质量好、信誉高、售后服务好……

3. 语句完成法：提出一些不完整的语句，每次一个，由被调查者完成该语句。

例如：当我口渴时，我想喝……饮料。

4. 故事完成法：提出一个未完成的故事，由被调查者来完成它。

例如：在网上购物，收到的商品与你在网上订购的有区别时，你会……请完成这个故事。

三、市场调查问卷的设计

课堂互动

下面是一张"有问题的问卷"，请修改，并说明理由。

1. 你的收入最接近多少?

2. 对于你的孩子参加××活动一事，你是一个强的，还是一个弱的支持者?

3. 你的孩子在学校表现好吗?　是（　）　否（　）

4. 有多少个公司去年向你寄过宣传材料？今年呢?

5. 你最喜欢哪个品牌?

调查问卷是目前为止市场调查中最常用的工具，问卷的设计是否科学直接影响到市场调研的成功与否。因此，进行市场调查前需要认真仔细地设计、测试和调整调查问卷。问卷的设计要求有清晰的思路、丰富的经验、一定的设计技巧以及极大的耐心。具体应注意以下几方面问题：

1. 主题明确　根据调研目的，确定调研主题；在深刻理解调研主题的基础上，决定调查所需要的资料、调查表的具体内容和形式。

2. 问题适当　提出的每个问题都应对调研目的有帮助；避免漏掉应该被回答的问题；问题的措辞应简单、直接，便于回答；避免倾向性、引导性、暗示性的提问。

3. 通俗易懂　调查问卷要使被调查者一目了然，避免歧义，愿意如实回答；问卷中语言要平实，语气诚恳，避免使用专业术语；提问要讲求艺术性、趣味性，使被调查者乐意回答，对于敏感问题应采取一定技巧，使问卷具有较强的可答性和合理性。

4. 长度适宜　问卷中所提出的问题不宜过多、过细、过繁；问卷的长短，可以因受访者对主题的关心程度、询问场所、调查对象类型、调查员训练程度而定，一个问题只能包含一项内容，以不超过 25 个问题为宜；回答问卷时间不应太长，一份问卷回答的时间一般不多于 30 分钟。

5. 结构排列合理　问卷中问题的排序应有一定的逻辑顺序，符合被调查者的逻辑思维程序。一般是由简单到复杂、由表面直觉到深层思考、由一般性问题到特殊性问题排序。比如，第一个问题尽可能地引起人们的兴趣，而较难或私人性问题最后出现，这样应答者就不会变得过于自卫。

6. 适于统计　设计时要考虑问卷回收后的数据汇总处理，便于进行数据统计处理。

调查问卷在大规模使用之前应以少数人应答为实例，或将自己放在被调查人的地位，对问卷进行小规模的测试，考虑这些问题能否得到确切的资料、能否使被调查人方便回答等，审查测试结果，视不足之处予以改进。

知识卡

问卷的外观也是调查问卷设计中不可忽视的一个重要因素。外观影响到访问者是否愿意、顺畅、容易地答题，诸如问卷所用的纸张品种、颜色，问卷的编排，字体样式等，都会影响到被访问者回答问卷的质量水平。

调查问卷外观的设计应注意：

1. 问卷外观应庄重、正式，以使被访问者感觉到是一份有价值的问卷。

2. 问卷应当只印在纸张的一面，而且必须为答案留出足够的空白，关键词应当画线或用醒目的字体。

3. 问卷使用的纸张大小比例应恰当，使被访问者容易接受。如，一份问卷用 4 小张纸比 2 大张纸，会使应答者感到压力小。

4. 问卷的每一页应当印有供识别用的顺序号，以方便于被访问者答卷，也能避免调查者在整理时各页分散。

【格式范例】

关于西安杨森采乐洗发水的市场调查问卷

您好！我们是六人行市场调查公司的市场访问员，正在做关于西安杨森公司的市场调查，需要您的帮助。您的客观意见对我们的市场研究非常重要，希望您能回答以下问题（您在回答完问题之后，将会获得一份精美的小礼品），也希望我们能成为很好的朋友！最后祝您家庭幸福，生活美满！

请在你要选择的项目前打"√"

1. 您用过去头屑洗发水吗？

A. 用过　B. 没有（跳至问题5）

2. 您现在所用的最常用的洗发水品牌是____________

3. 您对它的哪方面最满意？

A. 去屑　B. 产品口碑好或企业知名度高

C. 销售点多，购买方便　D. 集多种护发功能于一体

4. 您在购买之前是怎样知道该产品的？（可多选）

A. 电视　B. 报纸　C. 杂志　D. 广播

E. 熟人告知　F. 店内广告　G. 其他

5. 如果有人说头皮屑是一种病，您对于这个问题的态度是：

A. 同意　B. 无所谓　C. 不同意　D. 拒绝回答

6. 您听说过西安杨森出品的采乐洗发水吗？

A. 听说过　B. 没有（跳至问题18）

7. 您是怎样知道采乐洗发水的？（可多选）

A. 电视　B. 报纸　C. 杂志　D. 广播

E. 熟人告知　F. 店内广告　G. 其他

8. 据您所知，从哪儿可以买到该产品？（可多选）

1. 超市商场　B. 化妆品专卖店　C. 零售店　D. 药店或医院

9. 你用过该产品吗？

A. 用过　B. 没有（跳至问题18）

10. 您觉得用了采乐之后是否有以下感觉（可多选）：

A. 头屑效果十分明显　B. 无效　C. 效果一般　D. 有副作用

11. 您对采乐的哪些方面比较满意？（可多选）

A. 去屑效果明显　B. 产品口碑好或企业知名度高

C. 价格合理　D. 其他

12. 你买过几次采乐？____________

13. 您有没有遇到过没有买到采乐的情况？

A. 很多次　B. 偶尔　C. 没有

14. 您没有买到该产品的原因是：

A. 脱销　　　　B. 没有该产品上柜　　　　C. 不清楚

15. 销售人员或医生会主动向您介绍该产品吗?

A. 会　　　　B. 不会

16. 如果采乐增加了香味，你觉得

A. 好　　　　B. 无所谓　　　　C. 不好（跳至问题17）

17. 您希望采乐有什么香味?

A. 花香　　　　B. 水果香　　　　C. 绿茶

D. 薄荷　　　　E. 其他

18. 如果以满分10分为标准的话，请您对下列产品的去屑功能打分?（不知道的产品打零分）

海飞丝（　　）　夏士莲（　　）　采乐（　　）

舒蕾（　　）　亮庄（　　）

19. 采乐洗发水是一种非处方药，如果一个人为了去除头屑烦恼选择采乐，你觉得他或她是一个

A. 偏向理性的人　　　　B. 偏向感性的人　　　　C. 没有偏向的感觉

20. 您知道的还有哪些专业去屑的洗发水? ____________________

21. 我们可以分享您对采乐的个人意见吗? ____________________

个人情况：

1. 您的性别：　□男　　□女

2. 您的年龄：　□20岁以下　　□20～35岁　　□36～50岁　　□50岁以上

3. 您头发的类型：□油性　　□中性　　□干性　　□不知道

4. 您的月收入：□1000元以下　□1001～3000元　□3001～5000元　□5000以上

5. 您的职业：____________________

6. 访员后记：______________________________

问卷编号：____________________

调查人员：____________________

调查时间：____________________

调查地点：____________________

谢谢您的热情支持!

第四节　药品市场调查报告

一、市场调查报告及其撰写要求

药品市场调查的最后一个步骤就是撰写一份高质量的调查报告，供委托者或本企业管理层作为营销决策的参考。

1. 市场调查报告　是根据市场调查资料和调查结果加以概括并予以说明的书面报

告，是对市场营销信息进行归纳和传递，对整个市场调查活动和工作进行汇总的最终成果。

2. 市场调查报告撰写要求 市场调查报告的内容、质量，决定着对企业领导据此决策、行事的有效程度。因此，市场调查报告最好由熟悉整个调查活动的业务人员执笔，并且按照一定的要求撰写，具体要求如下：

（1）依据调查目的和调查所得事实，准确提炼主题，做到标题清晰醒目、中心内容突出。

（2）围绕主题、多层次、多侧面展开叙述，针对性地概括出调查结果。

（3）采用简明、严密而又富有逻辑性的文体结构，做到结构严谨、层次鲜明、使决策者一目了然。

（4）语言简练、明确、易于理解，力求客观、扼要，有理有据。

（5）尽量使用直观易懂的图表说明问题，避免使用晦涩难懂的技术性术语。

二、市场调查报告的内容格式

市场调查报告的内容包括调查目的、资料收集的方法、调查分析的问题、调查结论和建议。市场调查报告文体结构一般分为五个部分：标题、摘要、正文、结论、附录。

1. 标题 标题即报告的题目，就是写明调查报告的主题，把主要内容概括地叙述出来。调查报告标题可以只用一个正标题，如“冠心病治疗药市场分析”；也可以在正标题之外再加副题，正标题反映报告的主题，副标题表明调查的对象及内容等，如《银杏叶制剂市场调查——机会与挑战并存》。

知识卡

市场调查报告标题的形式

1. 直叙式：直接反映调查意向，在标题中写明调查内容和调查范围。简明、客观，一般调查报告都采用。如“关于某感冒药销售情况的调查报告”。

2. 表明观点式：直接表明作者的观点、看法或对事物的判断、评价，在标题中揭示调查结论。如“感冒药降价不可取”、“止吐药物销售增加而药价走低”。

3. 提出问题式：以设问、反问等形式突出问题的焦点，以增强吸引性。如“某感冒药为何如此畅销?”

2. 摘要 是用简明扼要的文字向阅读者介绍整个市场调查基本方案，包括：调查的目标、范围、时间、地点及所采用的调查方式、方法、市场调查人员的个人资料、调查的意义等。

3. 正文 是市场是调研报告的主体和重心。正文部分必须详细准确地叙述调查结果和分析结果，还应说明对问题进行分析的方法。包括：调查的问题、调查采用的方法、调查步骤、取样方法、资料的收集方法、调查结果以及调查结果对企业营销活动的分析等，对所调查问题作出结论，并提出解决问题的措施和建议。

4. 结论　是调查者基于调查事实，得出问题的结论并提出大致的措施和建议，它是撰写调查报告的主要目的。结论及建议与正文部分的论述要紧密对应，综述全文重要观点。

5. 附录　是提供与调查结果有关的资料，对调查报告起注释作用。包括：资料汇总统计表、原始资料来源、调查问卷、抽样名单、统计检验技术结果，以及一些重要的数据、图表和相关制度文件等。调查过程中产生的附带性资料信息也可在整理后放在附录中。

提交调研报告后，调查人员还应对调研报告进行追踪，了解调查结论是否有参考价值，措施和建议是否被采纳，这样可以总结调查工作成效，为以后的调查积累经验。

【格式范例】

西安杨森采乐洗发水的市场调查分析报告

基本状况

1. 在采乐目标消费者中，仅有4%选择采乐，由海飞丝主导了大部分市场，占市31%。他们选择的原因是：40%产品或企业美誉度（人际传播），35%产品功效，20%购买方便，5%企业知名度；他们了解产品的资讯渠道主要是：25%电视，16%杂志，14%熟人介绍。（图4－2、4－3）

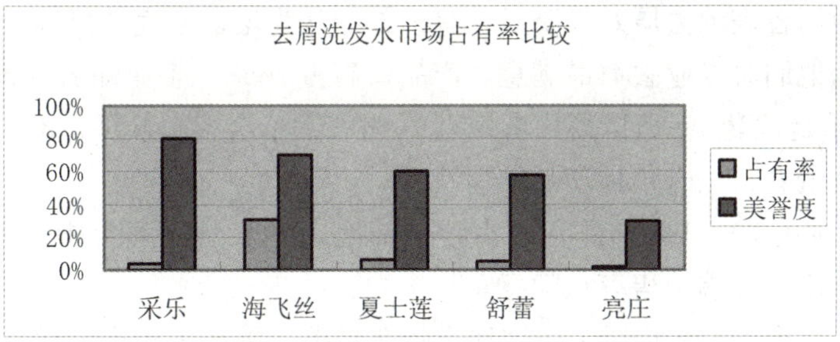

图4－2　去屑洗发水市场占有率比较

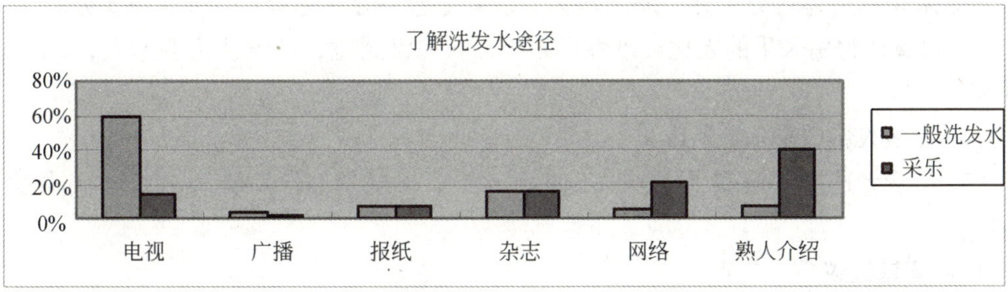

图4－3　了解洗发水途径

2. 只有15%知道西安杨森采乐洗剂，许多人知道的是黎明代言的广州采乐，由于广州“采乐”借用熟悉的产品名称和电视广告，杨森采乐被盗名。这已经严重影响了产品销售。

3. 49%选择认为头屑是病，45%无所谓，只有5%表示反感，不同意，其他为“不回答”，可见突出“头屑”烦恼不会引起反感。（图4-4）

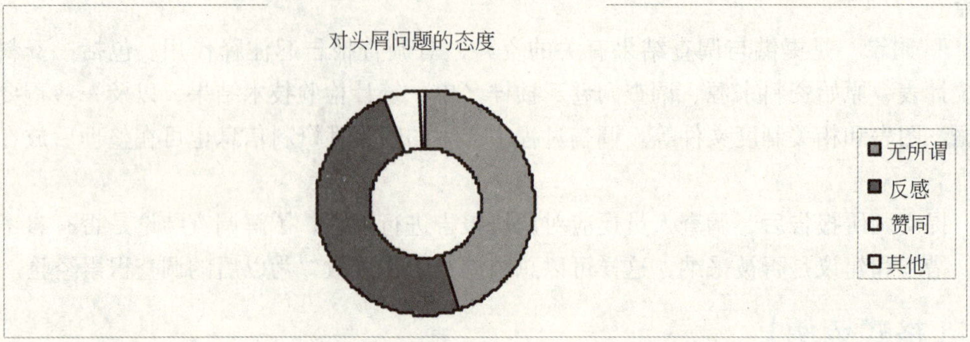

图4-4 消费者对头屑问题的态度

4. “采乐”这个名称由于杨森公司十年的营销，40%知道“采乐”，却不能和杨森联系，或误认为是广州“采乐”（电视广告的效果），其中10%知道杨森采乐的，主要依靠过去十年营销遗留的美誉度及人际传播。

5. 13%知道采乐在药店有销售，而其他人认为在其他场所。

6. 用过的消费者约占10%

7. 81%的使用者表示去屑效果明显，有一部分认为增加滋润功能等会更好。

8. 80%表示他们对专业去屑最满意。产品口碑占76%，企业知名度5%。

9. 因为采乐是“药”，所以使用者中有76%表示不会多次购买，不能像其他产品一样拥有忠实的消费者，只有传播产品的消费者。

10. 只有很少的人（3%）说有买不到的情况，一般是没有上柜，因为采乐药剂，一般没什么副作用，终端销售有点随意。

11. 许多消费者（60%）对采乐增加香味有需求，香味需求则比较分散，因为各有要求。

12. 采乐的整体得分4分，海飞丝9分，夏士莲7分，舒蕾6分，亮庄5分。

13. 40%认为用采乐的人比较理性、呆板，44%没感觉，15%认为普遍人，1%选择感性。

14. 许多人希望采乐有所改进。

15. 消费者选择20~40元，收入偏中上水平，一般是油性发质（30%），非体力劳动者。

广告营销建议

1. 策划一系列的活动以区别杨森采乐与广州采乐，突出“杨森采乐”。

2. 重点突出“药物去屑”，专业水准。偏向理性诉求，恐惧诉求。宣传高科技制药，值得信赖。

3. 重视促销，公益活动，关怀生活，关心社会，宣传产品特质，促进人际传播。

4. 重点选择电视及杂志作形象广告宣传，塑造产品人性化，严谨的形象，增加亲和力。

5. 宣传杨森采乐不仅能治，还能预防。消费者不重视保养，头屑也容易复发。

6. 积极进行市场营销，步步为营，避免与大品牌正面冲突。

产品建议

改进产品香味，增加更多功能。

【知识结构】

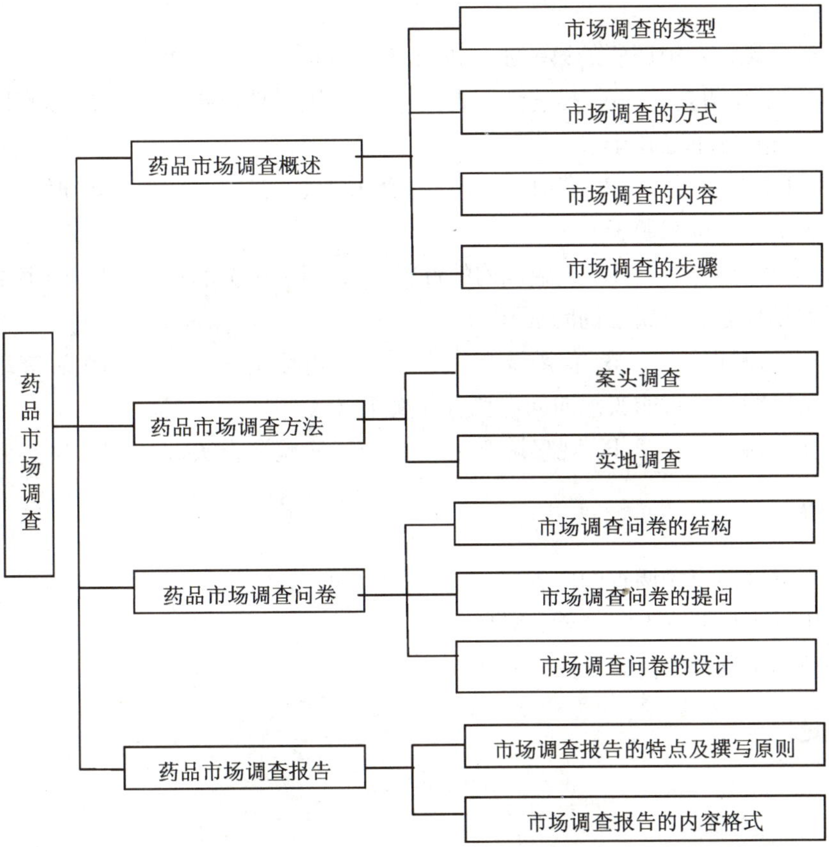

图4-5　药品市场调查知识结构图

【目标检测】

☆练一练

判断：

1. 调查问卷中确定问句排列的顺序时应先易后难。( )
2. 二手资料调查法要和其他调研方法结合使用。( )
3. 调查问卷中开放式问句便于资料的统计分析。( )
4. 市场抽样调查中样本规模越大越好。( )
5. 利用公开发表的资料可以得到企业预计的全部调查资料。( )

单选：

1. 一般来说，营销调研的第一步是进行（ ）
   A. 探索性调查 B. 描述性调查 C. 因果性调查 D. 预测性调查
2. 二手资料的不足在于（ ）
   A. 收集不方便 B. 费时 C. 成本高 D. 时效性差
3. 一手资料可以来源于（ ）
   A. 中间商 B. 金融机构的资料 C. 国家机关的资料 D. 图书馆藏书
4. 下列哪种方法不属于询问法（ ）
   A. 走访调查 B. 信函调查 C. 电话调查 D. 顾客动作观察
5. 利用因特网进行购买意向问卷调查，属于（ ）
   A. 询问调查法 B. 观察调查法 C. 实验调查法 D. 案头调查法

☆说一说

1. 关于感冒药市场调查的内容应包括哪些？
2. 常用的市场调查方法主要有哪些？
3. 完整的市场调查活动分为哪几步？

☆想一想

案例

冬凌草含片如何做市场调查

一、设计调查方案

1. 确定调查内容 咽喉类含片总体市场容量；咽喉类含片总体市场需求特点及变化趋势；冬凌草含片石家庄市场销售状况及市场地位；竞争产品及竞争对手的营销策略；冬凌草含片营销组合策略及相应措施的运作效果；存在的问题与面临的机会；附带宣传冬凌草含片。

2. 组织调查人员 一线调查人员由某高校市场营销专业60名三年级学生

担任，利用四周实习时间展开调查工作，先培训，后上岗，高质量地完成调查任务是评定实习成绩的唯一依据；二线指导分析人员是学生的专业任课教师，身兼指导学生实习和为企业提供咨询服务双重任务。

3. 收集资料　收集二手资料，企业内部资料主要通过该集团销售科及驻石家庄办事处两个途径收集，企业外部资料主要通过有关报纸杂志、统计部门、工商行政管理机构、医药管理部门等途径获取；收集一手资料，用实地观察法观察各零售药店咽喉类含片的销售情况，问卷法采取即时填表法，访谈法则主要用于了解深层次的、探索性的问题。

4. 确定调查对象及抽样方法　冬凌草含片是一种保健药品，其消费行为除受到消费者个人因素影响，还受到医院及医生、消费者所在单位医疗保健制度、医药经销单位等因素影响。因此，将调查对象确定为以下几类：一般消费者、医药经销单位、医院药房及相关科室医生、学校、企业、行政及其他事业单位。针对不同调查对象确定不同的调查范围，其中医药经销单位和医院采用普查的方式；一般消费者调查采用非随机抽样的配额抽样法；学校、企业、事业单位则采用随机抽样的简单随机抽样法。

5. 设计调查问卷　共设计 4 份调查问卷：消费者 1 份、医院 1 份、医药经销单位 1 份，其他类 1 份。消费者问卷尽量设计成封闭性问题，医院及医药经销单位问卷可适当增加开放性问题，主观宣传内容放在最后一条。为使问卷调查取得预期效果，问卷初步设计好后先经过一组调查试用，试用结果满意，再正式使用。

二、咽喉类药品市场分析

1. 咽喉类药品整体市场容量分析　咽喉含片作为咽喉方面的保健及辅助治疗药品，市场迅速扩大，发展前景广阔，除原有的治疗为目的的消费者群之外，以单纯保健为目的的消费者群迅速增长；自从江中草珊瑚含片投入市场并获得成功以来，各类含片竞相推出，市场竞争非常激烈，草珊瑚独领风骚的时代已经过去，消费者的需要更加多样化、复杂化，各类含片的市场地位将做重新调整；含片中有些使用卫药健字许可证，市场进入障碍远低于卫药准字类药品，预计需求量将迅速达到饱和状态，新一轮竞争将是质量、品种、口感、产品形象的竞争。

2. 影响咽喉类药品含片市场扩张的主要因素分析　一是目前实行公费医疗的单位，健字类产品难以报销，国民自费买药吃的意识尚不浓，使含片失去了很大一片市场，随着自费医院比例的提高，含片市场有较大的扩张潜力；二是目前不少含片疗效较差，偏重口感，很难起到真正治病（尤其是急性病）的作用，已引起服用者的怀疑。

三、冬凌草含片竞争产品分析

目前冬凌草含片的竞争产品有两类：一是各类含片，如草珊瑚、西瓜霜、健民咽喉片、黄芪响声丸、四季润喉片、金嗓子 1 号等外地产品。其中大多有卫药准字证，冬凌草含片则是卫药健字证，在公费医疗药品市场上较为不利；二是以冬凌草为原料的系列药品，如冬凌草口服液、冬凌草糖浆等本地产品。

第二类竞争者往往容易被忽略，尽管它们是内服药，但无疑具有替代性质。

第一类竞争产品中，草珊瑚是市场主导者，其市场占有率最高，市场支配能力最强。江中草珊瑚入市时间早，广告促销效果好，其中"阿凡提"的广告词："江中草珊瑚含片治疗咽喉炎确实雅克西"可以说是妇孺皆知，江中制药厂用七、八年的时间，花费近亿元树立了企业和产品形象，在很多消费者心目中，"草珊瑚含片"几乎成了口含片的代名词，消费者自觉、不自觉地会把它作为参照物来对比其他口含片。但草珊瑚含片已进入产品成熟期阶段，销售增长已呈停滞乃至负增长趋势，其疗效优势也不明显。其他能构成直接威胁的竞争产品包括"西瓜霜"、"健民咽喉片"。其中"西瓜霜"目前销量居第二位，其口感及润喉效果，很受妇女儿童喜爱。"健民咽喉片"的最大优势是企业形象宣传优势，但武汉健民咽喉片并不是"武汉健民"的主导产品。此外，"四季润喉片"价格优势较明显，在工矿企业低收入消费者中有一定的市场。"冬凌草含片"目前绝对市场占有率居第三位，但相对市场占有率（即冬凌草含片绝对市场占有率与市场主导者草珊瑚含片的绝对市场占有率之比）较低，估计在15%左右，但其市场增长率远高于同类产品，随着济药集团产品定型的完成，宣传力度的加大，CI战略的导入，营销策略的完善，再加上主场作战的便利，冬凌草含片在石家庄市场的地位将得到大幅度提高。

四、冬凌草含片营销组合分析

1. 产品策略 目前，冬凌草含片在市场上新老药并存（老产品尚未卖完），人们对冬凌草含片的评价大多是基于老产品的。

①疗效：调查结果显示，各方普遍认为冬凌草含片药剂含量高，疗效好，副作用小，优于同类产品。

②口感：老冬凌草含片味太苦，中药味太浓，含化不尽，有残渣，小孩不愿吃。新冬凌草含片仍然稍偏苦，但已有较大的改进，并已逐步被消费者所接受。消费者对口感的需求差异性较大，中老年人及以治疗为主的消费者认为"苦口良药利于病"，所以认为麻、凉、苦味有疗效，太甜反而被认为无疗效。而儿童及以保健或习惯性含服为目的的消费者则喜欢甜一点，味特别一点，从中获得一种口感享受。经销商希望再甜一点，以吸引儿童、妇女、青年消费者。

③药片外观：冬凌草含片颜色灰暗，有斑点，不光滑，不能给人一种清新、亮丽、洁静、细腻、精工制作的感觉，比同类产品差。

④包装：包装太"土"，旧包装颜色杂，色彩选择不当，新包装颜色不鲜艳、不够醒目，纸盒硬度不够，有的建议加封条和防伪标志，以显示档次。医生认为新包装给人一种简明、清新、洁净的感觉，比老包装好。药店希望不改

变包装，因一些老顾客买冬凌草含片时要老包装的，有的发现包装不一样，药片颜色也有差异，便怀疑是假的。因此，经销商较之医生对包装更敏感，他们希望产品一步定型到位，改来改去，给人一种缺乏自信，本身有缺陷的感觉，对老顾客有影响。个别单位反映，更换包装引起销量下降。可见，对新包装有一个适应过程，厂家更换包装应配合必要的宣传、说明，尽量缩短新旧包装并存的时间，使消费者尽快适应新包装。

关于包装容量，建议在48片为主的基础上，推出小容量包装（如24片装），一是适合儿童使用；二是在产品知名度尚不高（对消费者而言）的情况下，可满足试用者的需要；三是可“转移定价”，给人一种便宜感，并填补2~3元之间的价格空隙。

此外，经销商还建议包装上只注明次服量，不注明日服量，以便个人灵活掌握，避免限制消费。为适应礼品消费市场的需要，还可以设计具有重复用途的多种外包装。

可见，该产品的强力支撑点是疗效，主要问题是产品形象尚不统一，外在质量有待提高。

2. 价格策略　冬凌草含片出厂价为2.35元/盒，正常零售价为3.85元/盒（调查的药店中，最高价4.20元/盒，最低价3.60元/盒），按正常零售价计算，中间差价达1.50元/盒，与同类药品比较，出厂价最低，零售价相差无几，渠道差价最大，批发商得利较高。我们认为，厂家目前采取的价格策略是适当的。首先，药品是一种特殊商品，需求的价格弹性比较小，即需求量变动的比率小于价格变动的比率，因此，低价并不一定能够促销；第二，冬凌草含片零售价定位在与草珊瑚含片相近略低的区间，显示了其产品的竞争能力、产品的档次和厂家的信心，如果不明显低于草珊瑚，则会不战自败，普遍的质量价格比心理会使人产生一种冬凌草含片远不如草珊瑚含片的感觉，进而降低其竞争优势；第三，厂家让利给中间商，有利于调动中间商的积极性，这在厂家财力不足，难以在大众媒体中展开宣传攻势的情况下，不失为好的方法；第四，渠道差价较大，这给厂家今后减少中间环节，缩短产销距离，让利于零售商乃至消费者提供了较大的操作余地。对现行价格承受能力较差的是工业企业及部分学校的内部医疗部门，由于经费紧张，他们对价格较敏感，甚至干脆不进货。

3. 分销渠道策略　冬凌草含片目前采用多级批发的线路进入消费者手中，渠道较长、较宽，渠道成本较高，但其分配不尽合理，花费在协助中间商促销上的成本太低（如宣传招贴标牌、产品说明书等），中间商又不愿意在这方面花费代价，以后应有计划地将一部分渠道成本转移到促销上，可由厂家统一安排、管理，也可给经销商广告、陈列津贴，但要监督使用。目前在渠道上的问题点主要包括：渠道控制力不强，与渠道成员有效沟通不足，渠道结构不尽合理，对渠道成员的激励手段单一。

4. 促销策略 冬凌草含片在石家庄市场占有天时、人和等有利条件，但促销活动并没有达到预期效果，有待加大力度。

（1）广告效果。经销商普遍反映冬凌草含片广告力度不够，远不及草珊瑚、西瓜霜、健民咽喉片，尤其是草珊瑚广告做得好，冬凌草广告效果较好的媒体是“燕赵晚报”，因晚报在省会读者面广，读者阅读时精力集中，设计形式灵活，成本相对电视广告低，今后应继续采用。凯丽所做的电视广告效果较差，连续时间短，广告设计艺术性差，给人印象不深。经销单位对上述广告的知晓率高于普通公众。此外，车辆、路牌广告，POP 广告亟待开发。

（2）公关活动。济药集团 1995 年教师万盒冬凌草大赠送活动取得了一定效果，提高了企业及产品的知名度。而企业对医科大学、中医学院赞助科研基金的活动，公众知晓率却很低，主要原因是这种活动不是大众性的。不过，这种活动虽然在短期内没有起到促销作用，但它将产生长远影响，有利于树立一个“科技先导”型企业的良好形象。

（3）销售促进。冬凌草含片开展的销售促进活动极少，现行效果较好的是发特优卡。对一些特殊而重要的公众发放特优卡，既是一种销售促进活动，更是一种公关活动，受卡人会产生一种受惠及受尊重的心理，并可影响其周围人，进而促进销售。但据 13 家指定特优商店反馈的信息，实际上持卡购买者较少，原因可能是发放规模有限，发放针对性不强，指定药店选点不合理，持卡人购买不便，指定药店合作不够等，不少人把它当作纪念品压在玻璃板下。特优卡未限时购买，也降低了持卡人对卡的及时使用。此外，在卡的设计上，由于印制较精美，附有日历，卡本身具有使用价值，许多特优卡并未发挥优惠购物功能。

问题：

1. 评价冬凌草含片该市场调查方案策划及其实施情况。
2. 结合本案例分析一次有效的市场调查活动应包含哪些具体内容？

☆做一做

市场调研的策划与实施

一、实训目的

通过本次实训，学生会制定简单的调查方案、设计市场调查问卷、运用主要的调查方法进行实地调查、撰写市场调查报告。

二、实训内容

某中药生产企业为了加快剂型改造和包装改进，欲就目前市场上的中成药的包装进行调查，请你帮助设计并实施本次调查。具体完成：设计市场调查方案、进行实地调查、整理市场调查资料，撰写市场调查报告。

三、实训步骤

1. 学生分6～8人一组，设计调查方案（包括调查问卷设计）。

2. 教师提供条件，让学生做一次实地调查。

3. 各小组整理调查结果，写出调查报告。

4. 各小组选代表介绍本次调查情况。

5. 同学分享，教师评价。

四、实训评价（100分）

1. 市场调查方案（30分），要求：填写市场调查计划表（表4－1），内容完善，符合调查需要。

表4－1　市场调查计划表

<table>
<tr><th colspan="6">市场调查计划表</th></tr>
<tr><td>调查目的</td><td colspan="5"></td></tr>
<tr><td>调查区域</td><td colspan="5"></td></tr>
<tr><td>调查对象</td><td colspan="3"></td><td>调查期间</td><td></td></tr>
<tr><td rowspan="3">行程</td><td>时 间</td><td>活动项目</td><td>对 象</td><td>备 注</td><td></td></tr>
<tr><td></td><td></td><td></td><td></td><td></td></tr>
<tr><td></td><td></td><td></td><td></td><td></td></tr>
<tr><td>准备事项</td><td colspan="5"></td></tr>
<tr><td>经费预估</td><td colspan="5"></td></tr>
<tr><td>批示</td><td colspan="5"></td></tr>
</table>

批示：－－－－－－－－－－－－　审核：－－－－－－－－－－　制表：－－－－－－－－－－－－

2. 市场调查问卷（30分，要求：问卷结构合理，包含了填表说明、问卷内容、被调查者情况和编号，问题的提出、排列规范）。

3. 市场调查报告（40分，要求：报告结构合理，包含了标题、摘要、结论和建议以及附件部分；观点明确，内容紧扣调查主题，语言条理，文字简练）。

第五章 药品目标市场战略

学习目标

知识目标

1. 掌握市场细分的方法、选择目标市场的模式和目标市场策略、市场定位的依据；

2. 熟悉有效市场细分的标准、影响目标市场策略选择的因素、市场定位的方法；

3. 了解市场细分的含义和作用、目标市场和市场定位的概念。

能力目标

1. 能分析具体医药产品市场定位的优劣；

2. 能对某具体药品市场进行有效细分，进而选择恰当的目标市场。

第一节 药品市场细分

一、药品市场细分的含义和作用

从某种意义上说，人口的总量就是药品的整体市场，每个人都有可能成为药品消费者。然而药品消费者人数众多，他们的需求又各不相同。如感冒作为一种常见和多发性病，几乎每个人都会成为感冒药的消费者。然而，不同的消费者感冒症状不同、收入不同、受教育程度不同等，都会导致其对感冒药的需求不尽相同。因此，药品企业在制定营销策略前必须了解药品消费者之间的需求差异，进行市场细分。

（一）药品市场细分的含义

1. 市场细分 是指企业根据消费者需求、购买行为和购买习惯的差异性，把整个市场划分为若干个不同的购买群体（子市场）的过程。细分后的任何一个子市场，都是一个具有相同或类似需求的消费者群，而分属于不同细分市场的消费者的需求则有着较明显的差异。

知识卡

市场细分是美国市场学家温德尔·史密斯（Wendell R Smith）于20世纪50年代中期提出来的。在此之前，企业往往把消费者看成具有同样需求的整体市场，就单一产品为所有的购买者进行大量生产、大量分配和大量促销，即进行大众化营销。随着生产力水平的发展，生产规模的扩大，企业之间的竞争日益激烈；同时人们的收入水平不断提高，消费者的需求日益多样化，这些都给大众化营销造成了很大的困难，从而导致了市场细分概念的提出和广泛应用，许多营销专家都把市场细分看作是一次营销革命。

2. 药品市场细分 就是依照药品消费者疾病谱（或疾病种类）、购买行为、消费习惯的差异性，把药品市场划分成若干个购买群体的过程。

（二）药品市场细分的作用

市场细分在整个药品市场营销过程中发挥着重要作用，具体表现在以下几个方面：

1. 有利于发现市场机会、开拓新市场 企业通过药品市场细分，可以对每一个药品细分市场的购买潜力、满足程度、竞争情况等进行分析对比，探索出有利于本企业的市场机会，及时根据本企业的条件编制新产品开拓计划，掌握产品更新换代的主动权，开拓新市场，夺取优势市场。这一作用在中小型药品生产和经营企业中尤为突出，他们可以发现那些被大型企业所忽视且尚未满足或没有被充分满足的消费需求，拾遗补缺，在激烈的市场竞争中占有一席之地。

2. 有利于制定和实施营销方案、提高应变能力和竞争能力 药品市场细分后，企业对消费者的需求及他们所追求的利益，有了更具体、更深入的认识，可以有针对性地规划市场营销方案，更好地满足消费者的用药需求。同时，在较小的细分市场开展营销活动，企业易于掌握市场需求的变化，更能迅速准确地进行市场信息反馈，取得市场主动权。一旦市场变化，也能及时调整营销战略，从而使企业的产品、价格、促销及分销设计更加符合消费者的需求，提高企业的应变能力和竞争能力。

3. 有利于利用资源，取得良好的经济效益 任何一个企业的人力、物力、资金都是有限的。在市场细分基础上的营销，可以使企业扬长避短，有的放矢，结合企业自身的资源和能力状况，选择出自己最有利的市场即自己的目标市场，将有限的资源用在最适当的地方，发挥最大的效用。细分后的子市场范围更为明确，需求特点也更易为企业所掌握，企业可以更准确地预测市场的规模及其变化，预测未来的经营业绩，获取最大的经济效益。

二、药品市场细分的原则

很显然，市场细分的方法有很多种，但不是所有的细分都是有效的。例如，根据感冒药品购买者的头发长短、颜色的不同，将他们分为长头发、短头发、黑头发、黄头发等类型的顾客，但购买行为与这些分类是没有关系的。要使市场细分有效，应该做到以下要求：

1. 可衡量性 各个细分市场的消费者特征、市场规模、范围及购买力大小等是能够加以衡量的，企业可以通过市场调研、分析或其他方式获得这些资料，使之成为市场细分的依据。

2. 足量性 构成细分市场的购买者数量应该足够多，同时还应保证企业能够获得足够的利益。一个细分市场应该最大限度上将同质化的顾客包含在内，从而值得为其设计一套相应的营销方案。例如，专门为身高不足 1.2m 或身高大于 2.2m 的成年人设计他们专用的汽车都不划算。

3. 可接近性 细分市场必须能够有效接触和提供服务。比如某药品企业研发出适用于 80 岁以上老人的补钙产品，这些老人的活动范围相对较小，企业将提供服务对象变更为老人的子女更容易接近。

4. 差异性 细分市场能够被明显识别，而且对不同的营销组合因素和方案有不同的反应。除专用药外，在 OTC 药品中很少运用性别进行市场细分，其原因就是性别差异对药品疗效没有明显差异，用性别进行细分该市场是无效的。

5. 稳定性 细分市场的特征应在一定时期内保持相对稳定，有利于药品企业制定较长时期的营销策略，以降低企业的经营风险。

课堂互动

讨论：大家熟知的江中牌健胃消食片推出了儿童装，这个市场细分策略有何作用？请问有没有必要专门针对 6 岁以下儿童开发健胃消食片产品？

三、药品市场细分的标准

在对药品市场进行细分时，主要采用两类变量：一是通过有关消费者的描述特征来对细分市场进行定义，主要包括地理特征、人口统计特征和心理特征；二是通过观察消费者的行为来对细分市场进行定义，如消费者对利益、使用时机以及品牌的忠诚度等。因此，药品市场细分的标准一般有以下几种：

（一）地理变量细分

按消费者所处的地理位置、自然环境来细分市场。如可以根据国家、地区、城市规模、气候、人口密度、地形地貌等方面的差异来区分子市场，见表 5 -1。由于地域环境、自然气候、文化传统、风俗习惯和经济发展水平等因素的影响，处在同一地理环境下的消费者的需求与偏好往往具有相似性，购买行为、习惯以及对企业采取的营销策略与措施的反应也有相似性。地理变量容易识别，是细分市场应考虑的重要因素，但简单地仅以某一地理特征区分市场，不一定能真实地反映消费者的需求共性与差异，药品企业还应结合其他细分变量进行市场细分。

表 5－1　地理变量因素细分标准

标准	细分变量
国别	国内、国际
地理区域	东北、华北、华东、中南、西北、西南等
城市规模	特大城市、大型城市、中型城市、小城市等
气候	南方、北方等
人口密度	城市、郊区、乡村、边远地区等
地貌特征	山区、平原地区、高原地区、草原地区等

微案例

入乡随俗的麦当劳

麦当劳有美国国内市场和国际市场，而不管是在国内还是国外，都有各自不同的饮食习惯和文化背景。麦当劳进行地理细分，主要是分析各区域的差异。如美国东西部的人喝的咖啡口味是不一样的。通过把市场细分为不同的地理单位进行经营活动，从而做到因地制宜。

每年，麦当劳都要花费大量的资金进行认真严格的市场调研，研究各地的人群组合、文化习俗等，再书写详细的细分报告，以使每个国家甚至每个地区都有一种适合当地生活方式的市场策略。如近年来，麦当劳先后推出适合中国人口味的早餐和饭类食品，更是运用地理变量进行市场细分的最好证明。

（二）人口变量细分

人是市场营销活动的最终对象，也是造成市场需求差异的本质性动因。人口统计变量比较容易衡量，有关数据相对容易获取。因此，企业经常以它作为市场细分的依据。由于药品的特殊性，药品市场细分的人口因素既包括消费者的特征，也包括医生的特征。一般 OTC 的细分以消费者为中心，处方药的细分以医生为中心。尽管 OTC 药品无需医生处方即可购买，但是 OTC 药品毕竟是用来治病救人的，由于药品知识的专业性较强，而且不是一种普及性知识，所以消费者在购买和使用时，会十分关注专业人士如医生、药剂师等人的意见。医生处方中的 OTC 药品对患者以后自己选择 OTC 用药也有着重大影响。因此，对 OTC 药品的市场细分也应考虑医生的因素。见表 5－2。

表 5-2　人口变量因素细分标准

标准	细分变量
年龄	6 以下、6～11、12～19、20～34、35～49、50～64、65 以上
性别	男、女
家庭人口	1～2、3～4、5 以上
家庭收入	3 万以下、3 万～5 万、5 万～7 万、7 万～10 万、10 万以上等
职业	职员、教师、科研人员、文艺工作者、企业管理人员、私营企业主、工人、退休者、学生、家庭主妇、失业者等
教育程度	小学、初中、高中、大学、研究生以上等
民族	汉、回、满、维、蒙、藏等
宗教	无宗教、佛教、基督教、天主教、道教、伊斯兰教等
国籍	中国国籍、其他国籍等

知识卡

3500 多种化学药品儿童专用不足 2%

国家食品药品监督管理局日前下发通知，新生儿和 1 岁以下儿童禁用小儿氨酚烷胺颗粒等三类药，一些儿童感冒药也因此下架。儿童用药安全问题再次引发全社会关注。

我国 14 岁以下儿童有 2.2 亿，但儿科医生仅 6.1 万，儿科“缺医少药”问题十分严重。国家食品药品监督管理局相关数据显示，我国 3500 多种化学药品制剂中，供儿童专用的不足 60 种，90% 的药品没有儿童剂型。监测表明，目前儿童用药大多存在品种少、剂量“含糊不清”、用药不当等多种隐患。

成本高、投入大、风险高也是影响众多药企研发儿童用药的主要原因。一些药品生产企业负责人和儿科主任认为，国家应支持鼓励药企研发、生产更多适用于儿童的药品。同时，建立儿童用药再评价系统，利用现有药物资源，通过安全性、有效性、服用剂量等评价，使更多的上市药品合理应用于儿童，满足临床需求。

资料来源：孙铁翔，王昆，李亚红．3500 多种化学药品儿童专用不足 2% [N]．新民晚报．2012-06-01（2）

（三）心理变量细分

心理细分是根据社会阶层、生活方式或个性特点将购买者分成不同的群体。在同一人口群体中人们会有不同的心理模式。见表 5-3。

表 5－3 心理变量因素细分标准

标准	细分变量
社会阶层	下下层、下中层、下上层；中下层、中中层、中上层；上下层、上中层、上上层等
生活方式	追求稳定、追求时髦、知识型、追求刺激等
个性	外向型或内向型、理智型或冲动型、积极型或保守型、独立型或依赖型等

微案例

仲景六味地黄丸

传统古方中药六味地黄丸虽然为广大中老年消费者所熟知，但消费者对六味地黄丸的了解仅停留在浅层次的补肾、治腰痛的基础上，并不太清楚该药在疾病治疗中的辅助功效。很多时候，出于本能和趋利性，医药企业并不希望把自己的药品定位于“辅药”，更倾向于“主药”，哪怕事实上并不如此。而仲景六味地黄丸则运用了用药地位的细分变量，从消费者的心理需求出发，把自身定位为“辅药第一品牌”，突出自身对多种疾病治疗中的辅助功效，从正宗（医圣张仲景）、地道（拥有天然药库）、疗效（好药材带来好药效）三方面给予理论支持，成功地区分了自己和市场上300多家企业生产的同质化六味地黄丸，取得了较好的市场效果。

（四）行为变量细分

行为细分是根据人们的知识、态度及对产品的反应和使用情况，将购买者分成不同群体。行为变量能直接反映消费者的需求差异，因而成为市场细分的最佳起点。见表5－4。

表 5－4 行为变量因素细分标准

标准	细分变量
购买时机	日常购买、特别购买、节日购买、规则购买、不规则购买等
寻求利益	经济、服务、质量、时髦、安全、刺激、新奇、声望、健康等
使用者情况	从未使用者、曾经使用者、潜在使用者、初次使用者、经常使用者等
使用程度	少量使用、中度使用、大量使用等
信任程度	没有、中等、强、完全等
购买准备	不知晓、知晓、已得知、感兴趣、希望买、打算买等
品牌崇拜	反感、否定、无所谓、肯定、热情等

知识卡

有关调查显示，消费者与药品购买行为有关的四种个性：①理智型者，占调查人数的35%，他们不赞成健康宿命论，不过分地保护自己，也不过分地伤害自己。认为治疗的确有效果，且倾向较方便实用的治疗，不认为治疗非有医生不可；②依赖型者，占被调查人数的31%，他们倾向找医生或服用处方药，不是宿命论者，也不是禁欲主义者，但喜欢找有权威的医生或医院进行治疗；③保守型者，占被调查人数的23%，对身体关心极少，很少使用药物，对治疗效果抱怀疑态度；④冲动型者，占被调查人数的11%，对身体极度关注，认为自己易受病菌侵袭，稍有症状就立即找医生，他们看起来并不很健壮，亦是权威性治疗的追求者。药品公司如果选择冲动型者，则将可能有效地推销其产品，但若选择了保守型者，就很难推销其产品了。

（五）药品特殊性变量细分

与其他商品市场相比，药品市场应主要采用疾病的运行特点及相应的治疗模式来进行市场细分。见表5－5。

表5－5 药品特殊性变量因素细分标准

标准	细分变量
疾病症状	恶心、咳嗽、腹痛、心悸、头痛等
疗程	轻症、重症、急性病、慢性病等
用药地位	主药、辅药等

四、药品市场细分的步骤和方法

（一）市场细分的步骤

开展市场细分是一项复杂而细致的工作，需要科学的细分程序和步骤。市场营销专家罗杰·贝斯特（Roger Best）提出了需要导向的七步细分步骤，药品市场细分时可参考使用。详见表5－6。

表5－6 市场细分过程中的七个步骤

步骤	描述
1. 以需要为基础的细分	群体顾客细分成以相似需要和利益为基础的小组，这些顾客都希望能解决特定的消费问题
2. 细分识别	为每个以需要为基础的细分小组，根据人文、生活方式和使用行为找出他们之间的独特性和可识别性（可行性）

续表

步骤	描述
3. 细分吸引	使用预先确定的细分吸引力标准（如市场增长、竞争密度和渠道），确定每个细分市场的总吸引力
4. 细分概况	确定细分市场概况
5. 细分定位	以细分市场的独特需要和特征为基础，为每个细分小组制定“价值陈述”和产品价格定位战略
6. 细分“酸性测试”	创造“细分故事板”，测试每个细分定位战略的吸引力
7. 营销组合战略	把细分定位战略扩展到营销组合的每个内容：产品、价格、促销和渠道

（二）市场细分的方法

1. 完全无细分 即不根据消费者需求差异加以细分。在实际营销中，一般只有新上市处于专利期且具有特殊疗效的新药采用该种方法，因为市场上没有竞争对手，企业可以快速收回前期高额研发费用。

2. 完全细分 即每一个消费者都是一个细分市场。该方法成本极高，在药品营销实践中很少使用。某些高价格、对个体有要求的定制化医疗器械可以采用该种方法。

3. 一元变量细分 即按影响购买者需求最强的一个因素加以细分。如抗艾滋病药，影响该市场最重要的因素是疗效，因此可以按这个单一变量细分市场。早期的“红桃K”曾根据地域将补血产品市场分为农村市场和城市市场，并专门针对农村市场开展营销活动。

4. 多元变量细分 也称综合变量细分，即根据两个或两个以上的标准来细分市场。比如，针对高血压药物市场，可按年龄及病情程度将市场细分为青年患者的轻、中、重度高血压，中年患者的轻、中、重度高血压，老年患者的轻、中、重度高血压等 9 个细分市场。如图 5 -1。

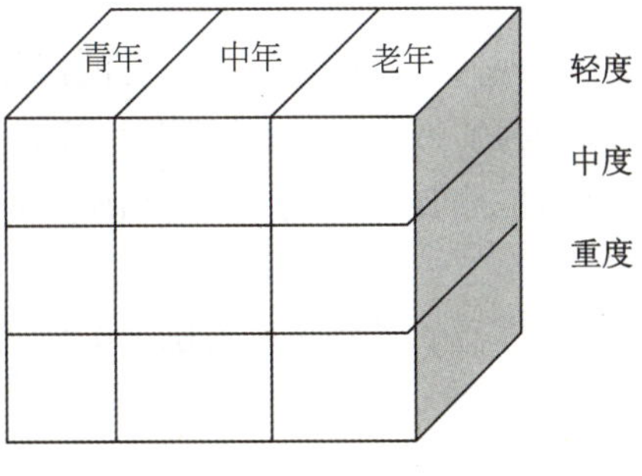

图 5 -1 综合变量细分图

5. 系列变量细分 即根据企业经营的特点并按照影响消费者需求的诸因素，由粗到细地进行市场细分。与多元细分不同的是：下一阶段的细分，在上一阶段选定的细分市场中进行。这种方法可使目标市场更加明确而具体，有利于企业更好地制定相应的市场营销策略。比如，某药品企业在开发某保健品时采用了系列变量方法进行市场细分。如图 5 –2。

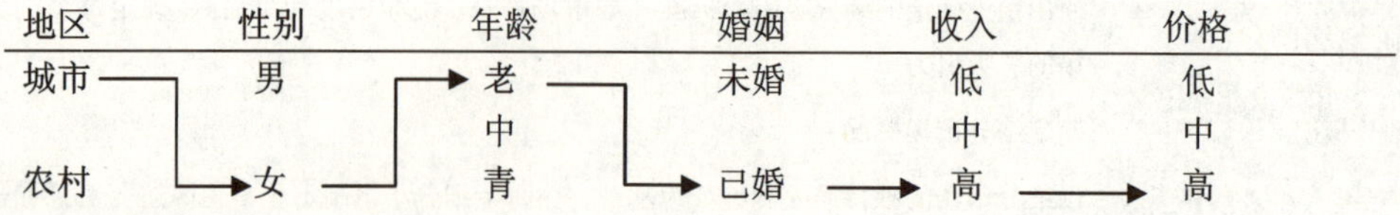

图 5 –2　系列变量细分图

微案例

保健品市场的细分策略

某一城市有一位食品公司副经理认为发展专业化的保健食品店、营养饮食店和精美食品店能吸引新的顾客，使销售额不断增加，据他的调查 65 岁以上的老年人，2010 年总数仅有约 32 万，而到 2020 年将增加到约 50 万，所以保健食品的销售不断提高，应该在商业中的闹市区专门设有保健食品店，经营各种不同品种或具有特色的保健食品，这样可以吸引老年顾客，满足他们对高精美食品的需要。

课堂互动

分团队讨论分析如果设立老年人保健食品店，应该怎样细分经营？请代表发言与大家分享。

第二节　药品目标市场选择

企业必须在复杂的市场中发现何处最适合销售自己的产品，购买者是谁，购买者的地域分布、需求爱好以及购买行为的特征是什么。有了明确的目标市场也就明确了企业所服务的对象，企业才能有针对性地制定一系列营销措施和策略。企业的一切营销活动都是围绕目标市场展开的。

所谓目标市场是指企业根据自身的经营条件所确定的营销活动所要满足的需求，即企业决定要进入的市场。

一、评估药品细分市场

一般来说，市场细分是目标市场选择的前提条件和基础，选择目标市场是市场细分的目的。选择目标市场首先要对细分市场进行评估，可从以下几方面考虑：

（一）细分市场的规模与发展

企业在收集分析数据的基础上，对目前子市场的销售、增长率和期望利润等进行分析，既要考虑企业现有的条件，更要考虑子市场的发展潜力。所有的企业都希望目标市场有良好规模，以保证产品销售。不过也会有小企业可能发现自己缺少人力和物力资源去为大的子市场提供服务，或者这些子市场竞争性太强，进而转为选择较小的、不特别有吸引力但对本企业更有利可图的子市场。

（二）细分市场的结构优势

一个子市场可能具备理想的规模和发展潜力，但如果缺乏盈利性，同样不能选择为目标市场。管理学家波特认为，决定一个市场或一个细分市场的长期盈利潜力有五个要素：同行业竞争者、潜在进入者、替代者、购买者和供应者。比如子市场里有很多替代产品或潜在替代产品，价格和盈利就会受到影响。如某药品企业想进入创可贴市场，会发现强生和云南白药在该市场具有统治地位，应谨慎考虑。

（三）企业的目标和资源

在很多时候，企业不得不放弃许多有优势的子市场，因为它们和公司的长远目标不一致，或者是分散了企业的注意力和资源，使企业偏离目标；或者是从环境、政治和社会责任角度来看，选择这些子市场是错误的。如 2013 年纪录片《月亮熊》播出后，社会高度关注活熊取胆汁事件，企业如果要进入某些含熊胆成分的中成药子市场，会有极大的风险。

二、药品目标市场模式

评估不同的子市场，企业需要鉴定究竟为几个子市场服务，即选择目标市场的问题。目标市场是一个消费者群体，这个群体里的消费者有共同的需要或特点，企业产品就是针对这些需要进行开发的。可供企业选择的市场覆盖模式主要有五种。如图 5 -3。

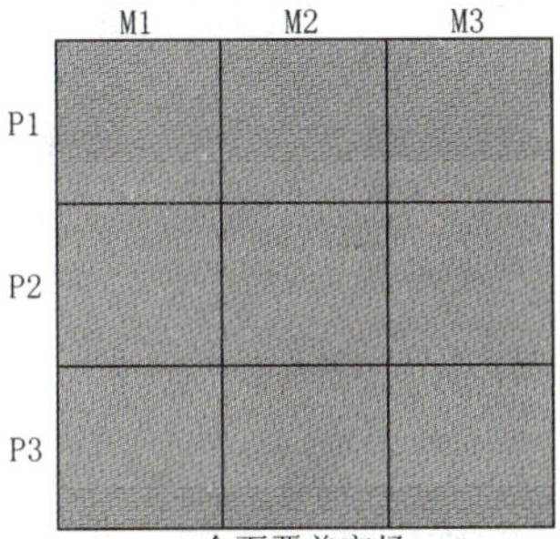

全面覆盖市场

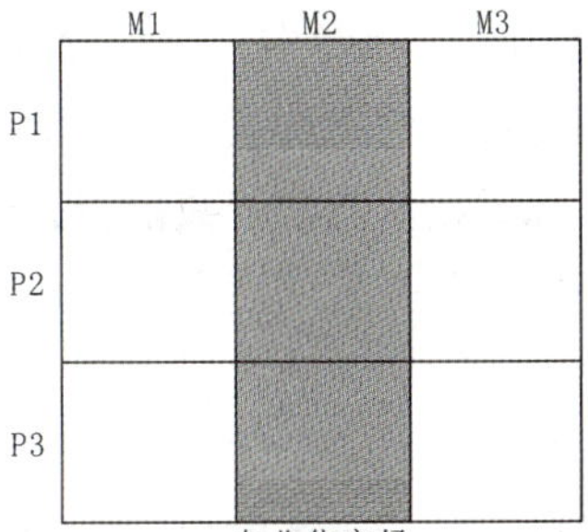

专业化市场

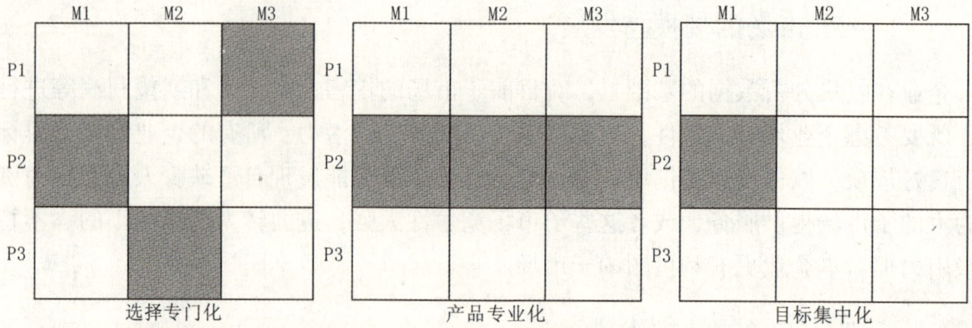

注：M——市场，P——产品

图 5-3　市场覆盖的五种模式图

1. 全面覆盖市场　企业生产各种产品以满足各种顾客群体的需要，可将该模式总结为“一个都不能少”。只有实力超级雄厚的超大型企业才有能力应用此模式，但在营销实践中很少应用。

2. 专业化市场　企业生产某一顾客群体所需要的各种产品，即对同一市场生产不同的产品，可将该模式总结为“一个市场就装下”。优点：利于与顾客群体建立长期、稳定的关系，分散经营风险，容易打开产品销路。缺点：集中于某一类顾客，当他们的购买力下降时，会对销量造成严重影响。比如企业可以针对老年人开发保健类、高血压、医疗器械等系列产品，

3. 选择专门化　企业选取若干个细分市场作为目标市场，这些细分市场间较少或基本不存在联系，每个细分市场将提供不同的产品和服务，可将该模式总结为“精挑细选有备用”。优点：有效分散经营风险，即使某个细分市场失败了，企业仍然可以在其他细分市场盈利。缺点：该模式成本较高，企业应用此模式应具有较强的资源和营销实力。

4. 产品专业化　企业专注生产某一种或某一类产品，并向各类顾客销售这种产品，可将该模式总结为“一种产品打天下”。优点：企业容易形成和占生产和技术上的优势，并且在该专业化产品领域树立形象。缺点：需要防范出现全新的替代品。

5. 目标集中化　企业专注某一个细分市场进行集中营销，只生产一类产品，供应某一单一的顾客群，可将该模式总结为“产品与市场始终如一”。一般采用该模式的企业是资金、资源或技术有限，只能经营一个细分市场。优点：成本小。缺点：完全依赖一个市场，一旦出现强大的竞争者，风险较大。

三、药品目标市场策略

企业选择进入目标市场的模式不同，目标市场的确定范围不同，所采用的营销策略也就不同。企业可供选择的目标市场策略有 3 种：无差异策略、差异化策略和集中性策略。如图 5-4。

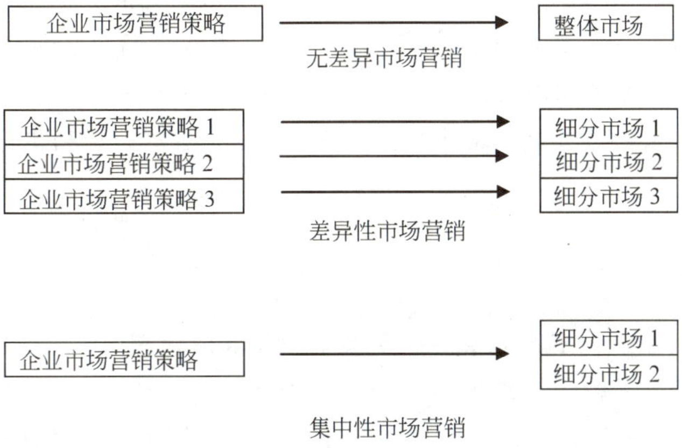

图5－4　三种目标市场策略图

（一）无差异策略

无差异策略是指企业把一个产品的整体市场看作是目标市场，只向市场推出单一产品，采用一种市场营销组合策略。这种策略对于需求广泛、市场同质性高且能大量生产、大量销售的产品比较合适。

采用无差异策略的企业是把一个市场看作一个整体，将整个市场作为自己的目标市场。之所以在这个市场中只投放一个产品，只采用一种市场营销组合方式，是因为企业认为整个市场需求是相同的，或者即使需求有差异但也可以忽略不计。

无差异策略的优点首先是其成本的经济性。以单一品种满足整体市场，生产批量较大，可以实现规模生产，降低单位产品的生产成本；单一品种可以减少储存量，节约存货成本；单一的促销方案可以节省促销费用；单一的渠道可以节省渠道成本；不进行市场细分还可以减少市场调研、新产品研制、制定市场营销组合策略的人、财、物等方面的投入。其次，无差异策略可以使消费者建立起超级品牌的印象。

无差异策略的缺点也很明显。首先，随着经济的发展和消费者收入的提高，消费者需求的差异性日益明显，个性化需求时代已经到来，而无差异策略恰恰忽略了这种差异性；其次，如果同一市场中众多的企业采用这一策略，就会加剧整体市场的竞争，造成两败俱伤；再者，采用这一策略的企业反应能力和适应能力较差，当其他企业提供有特色、有针对性的产品时，企业容易在竞争中失利。

无差异策略主要适用于具有广泛需求和大批量需求，公司也能够大量生产、大量销售的产品。药品中的原料药即具有这样的特点，就可以采用这一策略。

微案例

早期的可口可乐公司是世界上奉行这一策略的最成功的代表。20世纪60年代之前，可口可乐公司只生产一种6.5盎司包装的可乐，在全世界采用统一的广告宣传和促销手段，并成功地占领了世界绝大部分软饮料市场。但正是基于无差异策略的缺点很明显，所以很少有企业采用这一策略，即使偶尔用用也限于在短时间内，而且只有具有实力的大公司才能采用。当市场条件发生变化，如有新的竞争者出现时，很多公司又不得不放弃这一策略。可口可乐公司在遭遇百事可乐的强大竞争攻势时，就放弃了这一策略，开始实行差异化的营销策略。

知识卡

连锁经营——无差异营销策略代表

连锁经营是一种商业组织形式和经营制度，是指经营同类商品或服务的若干个企业，以一定的形式组成一个联合体，在整体规划下进行专业化分工，并在分工基础上实施集中化管理，把独立的经营活动组合成整体的规模经营，从而实现规模效益。

连锁经营的特点：①规模优势，实现“六统一”。统一店名店貌、统一广告和信息、统一进货和配送、统一核算、统一库存和统一管理。②统一的配送中心，与生产企业或副食品生产基地直接挂钩。③连锁经营容易产生定向消费信任或依赖。④消费者在商品质量上可以得到保证。

连锁经营特许加盟模式的主要优点：①授权人只以品牌、经营管理经验等投入，便可达到规模经营的目的。不仅能在短期内得到回报，而且使无形资产迅速提升。②被授权人由于购买的是已获成功的运营系统，可以省去自创业不得不经历的一条“学习曲线”，经营启动成本降低，降低了经营风险。③授权人与被授权人之间不是一种竞争关系，有利于共同扩大市场份额。

连锁经营这一经营模式的实质，是企业运用无形资产进行资本无差异运营，实现低风险资本扩张和规模经营的有效方法和途径，这也是连锁经营能得以迅速发展的根本原因所在。

（二）差异化策略

差异化策略是指企业在市场细分的基础上，选择若干细分市场作为自己的目标市场，并针对每个细分市场生产不同的产品，采取不同的市场营销组合策略。采用这种策略的企业一般都具有多品种、小批量、多规格、多渠道、多种价格和多种广告形式的营销组合等特点，以满足不同细分市场的需求。

差异化策略的优点表现在以下几个方面：第一，有针对性的产品和市场营销组合可以更好地满足消费者的需求，同时有利于企业扩大销售总量，提高市场占有率。第二，可以降低企业的经营风险。由于细分市场之间的关联性不大，一个产品市场的失败不会威胁到整个企业的利益。第三，有特色的产品及其营销策略可以提高企业的竞争力。第四，一个企业在多个细分市场取得良好的效益后，可以提升公司的知名度，有利于企业对新产品的推广。

差异化策略同样有其局限性，它的不足之处主要是成本较高。由于生产的品种多、批量小，单位产品的生产成本提高；市场调研及新产品开发成本、存货成本也会相应提高；多样化的营销策略使渠道、广告成本都会增加。

随着生产力水平的发展，生产规模的扩大，企业之间的竞争日益激烈；同时人们收入水平的不断提高，消费者的需求日益多样化，差异化策略被越来越多的企业所接受和采用。宝洁公司是奉行这一策略的成功代表。然而并不是所有的公司都适宜采用。采用这一策略的企业通常要求有较雄厚的人力、物力、财力资源，还要有较高的技术水平、设计能力及高水平的经营管理人员。

一般而言，差异营销一般要比无差异营销能创造更多的销售额，如果差异营销在使销售额增加的同时又使得成本增加，企业无法预知采用差异化战略营销的盈利性。当这种情况发生的时候，企业还可以进一步细化或拓宽顾客基础，如强生公司把洗发水目标市场从婴儿扩大到成年人。

微案例

“盖中盖”补钙产品

随着经济发展，人们对自身健康更加关注，哈药六厂针对市场上存在的补钙需求开发了“盖中盖”系列补钙产品，其营销策略是典型的差异化策略应用，针对不同的细分市场采取不同的营销策略。

新盖中盖牌高钙片：适合成人的补钙产品，特别关爱中老年人骨骼健康，吸收快，效果好。

新盖中盖牌儿童钙片：快速补充儿童钙营养，安全补钙，健康成长。

新盖中盖牌乳酸钙口服液：钙量足，富含充足的维生素D，特别适合0岁以上的儿童，口感好，孩子爱喝。

哈药六牌钙加锌口服液：钙锌同补，增强吸收；水果味，口感好，孩子更爱喝；一瓶补两样，更方便。

女士高盖牌钙片：产品根据女性生理特点特别研制而成，以女性体内容易缺乏的钙、铁为主，辅以营养丰富的维生素C、D、E、K1，补充营养更丰富。

——资料来源：哈药六厂官网

（三）集中性策略

集中性策略是指企业选择一个或少数几个细分市场作为目标市场，为该市场提供高度专业化的产品，采用一种市场营销组合策略。

集中性策略与无差异策略的不同在于：无差异策略是以整体市场为目标市场，而集中性策略不是面对整体市场，也不是把力量分散到广大市场上，而是集中企业的营销优势，把有限的资源集中在一个或少数几个细分市场上，实行专业化的生产和销售，以充分满足这些细分市场的需求。采用集中性策略的企业，其目的不是要追求在大市场上小的市场占有率，而是为了在一个小市场上取得较高的，甚至是支配地位的市场占有率。

集中性策略的优点首先是可以集中企业的优势，充分利用有限的资源，占领那些被其他企业所忽略的市场，以避开激烈的市场竞争。其次，专业化的生产和销售可以使这一特定市场的需求得到最大限度的满足，并在特定的领域建立企业和产品的高知名度。再次，高度专业化满足了特定的需求，使这一市场的客户愿意付出溢价，保证了企业的利润水平。

集中性策略的局限性在于风险较大。企业将其所有的精力集中于一个或几个细分市场，一旦市场中消费者的需求发生变化，或有强大的竞争者进入，或企业的预测及营销策略制定有缺陷等，都有可能使企业因无回旋余地而陷入困境。

大小企业都可以采用集中性策略，尤其适用于资源有限的小企业。采用这一策略，小企业可以避开与大企业的正面竞争，选择那些大企业未注意或不愿进入的市场，往往更易获得成功。然而，在选用这一策略时应注意的是：进入市场前应进行充分的市场调查，以保证企业经营方向的正确；同时，所进入的市场应有足够的规模利润和增长潜力，能最大限度地降低经营风险。

微案例

桂林三金药业

桂林三金药业专注开发“西瓜霜”系列咽喉、口腔用药和“三金片”系列泌尿系统用药。而公司最先开发的就是“西瓜霜”系列产品，包括西瓜霜喷剂、西瓜霜润喉片、西瓜霜清咽含片、西瓜霜胶囊、西瓜霜喉宝（各种口味），集中性营销策略的有效应用使该企业得到了长足的发展，1993 年后，西瓜霜系列产品便坐上国内同类产品销量的第一把交椅，多年来保持着 30% 以上的国内市场占有率，全国销量第一的纪录。到 2006 年西瓜霜系列产品销售额累计达 62.03 亿元，实现利税达 17.26 亿元

西瓜霜系列产品使桂林三金药业由一个落后的中药作坊小厂，一跃成为广西最大的医药企业，并跻身中国中药行业 50 强排头兵行列。

——资料来源：桂林三金官网

四、影响药品目标市场策略的因素

企业必须对内外部环境因素进行分析，权衡利弊，方可制定目标市场营销策略。主要考虑的因素有以下几方面：

（一）企业资源实力

企业的资源实力是设备、技术、资金管理和营销能力的综合反映。一般来说，实力雄厚、生产能力和技术能力较强、资源丰富的企业可以根据自身的情况和经营目标考虑

选择无差异策略或集中性策略。反之，资源实力有限的小企业，无力兼顾更多的市场，最好选择集中性策略。

（二）产品的同质性

产品同质性是指消费者所感受产品特征相似的程度。某些产品同质性低，产品之间不存在差别，即使存在差别，但客户一般不重视或不加以区分，那么它们的竞争就主要集中在价格和服务上。这些产品一般都是未经过加工的初级产品，如钢铁、大米、食盐等，原料药和中药材也属这一类。对于这类产品，采用差异化策略或集中性策略是不必要的，通常宜选择无差异策略。然而大部分产品在性能和品质等方面的差异较大，一般加工类产品都属于这一类。如制剂类药品可以有不同的剂型。对于这类产品，一方面，客户的选择余地较大；另一方面，生产者竞争面较广，竞争的形式也较为复杂。为了应对竞争，企业宜采用差异化策略或集中性策略。

（三）市场的差异性

市场差异性是指不同细分市场中客户的需求及对企业的营销刺激的反应是否具有明显的差异。如市场的差异性较大，无差异策略是无法满足所有客户的需求的，企业宜选择差异化策略或集中性策略。反之，市场的差异性较小，差异化策略或集中性策略都会浪费资源，影响效率，因此，宜选择无差异性策略。

（四）产品的生命周期

产品生命周期可划分为导入期、成长期、成熟期和衰退期四个阶段。处在不同的市场生命周期阶段，产品的竞争、销售等特点都是不同的。在导入期及成长期前期，企业重点是发展顾客对产品的基本需求，通常也没有进行多品种开发和生产的能力，宜选择无差异策略。产品进入成长期，企业可针对某一特定市场采取集中性市场策略，尽全力于该细分市场，获得最大盈利。产品进入成熟期，竞争日益激烈，为使本企业的产品区别于竞争者，确立自己的竞争优势，应采用差异化策略。当产品步入衰退期时，市场需求量逐渐减少，企业不宜再进行大规模生产，更不能将资源再分散于多个市场份额小的细分市场，宜采用集中性策略，同时注重开拓新市场。

（五）竞争对手的策略

目标市场策略的选择，往往要随着对手的策略而定。在激励的市场竞争中，企业应充分考虑竞争者的状况及其采取的策略，进而采取对应策略。在药品营销过程中，一般是与竞争对手采取不同的目标市场策略。如竞争对手采取差异化策略时，企业可以选择对竞争对手忽略的市场，进行更深层次的细分或采取集中性策略。而当竞争者实施无差异策略时，有可能冷落较次要市场，企业就可以采取差异性策略专注竞争对手忽略的细分市场。

课堂互动

2012 年京东商城首先发起了电商价格战，宣称所有大家电保证比国美、苏宁连锁店便宜 10% 以上。此后国美、苏宁、当当网、易迅网、一淘网等纷纷加入价格战之中，但最后消费者发现所有的电商企业的产品纷纷出现“我有你无，你有我无”的默契情况，最后该场价格战在国家发改委的介入下草草收场。试想如果其他电商企业没有跟进价格战会出现什么情况？为什么最后会出现默契情况？药品市场会不会发生价格战？

第三节　药品市场定位

课堂互动

请用尽可能快的时间，用一个词语描绘出您对以下品牌感冒药的第一印象。

白加黑__________泰诺__________新康泰克__________

百服宁__________优卡丹__________康必得__________

一、药品市场定位的含义

企业一旦选定了自己的目标市场，并确定了目标市场策略，也就明确了自己所服务的对象及所要面对的竞争对手。如何在众多的竞争对手中突出自己的个性和特色，使自己在竞争中处在有利的位置，是每一个企业都要面临的问题。恰当的市场定位是企业在激烈的市场竞争中获胜的法宝之一。

药品市场定位，就是医药企业针对竞争对手现有产品在市场上所处的位置，根据消费者对该产品某一属性或特征的重视程度，为本企业产品设计和塑造与众不同的鲜明个性或形象并传达给目标顾客，在目标顾客心目中占有独特位置的行动。

药品市场定位的核心就是要塑造本企业药品与竞争者相区别的个性，也就是要使本企业的药品“差别化”。这种“差别化”可以是多方面的，而不仅是药品本身的差异。它可以是药品实体的差异化，如药品的成分、剂量、剂型、疗效等方面；可以是服务、价格、渠道、形象上的差异化。如大家认可同仁堂产品的“地道药材”，因此与同类产品相比可以获得更高的产品溢价。北京金象大药房将渠道从实体店拓展至网上药店，这也是实现差异化的行为。

知识卡

企业通过各种营销手段不断强化其产品的定位，如我们很容易从“用汰渍、无污渍”的广告语中，识别出汰渍洗衣粉的去污能力强，而雕牌洗衣粉则用“只选对的，不买贵的”强调其产品的性价比。恰当的定位对企业产品的成功至关重要。大家都知道奔驰宝马汽车是奢华的，日本品牌汽车定位在经济性上，国内企业奇瑞汽车以“人生第一辆车”定位，其代表产品 QQ 系列汽车 2010 至 2012 年销量均在 10 万辆以上，且大幅度领先第二名，在微型车这个细分市场牢牢占据霸主位置。

微案例

白加黑的准确定位

白加黑推出时，已值 1994 年末，比 1989 年进入中国的康泰克和 1993 年随后进入中国的泰诺都晚。而且，在这两个品牌中，康泰克凭借独有的缓释胶囊技术，第一个建立了全国性强势品牌，其广告是“早一粒晚一粒，远离感冒困扰”，在当时普遍 6 小时吃一次的感冒药中，确立了“长效”定位；泰诺则依赖“30 分钟缓解感冒症状”诉求成功，其定位于“快效”，与康泰克针锋相对。

面对强大而又被消费者所广泛认同的竞争对手，白加黑没有跟进康泰克或泰诺，而是在长效、快效之外，提出“白天服白片，不瞌睡；晚上服黑片，睡得香”，将两位领先者重新定义为黑白不分的感冒药，自己是“日夜分服”。

白加黑确定了干脆简练的广告口号：“治疗感冒，黑白分明”，所有的广告传播的核心信息是“白天服白片，不瞌睡；晚上服黑片，睡得香。”产品名称和广告信息都在清晰的传达产品概念。

白加黑上市仅 180 天销售额就突破 1.6 亿元，在拥挤的感冒药市场上分割了 15% 的份额，登上了行业第二品牌的地位，在中国内地营销传播史上，堪称奇迹，这一现象被称为“白加黑”震撼，白加黑凭此定位进入了三强品牌之列。

二、药品市场定位方法

1. 产品属性定位　即按照产品的实体属性，包括质量、成本、特征、功能、有效性、用途、款式、档次等来定位。我们可以比较西安杨森的采乐洗发水和宝洁公司的海飞丝洗发水，其产品特点均是去头屑，在海飞丝去屑已经深入人心的前提下，采乐采取了突出自己产品专业性的策略，将自己定位为专家，其产品只在药店销售，从而避免了与海飞丝的正面竞争。

2. 使用者定位　即根据目标市场消费者的核心需求来创造产品和提供利益。脑白金定位于年轻态健康品，其核心广告语“今年过节不收礼，收礼只收脑白金”、“孝敬爸妈脑白金”、“每天脑白金，越活越年轻”等牢牢抓住了使用者（子女）对父母、长辈表达孝心的核心需求，加上成功的广告营销策略，使之成为保健品市场上的领先者。布洛芬混悬液、小儿护彤、沐舒坦口服溶液等针对儿童的常用药，大都采用甜口味和芳香气味，以方便儿童用药。哈药六厂的新盖中盖牌高钙片定位为中老年人的补钙佳品。

3. 竞争者定位 即把产品定位在与竞争者相似或相近的位置上，与竞争者争夺同一细分市场。七喜汽水将自己定位为“非可乐”饮料，暗示其他可乐饮料中含有咖啡因，对消费者健康有害。九龙斋酸梅汤将自己定位为“解油腻”，有别于主要竞争对手加多宝王老吉的“去火”。“康王”洗剂挑战“采乐”洗发水，强调“药物去屑”的彻底性区别于竞争对手，从而占领细分市场份额。

需要指出的是，药品有别于一般商品，消费者购买药品所追求的核心利益是健康，因此在药品市场往往采用质量和价格定位，其他如服用方便等附加利益也会成为药品定位的参考因素。

三、药品市场定位策略

在很多情况下，会发生两个或更多的企业产品会有相同的定位，因此找到合适的方法进行产品区别，强调产品的高质量、附加服务、使用便利性等都是常用的方法。找出比竞争者更有优势的特性，是实现市场定位的关键所在。

（一）识别可能的竞争优势

理性消费者会选择能给自己带来最大价值的产品和服务，比如，一个没有明显品牌倾向且对价格敏感的消费者在选择可乐时，更看重可口可乐和百事可乐哪个价格更低。因此，赢得和留住消费者的关键是比竞争者更加了解他们的需要和购买过程，并带给消费者更大的价值。一般而言，企业可以通过产品、服务、人员和形象等四个方面来创造差别。

1. 产品差异 企业可以生产与其他企业有实质性差别的产品。如经过研发独家生产特定疗效药品。在某些领域，企业不仅可以提供标准功能，而且可以提供供客户选择的功能，而这些可选择的功能是其他竞争者无法模仿的。如某医疗器械提供可供客户选择的终身免费维修服务购买套餐。企业也可以在产品性能、款式设计等方面实现差异。苹果公司的IPHONE手机的外观和性能在刚面世时与其他品牌手机有明显差异，即使价格昂贵，但消费者仍然愿意花高价购买。

2. 服务差异 现代企业越来越倾向于通过提供高品质的服务与竞争对手展开竞争。海尔集团一直致力定位于高标准服务质量，因此即使产品相对较贵仍然赢得了消费者的欢迎。一些企业通过迅速、方便、谨慎交货来获得竞争优势。还有企业通过向顾客提供培训服务，强调服务差异。如某些药店提供免费医师坐堂服务，为社区居民提供免费的医药咨询服务，都是服务差异化的体现。

3. 人员差异 企业通过雇佣和训练高素质员工来展示自己与竞争者的差别。新加坡航空公司因其机队高质量和服务人员高质量，被誉为全世界最佳航空公司之一。在药品营销实践中，更适用营销人员以丰富的专业知识来区别于竞争者。

4. 形象差异 企业或品牌的形象代表着主要产品的特点和定位，这是一个长期的培养过程。标志可以给企业或品牌以很强的识别力和形象差异。麦当劳的黄色拱门和肯德基的肯德基爷爷形象都有极强的形象识别能力。颜色也可用于识别企业形象。如 IBM 公司的 Thinkpad 系列笔记本电脑在很长时间内几乎所有系列（有例外）机身全黑。哈药六厂生产的蓝瓶装钙加锌口服液也有明显的形象识别特征。

知识卡

企业形象识别系统 CIS（Corporate Identity System 或简称 CI）

CI 是指企业有意识，有计划地将自己企业的各种特征向社会公众主动地展示与传播，使公众在市场环境中对某一个特定的企业有一个标准化、差别化的印象和认识，以便更好地识别并留下良好的印象。CI 的核心目的是通过企业行为识别和视觉识别传达企业理念，树立企业形象。

CI 一般分为三个方面：

理念识别——Mind Identity（MI），是指企业在长期生产经营过程中所形成的企业共同认可和遵守的价值准则和文化观念，以及由企业价值准则和文化观念决定的企业经营方向、经营思想和经营战略目标。

行为识别——Behavior Identity（BI），是企业理念的行为表现，包括在理念指导下的企业员工对内和对外的各种行为，以及企业的各种生产经营行为。

视觉识别——Visual Identity（VI），是企业理念的视觉化，通过企业形象广告、标识、商标、品牌、产品包装、企业内部环境布局和厂容厂貌等媒体及方式向大众表现、传达企业理念。

例如，“同仁堂”的商标就具有明显的识别特征：采用两条飞龙，代表着源远流长的中国医药文化历史；“同仁堂”作为主要图案是药品质量的象征；整个商标图案标志着北京同仁堂是国之瑰宝，在继承传统制药特色的基础上，采用现代的科学技术，研制开发更多的新药造福人民。

——资料来源：北京同仁堂官网，www. tongrentang. com/brandstory/brands. php

（二）选择突出的竞争优势

企业如果能够发现一些潜在的竞争优势，还需要从中评估选择一个或几个突出优势进行定位。

1. 确定需要展示的差异 很多企业在其目标市场上只尽全力展示一种优势，这种展示的优势总是让产品获得“第一名”。在现代社会消费者更容易记住“第一名”。因此佳洁士牙膏总是宣传其防龋齿功能。泄停封不断强调其快速疗效。布洛芬（芬必得）则宣传“去痛更快更持久”。对于药品，大部分医生和患者最关注的首先是药品的疗效。而由于药品的专业性较强，患者通常会从症状的缓解程度来判断疗效，医生则更关注其药理作用。因此，药品市场定位应首先考虑从疗效方面入手确定差异。

2. 选择需要促销的差异 很多时候差异性的产品或服务没有办法获得市场营销的促销支持，原因在于其成本过高、不太重要或与企业的经营不太一致，还有可能是消费者购买力不足的影响。如最早推出的可视电话失败了，部分原因就是公众认为与高昂的通话价格相比，能看见对方并不重要。

可供企业选择的促销差异指标如下：

（1）重要程度 差异对目标购买者来说是非常有价值的。

（2）明显程度 竞争者没有的产品或服务，或企业在这两方面有明显优势。

（3）优质程度 客户可以获得最好的质量。

（4）交流程度 差异有可交流性，并且消费者可以看见差异。

（5）专门性 竞争者不能轻易模仿制造。

（6）购买力 消费者买得起有优势的产品。

（7）盈利性 企业的差异可以带来利润。

（三）进行市场定位交流与传递

要使所选择的竞争优势在市场上得到充分的实现，企业要通过一系列活动来向消费者交流和传递产品的定位。对于药品而言尤其要重视将这种竞争优势传递给患者和医生。如 OTC 通过广告，处方药通过学术推广的方式都是较为有效的做法。如盖中盖高钙片定位为老年人补钙产品，不断宣传其疗效“这人啊一上年纪就缺钙”，以及使用方便“一片顶过去五片”，在该细分市场占有重要位置。

总之，市场定位需要考虑竞争对手、顾客需求、企业和产品的本身属性，可选择不同的定位策略。药品市场定位策略主要有：避强定位、迎头定位、共享定位等。需要指出的是，产品的定位只是一个阶段性过程，当市场环境发生较大改变时，一个产品的定位也应该逐步调整甚至是重新定位。

课堂互动

请同学们搜集红罐王老吉品牌定位的相关资料，讨论其市场定位策略是什么？是根据什么来进行产品差异化的？

【知识结构】

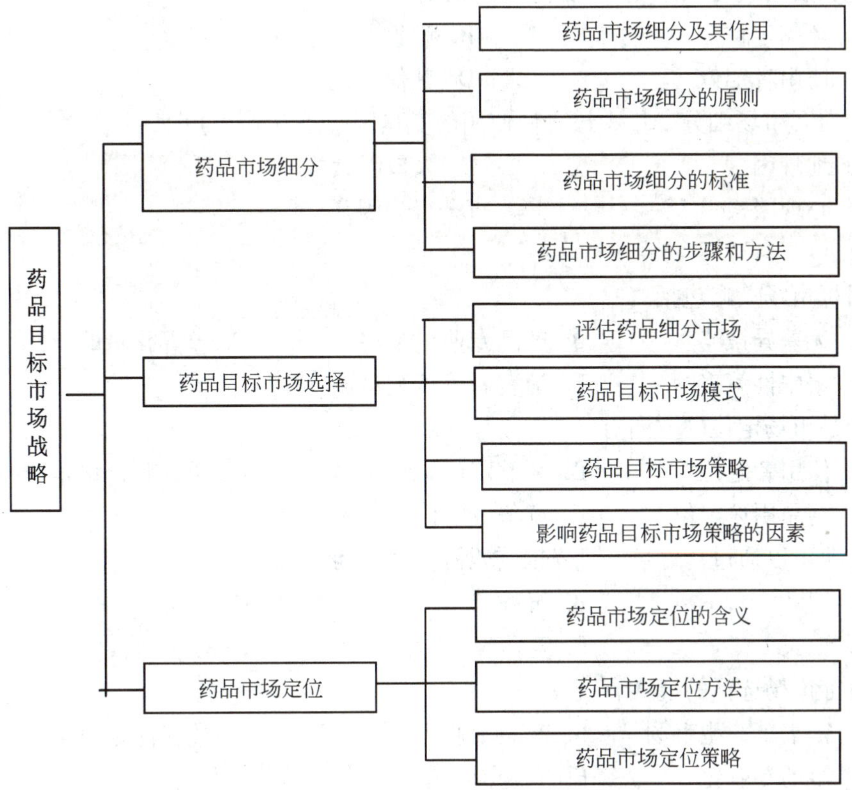

图 5－5　药品市场细分知识结构图

【目标检测】

☆练一练

单选：

1. 市场细分的概念最早由谁提出（　　）

   A. 菲利普·科特勒　　B. 温德尔·史密斯

   C. 马斯洛　　D. 亚当·斯密

2. 按年龄、性别、家庭规模、家庭生命周期、收入、职业等为基础细分市场是属于（　　）

   A. 地理细分　　B. 心理细分

   C. 人口统计细分　　D. 行为细分

3. 按购买者的态度、购买动机进行细分属于（　　）

   A. 地理细分　　B. 心理细分

C. 人口统计细分　　D. 行为细分

4. 采乐的广告诉求一直是“头皮屑是由真菌引起的”，引出的销售支持点是“要杜绝头皮屑就必须杀菌”，其定位的根据是（　　）

A. 产品定位　　B. 竞争者定位

C. 使用者定位　　D. 其他定位

5. 消费者市场细分变量中最方便使用的变量因素是（　　）

A. 地理因素　　B. 人口因素

C. 心理因素　　D. 行为因素

多选：

1. 目标市场策略包括（　　）

A. 无差异策略　　B. 产品专业化策略　　C. 差异化策略

D. 集中性策略　　E. 消费者分析策略

2. 药品市场定位的方向有（　　）

A. 使用者定位　　B. 利益定位　　C. 质量和价格定位

D. 药品用途定位　　E. 竞争者定位

3. 企业可以通过（　　）等方面来创造产品差别。

A. 产品　　B. 服务　　C. 人员

D. 形象　　E. 竞争

4. 目标市场选择的模式有（　　）

A. 密集单一型市场　　B. 产品专业化　　C. 选择性专门化

D. 市场专业化　　E. 完全覆盖市场

5. 影响目标市场策略选择的因素有（　　）

A. 企业实力　　B. 产品自身的特点　　C. 市场差异性

D. 产品生命周期　　E. 竞争对手策略

☆想一想

1. 市场细分是不同消费需求导致，还是细分市场导致不同的消费需求？
2. 比较三种目标市场策略的优缺点。
3. 举例说明如何选择市场覆盖模式。
4. 西瓜霜、云南白药相继推出了各自品牌的牙膏产品，其市场细分策略各是什么？

☆说一说

案例

意可贴——小贴片，大品牌

很难想象，一个治疗口腔溃疡的小药居然能做出9个月3千多万元的销售额，但是，这样的成功被太太药业新近上市的治疗口腔溃疡的小贴片——意可贴实现了。而今太太药业正把这个从前不起眼的小市场逐步做大。据太太药业有关人士透露，从2000年3月份意可贴在全国上市，到年底仅9个月就实现销售回款3千万元，销售前景一路看好。意可贴产品已迅速成为口腔溃疡治疗药市场的领导品牌，使太太药业继太太口服液后在新产品领域又开创了一个全国知名品牌，目前意可贴在零售药店五官科用药销售额排名居首位，还被列入国家OTC药品目录。

众所周知，任何一个产品进入市场，全面准确的市场分析和产品切入点都是决定产品成败的先决条件。在意可贴上市前，太太公司对这一市场做了全面的调研和分析，针对口腔溃疡这样一个市场来说，当时全国市场上治疗口腔溃疡的药物并无一个全国性知名品牌。但每年却有超过50%的人受到它的困扰，其发病率占口腔门诊病例的10%～15%。传统的治疗药物，如中药的锡类散，冰硼散等散剂、喷剂，西药类中有含漱剂、油膏及一些药物膜剂，这些剂型的药物在不同程度上有口感苦、刺激创面、起效慢、副作用大等缺点。在一次科技成果交流会上，太太药业的老总一下子看中了意可贴的技术，针对目前巨大的市场空间，马上决定买下技术。2000年2月份，太太药业开发成功的新一代口腔溃疡治疗药——意可贴顺利投产，同时推向市场。应该说，太太药业选择开发的是在口腔溃疡治疗药物方面极具科技含量的产品，不仅为患者提供了新型便利的选择而且准确地贴合市场，这一点，成为其今后营销策划的主要基础。其实，不光是意可贴，太太药业开发的一些非处方药如尿列通等药品的切入点都是集中在不被人们注意的“小”市场，且市场空间都极具发展潜力。由于这些都是非处方药，所以在广告宣传方面的空间可以很灵活，这就为后期的营销开展提供了一个很大平台。

问题：

1. 请分析意可贴是如何进行市场细分的？
2. 意可贴的目标市场在哪里？运用了什么目标市场策略？
3. 意可贴是依据什么进行市场定位的？请描述其定位。

☆做一做

市场细分、选择目标市场、市场定位

一、实训目的

通过实训，使学生掌握如何选择合适的药品市场细分的因素和方法，对药品市场进行细分；掌握药品目标市场选择和市场定位的策略。

二、实训内容

请在背景资料中选择某品牌药品，分析该药品市场细分的因素，并提出改进意见。背景资料如下：

1. 新康泰克

作为第一个感冒药合资品牌进入中国以来，新康泰克在中国已经有超过20年的历史。以高市场份额领跑中国感冒西药市场，年增长率高于整个品类的增长水平。新康泰克产品包括：新康泰克蓝色装（美扑伪麻片）、新康泰克红色装（复方盐酸伪麻黄碱缓释胶囊）、新康泰克通气鼻贴。

新康泰克分为蓝装和红装两种，蓝装主要针对打喷嚏、流鼻涕和鼻塞等症状；红装主要针对发热、头痛、四肢酸痛、咳嗽和咽痛等症状。因此，在选择用药方面可以更好的对症用药，方便日常普通感冒对用药的选择。而且新康蓝装具有特殊缓释技术，药物活性成分平稳释放，12小时对抗感冒，早一粒晚一粒远离感冒困扰，简单有效；而红装，药物活性成分迅速释放，1片即可全面缓解多种感冒症状，及时摆脱感冒困扰，快速起效。剂量明确，减少需要使用者自我判断或调整用药剂量的麻烦。

2. 脑白金

脑白金是珠海巨人集团旗下的一个保健品品牌，该品牌创立于1994年，由于其成功的市场营销策略，在数年时间内，脑白金成为中国内地知名度最高和身价最高的保健品品牌之一，年均利润可达3.5亿~4亿人民币，2005年春节期间的销售额达到8.2亿人民币。根据2010年中国行业企业信息发布中心的统计，脑白金销售额占到了我国保健食品销售总额的9.32%，是历年来唯一销售份额接近10%的品牌。

脑白金的广告词“今年过节不收礼，收礼只收脑白金”则成为中国知名度最高的广告词之一。但同时，脑白金品牌也由于其不择手段的市场推广而饱受诟病，指责主要集中在不实宣传和过度的广告轰炸两个方面。

3. 寿比山

力生制药是以心血管类降压药为主的区域性普药龙头。公司拥有20多个类别，100多种产品，其中以“寿比山”牌吲哚帕胺为主的降压药是公司利润的主要来源。公司产品销售具有一定的区域性，以华北地区为主，华东地区次之。

优质低价+品牌效应是公司的竞争优势。力生制药并非研发驱动型企业，销售能力也并不突出，但公司定位准确，战略清晰，产品质量良好，主要面对中低端市场，受国家药品降价影响较小；“寿比山”牌吲哚帕胺片是公司的核心产品，品牌知名度很高，竞争优势明显，占据国内70%的市场份额。

三、实训步骤

1. 将学生分为若干组，每组6~8人，设定本团队为该品牌药品的市场营销团队，布置任务。

2. 课后学生按小组调研、查找资料，集体分析、讨论，分析以下问题：

（1）该产品是如何进行市场细分的？整个细分市场份额（按地区、人口、潜在客户分析）如何？产品所占市场份额？

（2）谁是该产品的客户？

客户基本情况——年龄、性别、收入、文化水平、职业、家庭、社会阶层、生活方式等；

客户了解产品的信息——网络、广告、报纸、广播、电视、口口相传

客户的感受——疗效、特点

客户购买药品的途径——医院、药店、网上药店

（3）该产品的定位如何？是否需要更改定位？

3. 各组选派代表汇报陈述，提交分析报告。

四、实训评价（满分 100 分）

教师与学生共同对各小组的实训实施和完成情况进行评估打分，教师进行点评。

1. 针对各小组口头汇报陈述完成情况做评价。（40 分，内容 25 分、汇报表达 15 分）

2. 针对各小组交回的分析报告评价。（60 分，内容 45 分、设计制作 15 分）。

第三篇　药品市场营销策略

第六章　药品产品策略

学习目标

知识目标

1. 掌握药品生命周期策略、药品品牌策略、药品包装策略；
2. 理解产品整体概念、产品组合策略、新药品开发策略；
3. 了解品牌的构成和作用、药品包装的设计和作用。

能力目标

1. 能分析一种具体药品的整体概念及其生命周期。
2. 能分析一具体药品企业产品组合策略的优劣。

第一节　产品整体概念

现代意义上的产品是指能够提供给市场并满足人们某种需要的任何东西，包括有形物品和无形的服务、人员、组织、观念等。

市场营销学对产品的理解是指产品整体概念，即企业能够提供给市场的、人们通过购买而获得的能够满足某种需求和欲望的物品总和。它既包括有形的产品实体本身，也包括围绕着产品所提供的各种无形服务，分为三个层次：核心产品、形式产品和附加产品。

课堂互动

美国著名的化妆品制造商说："我们在车间里生产的是化妆品，但在商场里销售的是梦"。——请同学们讨论如何理解这句话？

药品整体概念是能够满足病患需要的药品本身和围绕药品提供咨询服务的总和。它包括三个层次：核心药品层、形式药品层和附加药品层。如图 6 -1 所示。

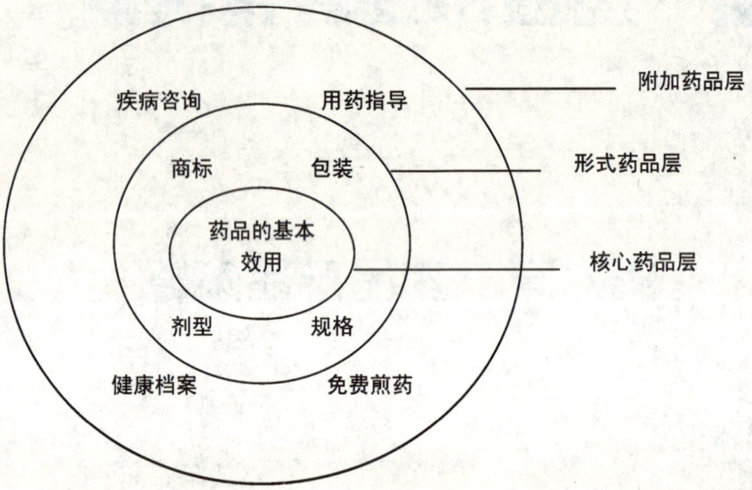

图 6 -1 药品整体概念示意图

一、核心产品

1. 核心产品 是向消费者提供的产品基本效用或利益。即产品的使用价值或有用性，它是产品的核心内容，消费者购买某种产品的目的就是为了获得产品的效用。

2. 核心药品层 是指药品满足患者治疗疾病、解除病痛需要的基本效用，是药品最基本和最实质性的内容，也是顾客购买药品的最根本诉求。消费者购买某种药品，其目的不是为了获得或占有药品本身，而是追求药品的使用价值，即治疗某种疾病或改善机体的某些功能，使身体恢复健康。

二、形式产品

1. 形式产品 也称有形产品，是核心产品借以实现的形式，是产品外在的实体形象，包括品质、款式、特征、商标和包装五个基本构成要素。它是消费者选择产品的直观依据，核心产品的基本效用必须通过形式产品才能实现。

2. 形式药品层 是指药品在市场上出现时的物质实体外形，是药品生产商围绕药品基本效用生产出来的实际产品。它包括药品的说明、剂型、规格、商标、包装、价格等。形式药品是核心药品的物质承担者，是核心药品的表现。核心药品满足消费者的需要时，总要通过一定的形式表现出来，如将药物有效成分做成合适的剂型并进行适当的包装。因此，药品生产企业需要将核心产品转变为有形的东西以便销售给顾客。

三、附加产品

1. 附加产品　也称延伸产品、扩增产品，是指消费者购买形式产品时所获得的附加利益总和，包括产品说明书、送货、安装、维修、保修期、付款方式、技术培训、售后服务等。附加产品越多，企业的成本越高，因此企业在设计附加产品时要充分考虑成本因素。

2. 附加药品层　是指顾客购买药品时所获得的一系列附加的服务或利益，包括疾病咨询、用药指导、建立健康档案、免费煎药、送药上门等附加的服务。顾客的需求能否得到满足，不仅取决于药品的生产过程和流通过程，还包括药品的使用过程。药品的咨询服务及相关知识对企业而言，是药品功能的延伸和销售的继续，是保证满足消费者需求的重要组成部分，如药品销售时要明确告知顾客药品的不良反应及禁忌证等，以保证患者服药的疗效；除此之外，为民众进行相关疾病知识的免费普及，必要时的咨询服务，以及解答疑难问题的免费电话等等，都属于附加药品层的内容。

课堂互动

试分析天士力制药股份有限公司生产的复方丹参滴丸的核心产品层、形式产品层和附加产品层。

第二节　产品组合策略

一、产品组合及其相关概念

大多数企业不只生产经营一种产品，而是将两种或两种以上的产品合理的搭配起来生产，这样既可以充分合理地利用企业内外部的资源，又可以使企业最大限度地满足市场需求，取得更好的经济效益。这就是企业的产品组合问题，可用以下概念表述：

（一）产品项目

产品项目是指产品生产企业在其产品目录上列出的每一种产品，企业有几种产品就有几个产品项目。同一产品生产企业生产的不同规格的同种产品，每一个规格的产品称为一个产品项目。

（二）产品线

产品线也叫产品大类，是指企业所生产的产品中密切相关的一组产品项目。一个企业可以有一个或几条不同的产品线，每个产品线下可以有一个或几个不同的产品项目。如海南亚洲制药集团生产的感冒药快克和小快克，这就是同一产品线上的两个产品项目。

知识卡

产品线与产品生产线的区别

产品线和产品生产线不能混为一谈。产品线是指一组相关的产品，这类产品可能功能相似，或者有其他的共同的特征。产品生产线是产品整个生产过程所经过的路线，即从原料药进入生产现场开始，经过整理加工、生产、检验、包装等一系列生产活动直至出厂的全过程。

（三）产品组合

产品组合，也叫产品搭配，是指一个企业所生产经营的全部产品的有机构成和量的比例关系。也就是企业所确定的产品的种类、数量及其合理的搭配关系。产品组合可以由若干条产品线组成，每条产品线又由一些产品项目构成。产品组合的变化因素包括产品组合的深度、长度、宽度及产品组合的关联性。

1. 产品组合的深度 是指企业每条产品线的产品项目的数量。产品组合的深度反映了企业在同类细分市场中，满足顾客不同需求的程度。通过计算每一个产品线中的产品项目数，可得出企业产品组合的平均深度。

2. 产品组合的宽度 是指一个企业拥有产品线的数量。产品线越多，说明该企业的产品组合的宽度越广。它反映了一个企业市场服务面的宽窄程度和承担投资风险的能力。

3. 产品组合的长度 是指产品组合中产品项目的总数。产品项目越多，产品组合的长度越长。

4. 产品组合的关联性 是指一个企业产品线之间的相关程度，即企业产品在生产条件、最终用途、销售渠道等方面的一致性。如1996年11月海尔集团根据发展战略需要成立了青岛海尔药业有限公司，但是海尔集团的优势产品是白色家电，这样其产品间的关联程度较低，甚至毫不相关。

下面以强生公司旗下的医药产品为例说明产品组合的变化因素。强生公司旗下的产品涉及感冒用药、消化系统用药、皮肤病用药、神经系统用药、多动症用药、精神疾病用药、疼痛控制用药、肿瘤及相关用药、风湿免疫用药、女性健康用药、解热镇痛类产品、过敏症用药、健康食品等13个大类，即有13条产品线，每条产品线下又有不同的产品。强生公司的产品组合如表6－1所示。从表中可以看出，强生公司的医药产品13条产品线共有36个产品项目，不同产品线的深度有所不同。

表 6－1　强生公司的产品组合

	产品组合的宽度												
	感冒用药	消化系统用药	皮肤病用药	神经系统用药	多动症用药	精神疾病用药	疼痛控制用药	肿瘤及相关用药	风湿免疫用药	女性健康用药	解热镇痛类	过敏症用药	健康食品
产品组合的深度	泰诺(片剂)；泰诺(混悬液)；艾畅	太宁；安乐士；吗丁啉；类克；兰达；波利特；易蒙停	采乐；达克宁；里素劳；派瑞松；金达克宁；斯皮仁诺	妥泰；西比灵	专注达	维思通；喜普妙；来士普；芮达；恒德	及通安；多瑞吉	万珂；达珂	类克	达克宁栓	泰诺林(片剂)；泰诺林(混悬液)；美林	息斯敏；皿治林	甘草怡喉爽；钙诺
产品项目合计	3	7	6	2	1	4	2	2	1	1	3	2	2

课堂互动

请同学们说出上述表 6－1 中每条产品线的深度和产品组合的平均深度、产品线的宽度、长度，并分析其关联度。

二、产品组合策略

在现实经济社会中，很多企业生产经营的产品往往种类繁多，如哈药集团有限公司生产的品种有 1000 多个。但是一个企业并不是生产经营的产品越多越好，企业应生产和经营哪些产品才能最大限度地满足消费者需要而获得经济效益？这些产品之间应该有些什么配合关系呢？不同企业的规模不同，生产能力不同，资金状况也不同，这就需要企业根据自己的实际情况合理地确定自己的产品组合。产品组合策略一般有六大类：

1. 产品线专业型组合　即单一产品线策略，是指企业只生产经营某一种类型的不同产品项目来满足市场需求的产品组合策略。采用这一策略的企业只拥有一条产品线，但是企业可以根据市场需求增加产品线的深度，即扩展产品项目。该策略的优点是：产品线简化，企业容易采用高效的技术装备和工艺方法，提高劳动生产率，提高产品质量，降低成本，节省销售费用；缺点是：生产经营单一产品，企业的效益过分依赖于这一品种，因此企业面临的市场风险也加大。如果这一产品的销售受到影响或产品质量出现问题，将会影响到企业的效益，甚至威胁企业的生存。

2. 有限产品专业型组合 是指企业只生产经营某一产品线的一个或几个产品项目来满足市场需求的产品组合策略。如某一企业只生产儿童感冒用药。该策略的优点是：可降低生产成本，节省销售费用。适合于小型的药品生产企业。缺点是：企业抗风险能力较弱。

3. 市场专业型组合 是指企业向某一市场提供所需的各种产品来满足某一类顾客的各种需要的产品组合策略。采用这一策略的企业依据某一类顾客的各种需要设置产品线。

4. 产品集中型组合 即根据某些顾客的特殊需要，而专门生产经营某一种特殊产品的产品组合策略。由于产品特殊，市场容量小，市场竞争威胁小，有助于企业利用自己的专长，树立产品形象，长期占领市场，但难于扩大经营。这一种产品策略适合于小型企业。

5. 特殊产品专业型组合 是指企业凭借其特殊的生产条件，比如凭借其所拥有的知识产权或特许经营权，排斥竞争者涉足，独霸市场。

6. 全线全面型组合 这种策略将尽可能增加产品组合的宽度和深度，不断将企业发展壮大。企业可根据自身条件选择和取舍产品。

三、调整产品组合策略

随着企业生产经营内外部环境的不断发展变化，企业也要适时地调整自己的战略，调整自己的产品组合，以更好地满足市场需要。企业在调整和优化产品组合时，依据不同情况，可选择不同的策略。

1. 缩减产品组合策略 是指企业通过缩减产品组合的宽度和深度，从现有产品组合中剔除某些产品大类、产品线或产品项目，可使企业集中力量发展对企业有利的产品大类或产品项目。

知识卡

企业剔除的药品大类或药品项目，可能是那些获利很小甚至不获利的品种，也可能是由于药品本身的特殊性导致国家规定禁止生产或禁止使用或被更好的药品所替代的品种。如感冒药速效感冒胶囊，一板10粒只有几毛钱，最贵的一块多钱，利润低廉导致很多厂家不再生产。

2. 扩大产品组合策略 是指企业通过扩展产品组合的深度和宽度，增加新的产品项目或增加新的产品大类、产品线，以此来扩大企业的生产经营范围。

（1）扩大产品组合的宽度 是指增加新的产品大类，甚至增加新的与原产品不相关的产品大类，如葛兰素史克，除了生产一系列的药品外，还生产牙膏舒适达和假牙清洁片保丽净等非药品。

（2）扩大产品组合的深度 是指增加某一产品线的产品项目，如某一产品线增加新的药品品种或原有药品增加新的规格、剂型等。

采取扩大产品组合策略，可以使企业充分利用各种资源，分散经营风险，提高抗风险的能力和企业的综合实力；能够减少季节性变化和市场需求的变化对企业经营造成的影响，增强企业经营的稳定性；能够充分利用商誉和商标，完善产品系列，最大限度地增加企业的销售额和利润；有利于满足顾客多方面的需求，扩大生产和经营规模，进入和占领多个细分市场。但是在实行多角化经营时，企业要量力而行，要进行充分的市场调研，通过对产品组合的不断调整优化，来达到发展企业的目的。

3. 产品线延伸策略 任何企业的现有产品都有其特定的市场定位。为了丰富产品种类，满足不同顾客的需求，企业需要部分或全部地改变原有的产品定位，在原有产品品种的基础上进行延伸。具体的做法有以下三种：

（1）向下延伸 即企业在生产高档产品的基础上，补充生产中低档产品。向下延伸的原因是企业发现中低档产品的市场增长率较快，为了满足不同层次顾客的需要，提高产品的市场占有率，填补市场空隙，不让竞争者有隙可乘，或者用来阻挡竞争对手在较高端的进攻。企业采取向下延伸的策略，需注意低档产品生产企业的反攻。

（2）向上延伸 即企业在生产低档产品的基础上，补充生产高中档产品。向上延伸的主要原因，一是企业想提高自身市场地位，增加现有产品的信誉；二是高档产品高利润率的吸引。企业采取向上延伸策略需考虑的问题有三个方面：一是高档产品生产企业的抵制；二是企业是否有能力和优势生产经营该产品；三是用户对其高档产品是否有信心。

（3）双向延伸 即企业在生产中档产品的基础上，补充生产高档和低档产品。这种策略主要是为了取得同类产品的市场地位，扩大经营，增强企业的竞争能力。缺点是容易造成产品间的竞争。

采取产品线延伸策略，优点是：满足消费者多层次需求，减少产品的开发费用和开发风险，丰富企业产品，提高企业的市场地位；弊端是：顾客对品牌的忠诚度降低。产品延伸策略适用于普通商品，因为药品有其特殊性，因此在使用时要结合实际情况。

4. 产品差异化策略 是通过市场调研活动，收集顾客需求信息和竞争对手产品信息，对本企业产品在质量、功效、剂型、特点等方面重新定位，采取与竞争对手明显不同的产品策略，改进老产品的成分，或增加产品新的功能、规格和式样，引起顾客的浓厚兴趣，以期增强企业的竞争优势，从而为企业创造更多的利润。

微案例

1. 传统的感冒药中含有某些抗组胺成分，这些成分可以缓解打喷嚏、流鼻涕的症状，但容易引起嗜睡，针对这一副作用，拜耳医药推出了感冒药“白加黑”，在白片中不添加抗组胺成分，吃白片不瞌睡，而黑片中加入抗组胺药盐酸苯海拉明，吃黑片睡得香，从而突出了自己的特点，以此吸引消费者。

2. 普通的藿香正气水和太极藿香正气液，由于藿香正气水中含有40%～50%的乙醇即酒精，因此服药后不得驾驶机、车、船、从事高空作业、机械作业及操作精密仪器；而太极藿香正气液突出了自己的特点，不含酒精，开车也能喝。

第三节　产品生命周期策略

一、产品生命周期概述

（一）产品生命周期的含义

企业研发一种新产品并投放市场，总是希望产品能永久地为企业带来利润。但是，没有一种产品在市场上可以经久不衰，产品都具有生命周期。

药品生命周期，是指一种药品从被开发出来投放市场，到最终被市场淘汰而退出市场所持续的时间。

知识卡

产品生命周期指的是产品的市场生命，而不是指产品的自然生命或使用寿命。国家发改委于2013年2月公布了《半导体照明节能产业规划》，对近期我国LED照明节能产业的发展进行了指导。根据规划，到2015年，60W以上普通照明用白炽灯将全部淘汰。那么2015年就是60瓦以上白炽灯生命周期的终结。

根据产品市场销售变化的规律，一个完整的产品生命周期一般包括四个阶段：导入期、成长期、成熟期、衰退期。各阶段的特征不同，见表6－2。

表6－2　产品生命周期不同阶段的特征

	导入期	成熟期		后期	衰退期
		成长期	前期		
销售量	低	快速增大	继续增长	有降低趋势	下降
利润	微小或负	大	高峰	逐渐下降	低或负
购买者	爱好新奇者	较多	大众	大众	后随者
竞争	甚微	兴起	增加	甚多	减少

1. 导入期　也叫投入期或引入期。产品刚进入市场，人们普遍还不熟悉，产品的销量小且销售额增长缓慢；企业还没出现利润或利润很低甚至亏损；完全创新产品和含有高新技术的换代新产品在引入期的竞争者较少甚至没有竞争者。

2. 成长期　产品被消费者认同并接受，产品的销售额迅速上升，利润也迅速增长。这一时期是产品生命周期中销售增长率最高的阶段，但也使竞争者看到了大规模生产和盈利的机会，因此吸引的竞争者日渐增多。

3. 成熟期　产品的销售增长速度减缓，销售增长率接近或等于零，但销售额大，达到整个产品生命周期的最高峰，利润最高，是产品对企业贡献最大的时期。成熟期迫使企业都采用最有效的竞争手段来维持市场占有率，导致市场竞争最为激烈。

4. 衰退期　由于新产品的推出或其他突发的事件，消费者将目光转向了其他产品，使得原产品的销售量和利润大幅度下降，市场开始萎缩甚至完全退出市场。竞争者或立即退出市场，或缓慢退出市场。

（二）药品生命周期曲线

根据典型生命周期各个阶段的销售额和利润额的变化规律，可以画出产品生命周期的曲线图，如图6－2所示。

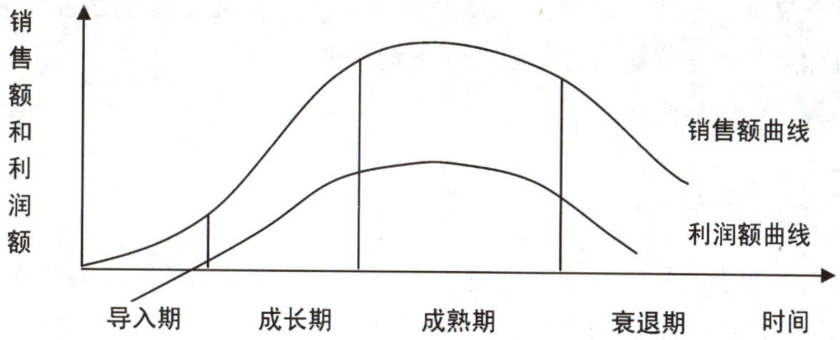

图6－2　产品生命周期曲线图

需要注意的是，上图是一个典型的完整的产品生命周期曲线，并非所有的产品都有这种S型的生命周期曲线。图6－3指出了部分产品的特殊生命周期曲线。有些产品刚一进入市场，由于种种原因很快夭折，如图6－3（a）；另有一些产品经过市场重新定位又焕发了新的生命力，如图6－3（b）；还有一些产品进入市场，很快达到销售高峰，又迅速衰退，如图6－3（c）。

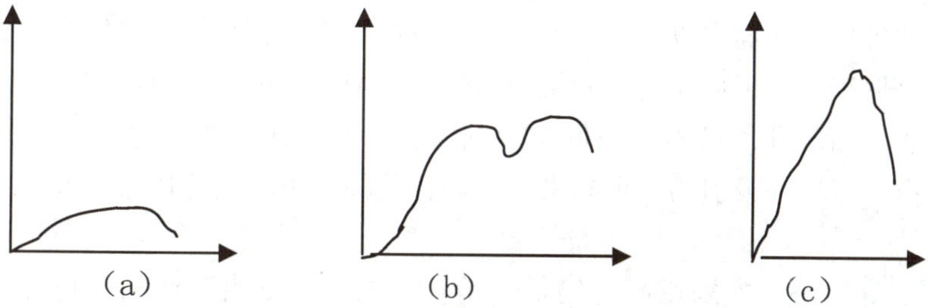

图6－3　特殊产品生命周期曲线图

课堂互动

有一些药品，如康泰克，导入期、成长期、成熟期都正常，而在成熟期发现新的严重的不良反应，导致该药立即退出了市场，你能否画出该产品的生命周期曲线？

知识卡

不同的产品，其生命周期往往各不相同。如数码产品，其生命周期可能只有几个月或几年，而汽车的生命周期就会很长。药品是特殊的商品，其研发、上市销售、使用等各方面的监管都比较严格。疗效好副作用小的新药可能会很快替代原有药品。假如没有合适的替代品，即使原有药品的副作用大，也不可能短时间内被淘汰。还有一些药品在长期的临床使用过程中，发现了新的用途，也使得产品的生命周期延长。如阿司匹林于1898年上市以来，广泛应用于解热、镇痛、抗炎、抗风湿等方面。近年来发现它还具有抗血小板凝聚的作用，于是重新引起了人们极大的兴趣。

二、产品生命周期各阶段的营销策略

企业可以借助于产品生命周期理论，把握产品生命周期各阶段的特点，并采取适当的策略，以延长产品的生命周期来保证企业的利益。由于药品的特殊性，企业在采取营销策略时要在国家政策允许的范围内进行。

（一）导入期的策略

新产品首次进入市场，消费者了解需要时间，销售量增长往往比较缓慢。因此该阶段的生产批量小，生产成本高，产品尚未定型，质量不够稳定，销售量低，促销费用高，企业利润低。企业在该阶段常用的营销策略包括：

1. 快速掠夺策略 即采用高价格高促销费用的方式推出新产品。也就是给产品制定相对较高的价格，并辅之以高的促销费用，以期迅速占领市场。高价格可提高单位产品的利润，高促销是为了促使消费者接受高价格，增加销售量，两者结合起来，使得企业能迅速回收产品的开发成本，确保企业利润目标的实现。采用这一策略的前提条件是：产品确有特点、有吸引力，消费者愿出高价购买；市场上替代品少或没有更好的同类产品。

2. 缓慢掠夺策略 即采用高价格低促销费用的方式推出新产品。高价格低促销费用可使企业获得高的利润，因此这是一种理想的策略。采用这种策略的条件是：市场竞争不激烈，市场规模有限，顾客选择的余地小；产品的知名度高，消费者愿出高价购买。

3. 快速渗透策略 即采用低价格高促销费用的方式推出新产品。即给产品制定较低的价格，并与高的促销费用相配合。如果企业的目标是快速占领市场，则可以采取此种策略。因为占领市场较迅速，所以企业的产量和销量也会迅速扩大，能取得规模效益，降低成本，从而获得高的市场占有率。采用这一策略的前提条件是：消费者对产品价格很敏感，采用低价位有优势；产品市场容量较大，但产品较易仿制，潜在的竞争对企业的威胁很大；单位产品成本可随着生产规模和销量的扩大而大幅下降，企业有降价的空间。

4. 缓慢渗透策略 即采用低价格低促销费用的方式推出新产品，具有慢慢渗透的特点。低价格使得消费者易于接受，可扩大销量；低促销费用可以降低营销成本，增加利润。采用这一策略的前提条件是：产品的市场容量大，产品需求弹性大，可采用薄利多销的策略；消费者熟悉该产品，产品知名度高，对价格敏感。

（二）成长期的策略

经过导入期的推广，新产品已经被消费者所接受，产品的销售量迅速上升而进入成长期。成长期是产品生命周期中销售增长率最高的时期，企业利润在这一时期也得到快速增加。但是在利润的吸引下，竞争者纷纷进入该市场。针对成长期的特点，企业的营销目标是尽可能长地保持市场的高速增长，延长获取最大利润的时间，可以采取下面几种策略：

1. 改进产品 即改变产品品质，对药品来说如改变药品剂型，增加新的规格，增加新的适应证等。对产品进行改进，可以提高产品的竞争力，满足消费者更广泛的需求，吸引更多的消费者。

2. 增加销售渠道 即开拓新渠道或进入新的细分市场。通过市场细分，找到新的尚未满足的细分市场，或开辟新的销售渠道，扩大销量。

3. 转变促销重点 即改变宣传的重心。对于药品来说，在导入期，处方药推广和非处方药广告宣传主要是介绍产品；在成长期，应主要侧重于建立产品形象，树立起本企业及其产品品牌的良好形象，要重点宣传品牌商标，提高品牌的知名度与偏爱度，提高医生和患者的品牌忠诚度。

4. 适时降价 通过研究竞争者的价格策略，在适当的时机，降低价格，以吸引更多的购买者，提高市场占有率。

（三）成熟期的策略

在成熟期，销售的增长速度开始放慢，销售增长率接近于零，但产品的销售额达到整个产品生命周期的最高峰。这一阶段往往经历的时间较长，是产品获利的黄金时期，而竞争者纷纷扩大自己的生产能力并强化促销，竞争最为激烈。企业在这一阶段的营销重点是集中一切力量尽可能地延长产品的生命周期以获取更多利润，同时企业还要积极开发新产品。可以采取以下三种策略：

1. 市场调整策略 这种策略是发现产品的新用途、寻求新的用户或改变推广方式等，以使产品销售量得以扩大。

2. 产品调整策略 这种策略是通过产品自身的调整来满足顾客的不同需要。整体产品概念的任何一层次的调整都可视为产品的调整，都可以吸引有不同需要的顾客。

3. 市场营销组合调整策略 即通过对产品、定价、渠道、促销四个市场营销组合因素加以综合调整，刺激销售量的回升。常用的方法包括降价、提高促销水平、扩展分销渠道和提高服务质量等，具体的方式、手段则要视企业内外条件而定。

（四）衰退期的策略

当某一种产品的销售额明显下降或急剧下降，利润也大幅度下降甚至出现了亏损的局面时，表明产品有了进入衰退期。有些产品的销售量是慢慢减少，如第一代第二代头孢菌素类药物；有些产品的销售量会急剧下降，如限购以后的新康泰克。企业首先必须慎重判断产品是否真的进入衰退期，要查清销售额下降的主要原因是产品本身原因、政策原因还是其他原因。这一阶段通常有以下几种策略可供选择：

1. 维持策略 也称自然淘汰策略，是指企业继续沿用过去的策略，仍按照原来的细分市场，使用相同的分销渠道、定价及促销方式，直到这种产品完全退出市场为止。

2. 集中策略 即缩短产品营销战线，把企业的人、财、物等资源集中在最有利的细分市场和分销渠道上，尽可能多的获取利润。这样有利于缩短产品退出市场的时间，同时又能为企业创造更多的利润。

3. 收缩策略 企业维持该产品的生产能力，但大幅度降低促销水平，尽量减少促销费用，在不增加成本的情况下增加目前的利润。这样可能导致产品在市场上的衰退加速，但也能从忠实于这种产品的顾客中得到利润。

4. 放弃策略 对于衰退比较迅速的产品，应该当机立断，放弃经营。可以采取完全放弃的形式，如把产品完全转移出去或立即停止生产；也可采取逐步放弃的方式，使其所占用的资源逐步转向其他的产品。产品退出市场后，企业还要继续提供一定期限的售后服务，以维持企业的良好声誉。

以上产品生命周期各个阶段的营销策略对普通商品和药品都适用。但是对于药品这一特殊的商品，在具体适用相关策略时要考虑药品的实际情况。

三、产品生命周期的影响因素

药品的市场生命长短受许多因素影响，主要包括以下几个方面：

1. 科学技术发展与国家政策 药品是一种特殊的商品，因此新药的研发和药物品种的使用受国家政策影响较大。经济的发展促进了技术的进步，新技术的应用使新药的研发速度加快，使现有药品也更可能进行剂型、品质及各项技术数据的改进，这些都会影响药品的生命周期。

2. 药品本身的性质、特点 任何药品都有相应的不良反应。就现有药品来说，人们已经掌握了大部分药品比较全面的不良反应。但是在药物的使用过程中往往会发现新的严重的不良反应，或某些疗效一般、本身不良反应较大的药物被新的疗效好、不良反应较小的药物所取代，这也会影响药物的生命周期。

3. 消费需求的变化速度 对于药品这种特殊的商品，疾病的种类相对稳定，则产品的品种也相对稳定。随着人们健康意识的增强，疗效更好、副作用更小的药品越来越受人们的追捧。但是近年来随着微生物的变异和耐药性的增强，部分抗微生物药已失去了其作用从而被淘汰。

4. 市场竞争的激烈程度 市场竞争越激烈，竞争产品就会越多，往往新产品也层出不穷，这类产品的生命周期相对会缩短。而一些竞争很小甚至垄断的品种，就可以长期的存在于市场中，其生命周期就会延长。

5. 企业营销的努力程度 当产品进入成熟期或衰退期时，企业需要花费更大的努力和更高的营销费用以维持目前的市场份额。而如果企业放弃过高的营销费用，便会使商品过早地离开市场，其市场生命也就结束了。

四、新药品开发策略

（一）新产品的分类

知识卡

根据《药品管理法》以及2007年10月1日开始执行的《药品注册管理办法》，新药指未曾在中国境内上市销售的药品。对已上市药品改变剂型、改变给药途径、增加新适应证的药品，亦属于新药范畴。

新产品是一个相对的概念，是指与老产品相比，只要在原产品的基础上作了某些改进和提高，对消费者而言有了新的价值，就是新产品。新产品一般分为四种类型：

1. 全新新产品 是指应用新技术、新原理、新材料研制出来的市场上从未有过的产品。例如实验室合成一种全新的药物化合物。

2. 换代新产品 是指应用或部分应用新技术、新元件、新材料比原产品有飞跃性提高的产品。如彩色电视机是黑白电视机的换代产品，藿香正气软胶囊是藿香正气水的换代产品。它适应了时代发展的步伐，满足了消费者日益多变的需求，是企业进行新产品开发，提高企业竞争力的重要创新形式。

3. 改革新产品 是指从不同侧面对原产品进行创新而创造的产品。如药品改换包装属于改革新产品。与换代产品相比，改革新产品受技术限制较小，且成本相对较低，它可以增强产品的竞争能力、延长产品的生命周期，减少研制费用和风险，提高经济效益。但它易于被竞争者仿制。

4. 仿制新产品 是指企业充分利用市场上现有的新产品，分析研究弥补缺陷，完善提高后把它投入市场。这种方式风险小，投资少，见效快。但要注意不要违反法律法规的有关规定。

课堂互动

请从已上市药品的特点、企业盈利、患者需求、技术进步等各方面思考企业开发新药品的必要性。

（二）新药品研发上市程序

1. 新药研发 是药物的临床前研究，分为两个阶段：研究和开发。在确定候选药物之前为研究阶段，确定之后的工作为开发阶段。所谓候选药物是指拟进行系统的临床前试验并进入临床研究的活性化合物。新药的研发是一个复杂的过程。

2. 申请进行临床试验 完成前期研究后，应按《药品注册管理办法》要求组织资料，将研究过程确定的处方、工艺、制定的质量标准及研究过程报送食品药品监督管理部门进行审批。经国家食品药品监督管理局审评，同意进行临床试验的下发“临床试验批件”；不同意进行临床试验的下发“审批意见通知件”，说明不批准原因。

3. 临床研究和申报生产 获得“临床试验批件”后应进行临床试验。进行临床试验前需要生产企业在相应剂型的 GMP 车间生产出一批用于临床试验的样品，生产量应是规模生产要求。临床试验过程中应进行数据的采集工作，总结临床试验结果。将试验结果上报国家食品药品监督管理局进行审批，同时提出申报生产申请。

4. 审批 上报资料经过国家食品药品监督管理局和药品审评中心审评符合要求的，下发“新药证书”和“生产批件”，不符合要求的下发“审批意见通知件”。

5. 生产并上市销售 首次进行生产应向省级或国家级食品药品监督管理局提出接受生产现场核查申请，并按上报的工艺、处方、质量标准进行生产、检验。上级部门在成品中抽取一批送省级药品检验所复核检验。通过生产现场核查、样品经省级药检所检验合格的允许进行生产。

6. 上市后的再评价 药品上市后再评价是指根据医药学的最新学术水平，从药理学、药剂学、临床医学、药物流行病学、药物经济学及药物政策等方面，对已批准上市的药品在社会人群中的疗效、不良反应、用药方案、稳定性及费用等是否符合安全、有效、经济的合理用药原则做出科学评价和估计的过程。

知识卡

药物从最初的实验室研究到最终摆放到药柜销售平均需要花费 12 年的时间。进行临床前试验的 5000 种化合物中只有 5 种能进入到后续的临床试验，而仅其中的 1 种化合物可以得到最终的上市批准。

（三）新药品开发策略

1. 优质策略 从强化药品的品质入手，不断完善药品，提高产品和服务的质量，或开发起点高、质量好的优质药品。例如采用先进的技术研制特效药或特殊剂型的药品。

2. 低成本策略 即在开发过程中就注意降低成本。从研制到生产注意挖掘潜力，降低成本，以低廉的成本优势，扩大市场占有率，增加利润。

3. 配套策略　即企业根据自身条件，为已上市药品提供联合用药的品种或剂型。

4. 补缺策略　即提供医药市场急需的或市场上的短缺药品。这种策略有利于企业填补空白，在市场上抢占优势地位，扩大企业在市场上的影响力，提高企业的竞争能力。

第四节　药品品牌策略

一、品牌及其构成

（一）品牌的含义

品牌俗称牌子，是商品的生产者或销售者加在商品上的标志，用来与其他生产者或销售者的同类商品相区别。菲利普·科特勒认为，品牌是一个名称、名词、符号或设计，或者是它们的组合，其目的是识别某个销售者或某群销售者的产品或劳务，并使之同竞争对手的产品和劳务区别开来。

知识卡

"品牌"的英文单词 Brand，源出古挪威文 Brandr，意思是"烧灼"。人们用这种方式来标记家畜等需要与其他人相区别的私有财产。到了中世纪的欧洲，手工艺匠人用这种打烙印的方法在自己的手工艺品上烙下标记，以便顾客识别产品的产地和生产者，并以此为消费者提供担保，同时向生产者提供法律保护。这就产生了最初的商标。16 世纪早期，蒸馏威士忌酒的生产商将威士忌装入烙有生产者名字的木桶中，以防不法商人偷梁换柱。到了 1835 年，苏格兰的酿酒者使用了"Old Smuggler"这一品牌，以维护采用特殊蒸馏程序酿制的酒的质量声誉。

在《牛津大辞典》里，品牌被解释为"用来证明所有权，作为质量的标志或其他用途"，即用以区别和证明品质。随着时间的推移，商业竞争格局以及零售业形态不断的变迁，品牌承载的含义也越来越丰富，甚至形成了专门的研究领域——品牌学。

（二）品牌的构成

品牌是一个商业名称，其主要作用是宣传商品；品牌是一个集合概念，它包括品牌名称和品牌标记两部分。

1. 品牌名称　是指品牌中可以用语言称谓表达的部分。如"可口可乐"、"海尔"、"白加黑"、"新康泰克"等，这些都属于可以用语言称谓的品牌名称。

2. 品牌标记　是指品牌中可以被识别，但不能用语言称呼的部分。品牌标记可以是一个符号、图案，也可以是明显的色彩或字母或其组合。如儿童感冒药“好娃娃”包装上六个小儿在一起的图案就是品牌标记。

课堂互动

请你再举出一些品牌标记和品牌名称的例子。

（三）品牌与商标

1. 商标 商标是用于识别某商品、服务或企业等的显著标志。商标经过注册后为注册商标，受法律保护。因此，注册商标实质上是一种法律名词，是指已获得专用权并受法律保护的品牌或品牌的一部分。

2. 商标的特征

（1）显著性 商标是区别于他人商品或服务的标志，从而便于消费者识别；

（2）独占性 注册商标所有人对其商标具有专用权，受到法律的保护，未经商标权所有人的许可，任何人不得擅自使用与该注册商标相同或相类似的商标；

（3）价值性 商标所有人通过商标的创意、设计、申请注册、广告宣传及使用，使商标具有价值，也增加了商品的附加值；

（4）竞争性 商标是商品信息的载体，是参与市场竞争的工具；

（5）依附性 商标是用于商品或服务上的标记，与商品或服务不能分离；

（6）可视性 商标是文字、图形、字母、数字、三维标志、颜色或其组合，是可视性的标志。

3. 品牌与商标的联系 商标是一个法律名称，受法律保护；品牌未经注册的名称或标志不受法律保护，品牌的全部或部分作为商标经注册后，才具有法律效力；品牌与商标是总体与部分的关系，所有商标都是品牌，但品牌不一定都是商标。

知识卡

商标根据其是否经国家商标局核准注册可分为注册商标和非注册商标。“注册商标”（常用Ⓡ来表示）受法律保护，“非注册商标”不受法律保护。近年来，企业对商标的认识越来越深入。2012 年 4 月，国家知识产权局公布，截至 2011 年底，中国商标累计申请量 971.15 万件、累计注册量 665.07 万件、有效注册商标 551.01 万件，均居世界第一。

我国《商标法》规定药品生产和销售必须使用注册商标。国家食品产品监督管理局颁布的《药品说明书和标签管理规定》中也明确指出：“药品说明书和标签中禁止使用未经注册的商标。”

二、品牌的作用

1. 便于消费者认牌购货　在市场上，同一产品可能有很多的生产厂家，品牌成为某一企业特定产品的象征，代表产品的信誉，同时直接关系对产品生产者和经营者的评价。因此，品牌可以帮助消费者辨认、识别及选购商品，使消费者根据商标去识别同类产品、认牌购货，节约了消费者的购买时间，增强了消费者的购买信心，引导了消费者的购物取向。

2. 有利于企业开展正当竞争　市场竞争是商品品种、质量、价格等多种因素的竞争，而这些信息则是通过品牌这一桥梁传递给消费者的。品牌代表着产品的质量，消费者根据品牌信誉去评价产品，从而使企业不断增强责任心，保证和提高产品质量和服务质量，努力争创名牌，以取得明显的竞争优势。

3. 有利于产品的推广宣传　品牌体现了企业的质量和信誉，自然也就成了商品广告的非常有效的手段。一个设计美观的商标，可以增加商品的美感，提高商品的身价，扩大商品的销路。利用商标宣传商品，言简意赅、醒目突出、便于记忆，能够增强广告效果，给消费者留下深刻印象。

4. 有利于开展国际贸易　在出口商品上使用商标，并及时在外国进行商标注册以得到对商标的法律保护，这对维护商品在当地的合法权益、扩大出口有着重要作用。同时，商标还标志着出口商品的技术水平，代表国家的生产水平和信誉，能起到促进外贸的作用。

三、药品品牌设计原则

1. 品牌标志要造型美观、构思新颖，不仅能够给人一种美的享受，而且能使顾客产生信任感。

2. 品牌能表现出企业或产品特色，如“白加黑”既容易识记又突出了产品的特色。

3. 品牌应简单明了，所使用的文字、图案、符号都不应该冗长、繁复，应力求简洁，给人以集中的印象。

4. 品牌要符合传统文化，为公众喜闻乐见，品牌名称和标志都应特别注意各地区、各民族的风俗习惯、心理特征，尊重当地传统文化。

5. 品牌要符合消费者追求健康的需要，药品的命名需要给人以美好的愿望，要象征着健康，这样才能吸引消费者。如常见的产品名称“感康”、“快克”等。

四、药品品牌策略

（一）统一品牌策略

统一品牌策略，是指企业的各种药品或同类产品都以统一的品牌进入市场。例如中美史克使用“新康泰克”品牌的产品有复方盐酸伪麻黄碱缓释胶囊（新康泰克蓝色装）、美扑伪麻片（新康泰克红色装）、通气鼻贴（肤色型、透明型、儿童型）、喉爽

（四种规格）等几种。

声誉、形象好的企业采用这种品牌策略不仅可以利用原产品在市场上好的影响力，带动新产品上市，大量节省推广费用，而且可以强化顾客对该品牌的印象。而现有声誉、形象一般或较差的企业不宜采用这种策略。一种品牌代表着一定品质的商品，品质相差悬殊的商品亦不宜采用此策略，否则会造成低档产品对高档产品的不利影响，造成品牌品质市场形象模糊，不利于树立鲜明的市场形象。

（二）个别品牌策略

个别品牌策略，也称为品牌多样化，是指一个企业的不同产品采用不同的品牌进入市场。如宝洁公司在中国生产的洗发用品分别采用“海飞丝”、“飘柔”、“潘婷”、“沙宣”等不同的品牌；强生公司的每一产品线上的不同产品均使用不同的品牌。

这种策略的优点是：便于区分高、中、低档各类型产品，以适应市场上不同顾客的需要；即使某一产品失败了，不会影响其他产品的销售和信誉，可提高企业整体在市场竞争中的竞争力和抗风险能力。但是，使用这一策略会增加企业的营销成本，因为每一个品牌都需花费大量的设计及命名、注册与续展、宣传和推广费用。因此规模小的企业或新兴企业不适合采用此种策略。

（三）分类品牌策略

分类品牌策略，是指企业生产经营的各类产品采用不同的品牌进入市场。如中美史克公司，其感冒类产品使用“新康泰克”品牌，解热镇痛类产品使用“芬必得”品牌，假牙护理产品使用“保丽净”品牌，牙膏采用“舒适达”品牌，每一品牌下均有若干种产品，而每一种产品均根据某一特定细分市场设计。

这种策略的优点是，同类产品使用同一品牌，使消费者便于接受同品牌的若干种产品；同类品牌下不同产品针对于不同的细分市场，能够满足不同消费者的不同需求。这就很好地解决了企业生产品种截然不同的产品的品牌问题。

（四）企业商号与产品名称相结合的策略

企业商号与产品名称相结合的策略，是指企业直接用企业名称作为其产品品牌的策略。如：江中制药厂的江中健胃消食片、江中草珊瑚含片、江中博洛克（蚓激酶）、江中痔康片等等，企业名称与产品品牌保持一致，便于消费者识记和企业品牌的推广。

这种策略的优点是，当企业的声誉很好时，有助于迅速推广产品。缺点是任一产品的失败或事故都可能严重影响公司的信誉。例如修正药业的产品，商品名称均与“修正”这一品牌共同使用，如修正牌斯达舒、修正牌唯达宁、修正牌感愈胶囊、修正牌羚羊感冒胶囊等等。2012 年 4 月“毒胶囊事件”曝光后，虽然该企业只有部分产品中检测出胶囊壳中重金属超标，但是也会影响该企业其他产品的销售和信誉。

（五）更换品牌策略

更换品牌策略，是指企业对原有品牌进行更改或更换的品牌策略。这一策略有两种情况，一是在原有品牌的基础上作某些改进更新；二是企业完全废弃原有的品牌，采用全新的品牌。

采用这种策略的原因有以下几个方面：一是原品牌已不适合企业现有的发展状况或原品牌不被消费者认可；二是企业为了使品牌适应新的观念、新的时代、新的环境、新的需求；三是企业希望给消费者以不断创新的感受。例如大家所熟知的“王老吉”凉茶现在已改名为“加多宝”。

品牌决策的各种策略各有其特点，企业可以根据自己的产品特点、财力状况、现有品牌状况等选择适合自己的策略，从而不断促进企业自身的发展。

微案例

哈药六厂的品牌策略

哈尔滨制药六厂是1988年由原哈尔滨制药六厂与哈尔滨制药七厂合并而成。2000年哈药六厂21亿的销售收入中，盖中盖进帐10亿元，严迪则为6亿元。之后，哈药六厂想办法让所经营的产品都用华康这个品牌。华康正是该厂大部分产品的品牌，而盖中盖、严迪仅仅是其注册的药名，但一直以来，在哈药六厂的产品广告中，偏偏弱化了华康。该厂按这种方式运做广告，做一个，成功一个，从没失手。这是卖一个产品，打一个品名，不突出品牌的单品品牌策略。2000年盖中盖广告风波，盖中盖月销量从峰值4亿元大幅跌落，严迪依托广告迅速跟进，基本维持了哈药六厂的正常运转。该厂副厂长杜滨通说：“你又不得不承认这种策略确实成功了。如果盖中盖当初叫华康盖，而严迪叫华康消炎灵之类的话，经此一劫，华康消炎灵绝不可能这么快挑起哈药六厂的大梁。”

第五节　药品包装策略

一、药品包装的分类

《包装通用术语》国家标准（GB4122－83）中对包装的定义为，包装是指在流通过程中保护产品、方便储存、促进销售，按一定技术方法而采用的容器、材料及辅助物等等的总体名称，包括为了达到上述目的而进行的操作活动。这一概念包含两方面的含义：一是包裹商品所用的容器、材料或辅助物等；二是为商品包上包裹物的操作活动。

按包装的层次不同，药品包装可分为内包装、中包装、外包装。

1. 内包装　也叫商品的销售包装，是指以一个商品整体为一个销售单位的包装形式。如独立销售的一盒或一瓶产品。产品销售时有的只有直接与产品接触的包装，如安瓿瓶、塑料瓶、塑料袋等；有的需要在直接接触产品的包装外再加上一层纸盒包装，如药片或胶囊除了直接接触的泡罩或铝箔外，再装入设计好的纸盒中。内包装在生产中与商品装配成一个整体，它以销售为主要目的，随同商品一并销售给顾客。内包装起着保护、美化、宣传和促进商品销售的作用。

2. 中包装 是指若干个小包装组成一个整体包装的包装形式。它是介于内包装与外包装中间的包装形式。如药品为了方便配送和点数，往往把8个或10个小包装用一层塑料膜包装成一个中包装。中包装在销售过程中，一部分随同商品出售，一部分则在销售中被消耗掉。在商品流通过程中，中包装起着进一步保护商品的作用，同时方便商品分拨配送和销售过程中的点数和计量。

3. 外包装 是指商品的最外层包装，也叫商品的运输包装。药品大包装的材料一般为硬纸板。在商品流通过程中，外包装起着保护商品、方便运输、装卸和储存等方面的作用。

二、药品包装的作用

1. 保护药品 避免药品受温度、湿度、光照、空气等因素的影响而变质；同时又在药品储运过程中发挥着防冻、防虫鼠、防破损及有效防止掺杂、掺假的作用。

2. 方便服用、存储和运输 药品是一种特殊的商品，通过适当的包装可以使剂量准确，方便消费者服用，如某些口服液，一小瓶包装即为一次的剂量；对某些液体制剂、易变质药品等通过适当包装也便于存储和运输。

3. 传递信息 药品的各层次包装上印有药品的各种信息。如小包装上能直观地表明产品的组分、主治、适应证及用法用量、禁忌等，方便消费者选购和发药者识别；运输包装上印有各种运输标志，如识别标志、指示性标志和警告性标志等，方便运输者适当组织运输，防止由于运输不当造成药品的损失和对人员的伤害。

4. 便于药品分类管理 药品包装上按照规定印有药品的专有标识或特殊标志，通过药品包装上信息的识别来有效地将药品分类陈列、管理。

5. 利于陈列摆放和促进销售 药品的销售包装一般设计精美，印刷讲究，即方便了在货架上陈列摆放，也起到了一定的促销作用。

6. 增加经济效益 产品包装本身也有价值，能增加企业的经济效益。

三、药品包装的设计

（一）药品包装设计原则

1. 执行有关法律法规 涉及药品包装的法律法规有《中华人民共和国药品管理法》《中华人民共和国药品管理法实施条例》《药品包装、标签和说明书管理规定》《药品说明书和标签管理规定》等。药品包装设计和包装材料选用时，必须在法律法规允许的范围内进行。

2. 满足使用者的需求 不同层次的药品包装有不同的用途，对于内包装，消费者更希望直接能找到用法用量。对于外包装，仓库管理员希望放在仓库里易于识别，很快能找到。

3. 符合企业形象和品牌定位　包装应与商品的价值和质量相适应，应能显示商品的特点或独特风格。要有特色，区别于竞争者的同类药品。

4. 包装装潢应给人以美感　包装上的商标、品牌要醒目，易识别，使消费者在稍远的距离也能辨认，易于购买。包装装潢上的文字、图案、色彩等不能与目标市场的风俗习惯、宗教信仰发生抵触，包装上的文字说明应实事求是。

5. 具有防伪功能　这里所说的防伪功能并不是指在包装上额外加上防伪标志，而是在文字、图形、色彩的设计上做到不易模仿，便于申请专利。单独的文字，或文字和简单色彩的搭配，都较易模仿，只需稍改字体或颜色。因此包装设计应尽可能使用一些独特的图形，如西安杨森药品包装上的分子结构图。

6. 要遵守包装道德　包装设计应维护消费者利益，不应用虚假、误导、欺骗性包装损害消费者利益，进行不公平竞争。

7. 力行节约原则　要杜绝过度包装、夸大包装和无用包装，以节约资源。包装简化了，也可降低售价，提高产品的竞争力。

（二）药品包装设计元素

药品包装上的设计元素包括文字、图形、标志或其组合。根据《中华人民共和国药品管理法》《药品包装、标签和说明书管理规定》等法律法规，每一层次包装上按规定都要有相应的设计元素。不同层次包装上的设计内容见表6－3所示。

表6－3　药品包装的设计元素

包装层次	设计元素
直接接触药品的包装	药品通用名称、适应证或者功能主治、规格、用法用量、生产日期、产品批号、有效期、生产企业等内容。包装尺寸过小无法全部标明上述内容的，至少应当标注药品通用名称、规格、产品批号、有效期等内容。
销售包装	药品通用名称、成份、性状、适应证或者功能主治、规格、用法用量、不良反应、禁忌、注意事项、贮藏、生产日期、产品批号、有效期、批准文号、生产企业等内容。适应证或者功能主治、用法用量、不良反应、禁忌、注意事项不能全部注明的，应当标出主要内容并注明“详见说明书”字样。
外包装	至少应当注明药品通用名称、规格、贮藏、生产日期、产品批号、有效期、批准文号、生产企业，也可以根据需要注明包装数量、运输注意事项或者其他标记等必要内容。

四、药品包装策略

（一）类似包装策略

类似包装策略，是指企业生产经营的所有药品，在包装外形上都采取相同或相近的图案、近似的色彩、共同的特征，使顾客通过类似的包装联想起商品的出处，壮大企业的声势。类似包装策略不仅可以节省包装设计成本，树立企业的整体形象，扩大企业影响，而且还可以充分利用企业已拥有的良好声誉，带动新产品上市，消除顾客对新产品的疑虑，进而有利于新产品销售。但类似包装往往给人以同样的质量的印象，所以，它一般适用于质量水平相近的产品，对于生产不同种类、不同档次的产品，企业一般不宜采用这种包装策略，它容易对优质产品产生不良影响。

（二）组合包装策略

组合包装策略，是指按顾客的特殊需要和消费习惯，企业把一组相关的产品放在一个包装物内。对于药品来说，药品组合包装是指两种或者两种以上具有独立适应证和用法用量的药物制剂组成的包装。如对肺结核病人使用的板式组合包装，即将病人每顿服用的多种抗结核药物的片剂或胶囊，按规定方案和一定剂量压制在同一泡眼状聚乙烯薄膜板上组成的包装，如异烟肼+利福平的组合包装。

（三）分类包装策略

分类包装策略，是指企业根据自己的产品类别情况对不同类别的产品使用不同的包装。例如企业可以对不同档次、不同用途、不同的营销对象的产品设计使用不同的包装。

（四）附赠品包装策略

附赠品包装策略，是指包装物内附赠物品或给顾客一些奖励。有附赠奖券、球票、玩具等多种形式。药品一般不适用此种策略。

（五）再使用包装策略

再使用包装策略亦称为双重用途包装策略，是指包装物在商品用完后，还可做他用，以此给消费者额外的利益，吸引消费者购买。这些包装容器还可成为企业长久宣传的工具。

（六）更新包装策略

更新包装策略，是指企业更换包装设计或采用新的包装材料、包装技术等，对产品原有包装加以改进，以改变原有产品形象的一种包装策略。如将瓶式包装改为易拉罐式包装，将药片的袋式包装改为胶囊式包装，既方便了顾客，又有助于提高企业的经济效益。例如汰渍洗衣液能够在竞争激烈的洗涤用品市场上快速占有10%的市场份额，在一定程度上是因为其容器上新型防漏喷嘴和瓶盖的流行。

【知识结构】

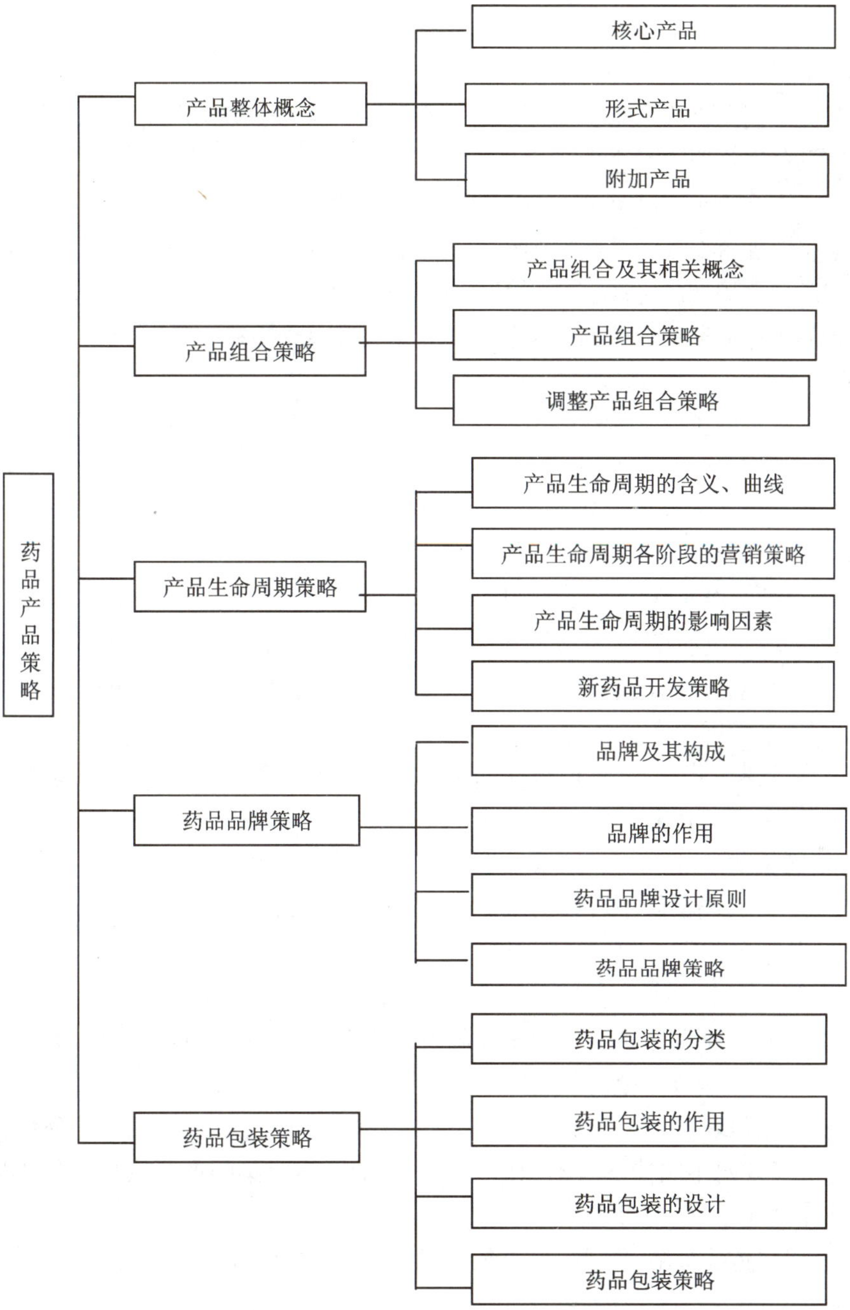

图 6－4 药品产品策略知识结构图

【目标检测】

☆练一练

判断：

1. 某儿童用药做成水果口味，适合儿童服用，这属于形式产品层。(　　)
2. 产品的咨询服务对企业来说是可有可无的。(　　)
3. 企业有多少个产品品种，就有多少个产品项目。(　　)
4. 某企业拥有5条产品线，则该企业产品组合的深度是5。(　　)
5. 产品生命周期就是产品的使用寿命。(　　)
6. 产品生命周期的成熟期，销售量达到最大并趋于平稳。(　　)

单选：

1. 产品组合的长度是指产品组合中（　　）的总数。
   A. 产品项目　B. 产品线　C. 产品大类　D. 以上都不对
2. 企业只生产经营某一种类型的不同产品项目来满足市场需求的产品组合策略是(　　)。
   A. 产品线专业型　B. 有限产品线专业型
   C. 市场专业型　D. 特殊产品线专业型
3. 人们普遍对产品还不熟悉，尚未打开销路，销售量缓慢增长的产品生命周期阶段是(　　)。
   A. 成长期　B. 成熟期　C. 导入期　D. 衰退期
4. (　　)是产品获利的黄金时期。
   A. 成长期　B. 成熟期　C. 导入期　D. 衰退期
5. (　　)是指品牌中可以被识别，但不能用语言称呼的部分。
   A. 品牌名称　B. 品牌标记　C. 商标　D. 品牌
6. (　　)是指企业的各种产品或同类产品都以统一的品牌进入市场。
   A. 统一品牌策略　B. 个别品牌策略　C. 分类品牌策略　D. 更换品牌策略
7. (　　)是指以一个商品整体为一个销售单位的包装形式。
   A. 运输包装　B. 中包装　C. 小包装　D. 外包装
8. 企业主要对不同档次、不同用途、不同的营销对象的产品设计使用不同的包装的策略属于(　　)。
   A. 组合包装策略　B. 分类包装策略　C. 类似包装策略　D. 改变包装策略

☆说一说

1. 什么是产品整体概念，它包括几个层次？
2. 什么是产品生命周期，它与产品的使用寿命有何区别？
3. 产品生命周期的四个阶段各有什么特征？

4. 举例说明你对产品组合、产品线、产品项目的理解。
5. 选择一种药品，说说其包装和品牌设计的优缺点。

☆想一想

案例

康泰克和新康泰克的生命周期

在中美史克的感冒药新康泰克上市之前，占据感冒药半壁江山的一直是康泰克。康泰克曾经稳坐感冒药市场头把交椅，市场份额占到40%。康泰克最早是1961年在美国上市销售，1988年引入中国，成为中国第一个感冒药的合资品牌。

2000年11月16日，国家产品监督和管理局发布了一则《关于暂停使用和销售含苯丙醇胺的产品制剂的通知》，宣布暂停销售含有PPA（苯丙醇胺）的15种产品，而史克公司的康泰克（复方盐酸苯丙醇胺缓释胶囊）正含有这种成分。被用在康泰克和其他一些感冒药中的PPA，有收缩血管的作用，可以缓解鼻塞、流鼻涕等感冒症状。2000年，美国耶鲁大学的一个医学研究小组经过研究发现：过量服用PPA会使患者血压升高、肾功能衰竭、心律失常，严重的可能导致因中风、心脏病而丧生。中国政府出于谨慎的考虑，于2000年11月16日，发布了《关于暂停使用和销售含苯丙醇胺的产品制剂的通知》。

康泰克退出市场后，留下了巨大的市场空间和每年价值6亿元的市场份额。2001年9月4日“新康泰克”（美扑伪麻片）重出江湖，重新占领了中国感冒药市场。2012年9月，国家食品产品监督管理局、公安部、卫生部联合发布了《关于加强含麻黄碱类复方制剂管理有关事宜的通知》。通知规定，产品零售企业销售含麻黄碱类复方制剂，应当查验购买者的身份证，并对其姓名和身份证号码予以登记，除处方药按处方剂量销售外，一次销售不得超过2个最小包装；单位剂量麻黄碱类药物含量大于30mg（不含30mg）的含麻黄碱类复方制剂，列入必须凭处方销售的处方药管理。新康泰克的销售又将受到影响。

问题：

1. 分析康泰克和新康泰克两种药品的生命周期。
2. 药品生命周期受哪些因素的影响？

☆做一做

产品策略综合应用

一、实训目的

通过实训，使学生能进行简单的产品组合策略分析、产品市场生命周期判断与策划，能合理选择运用各种商标策略和包装策略。

二、实训内容

根据所给出的背景材料，请同学们对江中药业股份有限公司的产品策略进行分析。背景材料如下：

江中药业股份有限公司是江中集团核心子公司之一，在中医药片剂生产规模、效益以及制造技术、企业信息化管理、设备管理和科研开发上，均属国内一流水平。经过多年的努力，公司现已拥有总资产6.4亿元，净资产5.2亿元，年经营收入达15亿多元。目前公司形成了江中草珊瑚含片、江中健胃消食片、江中亮嗓、钙添欣多维营养素片、可纯咀嚼片、焕采牌羊胎娇丸等一系列拳头产品，占有相当市场份额，在同行业中居于领先地位。其中，草珊瑚含片、健胃消食片、江中亮嗓为非处方药，钙添欣多维营养素片、可纯咀嚼片、焕采牌羊胎娇丸为保健品。

三、实训步骤

1. 教师布置案例，学生查阅资料并进行分析。
2. 学生分组自由讨论，派代表阐述小组观点。
3. 学生自由辩论，教师评论总结。

四、实训评价（100分）

教师与学生对各小组的实训实施和完成情况进行评估打分，教师进行点评。

1. 产品组合策略：能分析企业的产品组合情况（15分）；能对企业产品组合调整提出合理化建议。（15分）

2. 产品市场生命周期判断与策划：能比较准确地判断或预测产品市场生命周期各阶段（15分）；能制定产品市场生命周期各阶段策略。（15分）

3. 能合理选择运用商标策略：群体品牌策略、个别品牌策略、系列化品牌策略、多品牌策略。（20分）

4. 能合理选择运用各种产品包装策略：类似包装策略、综合包装策略、再使用包装策略、等级包装策略、附赠品包装策略、不同容量包装策略、改变包装策略等。（20分）

第七章　药品定价策略

学习目标

知识目标

1. 掌握药品定价方法和定价策略；
2. 理解药品定价基本方法的计算公式；
3. 了解影响药品定价的内部因素和外部因素。

能力目标

1. 针对某一具体销售中的药品能分析并领会其定价方法；
2. 针对不同具体药品情况能灵活使用不同的定价策略。

第一节　影响药品定价的因素

药品价格是药品市场营销组合中一个十分敏感而又复杂的因素，也是唯一一个能为企业带来收益的因素，它关系到药品的销路和企业的利润，涉及生产者、经营者、消费者和政府部门等各方面的利益。在我国，除了部分药品实行政府指导价或政府定价外，其他90%约12000种药品均由生产经营企业根据市场供求关系自行定价。在定价时，企业必须综合考虑各种影响药品定价的内外因素。

一、企业内部因素

影响药品定价的内部因素包括企业的产品成本、定价目标、营销组合中的其他要素等内容。

（一）产品成本

任何企业都不能随心所欲地制定价格，企业要维持再生产的正常进行，在实际定价中，首先考虑的就是产品成本，它是产品定价的基础。营销学中的产品成本包括药品在生产过程和流通过程中发生的各项开支和费用。根据不同的特征和支出项目，产品成本可分为以下三种类型：

1. 总成本　生产成本加流通费用组成了产品的总成本，根据不同特点它又可分为固定成本与变动成本两部分，也就是说：总成本＝固定成本＋变动成本。

2. 固定成本 在总成本中，不随产品种类及数量的变化而变动的成本为固定成本，如生产厂房、机器、设备等的折旧，市场调研和药品开发费用等。即使企业没有生产，这项费用也依然发生。

3. 变动成本 在总成本中，随产品种类和数量的变化而变动的成本为变动成本，如原材料、燃料、储运费用、销售提成等。

正常情况下，产品的价格应该高于产品的总成本。只有这样，才能以销售收入抵偿生产成本和经营费用，企业也才能有利润，否则，企业将无法长期在亏损的状态下生存。

知识卡

药品价格的构成要素

通常药品的价格是由生产成本、流通费用、国家税金和企业利润四要素构成。价格构成的四个要素是互相联系和互相制约的，四个要素中任何一个要素变化，都会引起价格的变化。如果价格在一定时期是不变的，那么生产成本、流通费用的增减，直接决定着利润的高低。

（二）企业定价目标

企业定价目标是影响企业定价的一个重要内部因素。企业的定价目标是指企业为其产品定价之前，预先设定的、通过价格手段实现的结果。药品企业定价目标应服从该企业的经营目标，是为实现其经营目标服务的。药品企业所处的发展阶段、市场营销环境不同，其具体经营目标也会有所不同，因而也就有不同的定价目标。归纳起来，企业定价目标主要有以下五种：

1. 以维持企业生存为定价目标 如果药品企业生产能力过剩，或面临激烈竞争、市场需求发生变化、药品积压滞销等情况，就需要把维持企业生存作为定价的首要目标。为了使存货出手而确保企业继续经营下去，企业制定较低的价格以提高销售量，尽快回笼资金。当然，这个价格是有底限的，最低界限就是变动成本。只要价格高于变动成本，其价格就能弥补变动成本和部分固定成本，企业就可以继续生产经营。但是，维持生存只能作为一种暂时目标，无利可图的企业是不可能长期存在的，从长远来看，企业渡过难关后仍需设法提高产品价格，否则它最终将会难以生存。

2. 以获取最大利润为定价目标 企业利润是指企业收入减去生产成本、流通费用和税金后的余额。在市场经济条件下，利润是反映企业经济活动效果的重要指标，是企业生存和发展之本，它还直接关系到国家财政收入和企业职工的切身经济利益。获取最大利润往往是企业的主要目的，但根据企业和市场的不同情况而有所区别：

（1）获取短期最大利润 短期的最大利润一般是靠企业实行“高价高利”策略，增加单位药品中所含利润来实现的。选择短期最大利润作为定价目标的企业，其产品在市场上必须处于绝对有利的地位，如独家生产的专利药品可采用高价销售获得高利润。

(2) 获取长期最大利润　在激烈的市场竞争中，企业想保持长期的过高的价格，势必会遇到多方面的抵制或抗议，如竞争对手增多、替代品增加、消费者的抗议、政府的干预等。所以，高价获取长期的最大利润对大多数企业来说是不现实的。长期最大利润更多地取决于合理价格所带来的需求量的增加和营销规模的扩大，追求长期最大利润对企业本身和社会经济的发展都是有利的，因此大多数药品企业通常愿意选择这种定价目标。

3. 以提高市场占有率为定价目标　市场占有率是药品企业的经营状况和其产品在市场上竞争能力的直接反映。在影响企业盈利能力的相关因素中，市场占有率是最重要的因素，市场占有率的提高，一方面使产品的销售量提高，从而使企业利润增加；另一方面使生产批量加大，产生规模经济效应，促使生产成本下降。许多企业采取低价策略而不惜放弃目前的利润水平，其目的就是以较低的价格提高市场占有率。研究表明，市场占有率和盈利能力的变化方向基本一致。如果一个企业的产品有较高的需求弹性，即较低价格能大幅提升销售量，并且成本可随着销售量增长而降低，那么就适合选择这种定价目标。

4. 以药品质量领先为定价目标　为了提高产品质量，企业往往在生产成本、产品开发研究以及促销方面作了较大投入，为了弥补这些支出，就要给自己的产品制定一个较高的价格。而药品质优价高的同时再辅以相应的优质服务，往往就能在消费者心中树立质量最优的形象，从而扩大销售，使药品企业获得高于本行业平均利润以上的高额利润。如果某药品在某一市场上能达到质量最优，可选择质量领先的定价目标。

5. 以适应竞争为定价目标　药品企业之间的竞争无法避免，价格是最有意义和最敏感的竞争手段。许多药品企业在定价时，通常是以对价格有决定影响的竞争者的价格为基础，在广泛收集资料、审慎权衡之后才制定本企业产品的价格。一般情况下，具有竞争实力的企业多采用高于竞争者的价格；竞争实力弱的企业可采用低于对手的价格；竞争实力相当的企业可采用与竞争者接近或相同的价格。

(三) 营销组合中的其他要素

营销组合中各因素之间是相互联系、相互制约的，当其中任何一个因素发生变化时，常常会影响其他因素。因此，营销组合中的其他因素是影响企业定价的第三大内部因素。

1. 产品　产品的价值是其价格的基础，产品价格是其价值的货币表现形式，从根本上说，产品的价格是由其价值决定的，价格往往以价值为中心，围绕价值上下波动。企业对产品定价时，必须考虑产品的价值和其市场特性，诸如产品的质量、声誉、生命周期、流行性、竞争地位等。如果产品的质量高、声誉好、在竞争中处于优势地位，可采取高价政策；反之，只能采取低价策略。

2. 分销渠道　在企业经营过程中，绝大多数生产企业并不是将其产品直接销售给消费者或用户，而是借助于市场营销中介机构，即中间商。一般来说，直销或者中间环节少，零售价格就可较低；中间环节多，零售价格就不得不提高。因此，企业定价时，不仅要考虑最终消费者愿意支付什么价格，还要考虑中间商经营自己产品的费用和利润问题。

3. 促销 促销费用是价格构成的一个重要因素。由于市场竞争的日益加剧及产品的市场不断扩大，促销费用在价格构成中的比重有不断加大之势，促销费用越大，成本越高，价格也就不得不提高。甚至有的保健品的促销费用能占到产品成本的大部分。

二、企业外部因素

影响药品定价的外部因素包括市场需求、市场竞争和国家政策法规等。

（一）市场需求因素

在市场经济条件下，药品价格的高低要受到市场状况因素的影响，市场供求因素对价格的影响主要表现在如下方面：

1. 药品市场供求状况 供给增加，会引起价格下跌；供给减少，会引起价格上升。需求增加，会引起价格提高；需求减少，会引起价格降低。反过来讲，价格上升会引起供给量增加或需求量减少；价格下跌会引起供给量减少或需求量增加。所以，药品企业在定价时，务必考察市场供求状况。药品供不应求时价格要高些，供过于求时价格要低些，竞争激烈时，宜定低价，反之，宜定高价。当然，也存在"买涨不买跌"的情况，虽然药品进行了提价，但人们预期药品的价格近期还会再提高时，销售量反而增加。

2. 需求价格弹性 需求价格弹性反映了药品价格的变化对需求量变化的影响，它是用需求量变动的百分比与价格变化的百分比的绝对比值来表示的。俗话说"薄利多销"，意思是说产品的单价较低，单位产品利润也就较低，但由于带来较大的销量，反而能增加总的销售收入和利润。但现实情况是由于需求价格弹性的不同，"薄利"未必能够"多销"。如果某类药品的价格稍有变化，需求量就会发生很大变化，说明此类药品的需求价格弹性较大，即此类药品的需求量对价格变化的反应是非常灵敏的，对这类药品，企业就可以实现"薄利多销"。如果某类药品价格的较大变化只会使需求量发生较小的变化，说明此类药品的需求价格弹性较小，即此类药品的需求量对价格的反应比较迟钝，对这类药品，企业采用低价或降价的手段意义不大，而采用较高的定价是有利的。这种情况就不适合采用"薄利多销"的营销策略了。

相对于其他商品，药品只有在患者生病时才会购买，需求价格弹性都比较小。一般来说，药品替代品越多、药品重要性越低、临床应用范围越广、消费特征越接近日用消费品，需求价格弹性就越大。

（二）市场竞争因素

"商场如战场"。企业在制定价格时，需要进行药品市场调研，分析市场竞争环境，确认企业竞争优势，这样才能知己知彼，制定相应的价格竞争策略。市场竞争状况可分为以下三种类型：

1. 完全竞争状态　是指在市场上有许多卖者和买者，所有卖者都生产相同的商品，且每个卖者的商品只占商品总量的一小部分，任何一个卖者或买者都不能单独左右该种商品的市场价格，都只是价格的接受者。在完全竞争市场上，企业不能抬高产品价格，否则它的产品就卖不出去。降低价格也没有必要，因为按正常的市场价格，它可以卖出自己的产品。因此在完全竞争市场上，卖者只能按照由市场供求关系决定的市场价格来出售自己的产品，即只能采取随行就市的定价策略。

2. 完全垄断状态　是指在一个行业中某种产品的生产和销售完全由一个卖主独家经营和控制，且这种产品的专用性强，无替代品。在完全垄断的情况下，由于某种产品只有一个卖者，没有别家竞争，这个卖者就完全控制了市场价格，它可以在国家法律和政策允许的范围内随意为产品定价。

3. 不完全竞争状态　不完全竞争是市场经济社会里普遍存在的典型竞争状态，介于完全竞争和完全垄断之间。具体又可区分为垄断竞争和寡头垄断两种状态。

垄断竞争的特点是市场上有两个以上的卖主，少数卖主在一定时间内居于优越地位，各企业之间所提供的产品及服务存在着差异，每个卖主都能够控制其产品的价格，从而成为价格的决定者。

寡头垄断的特点是少数几家大企业控制并操纵某种产品的生产与销售，他们所生产和销售的产品在该行业中占有很大比重。他们相互依存、相互制约，产品的价格不是通过市场供求决定，而是通过各企业之间的协议和默契来决定，任何一个企业都不会轻易调价。

（三）法律法规与政策因素

为维护医药市场价格秩序的正常进行，为企业创造一个公平、合理、竞争的医药市场秩序和环境，国家可以通过行政的、法律的、经济的手段对企业定价及社会整体物价水平进行调节和控制。因此，国家有关的法律法规与方针政策也是企业定价时必须考虑的因素。

第二节　药品定价方法

药品企业制定价格的方法很多，不同的方法反映着企业不同的经营管理思想和目标。选择适合企业产品的定价方法，有利于企业合理制定价格，为实现企业的经营目标服务。这里主要介绍四种定价方法。

一、成本导向定价法

成本是构成价格的基础因素，是企业必须考虑的重要因素。成本导向定价法是一种以成本为依据的定价方法，它一般包括四种具体方法。

（一）成本加成定价法

成本加成定价，是指在单位成本基础上加上一定百分比的加成来制定药品销售价格的方法。其中，加成的含义就是一定比率的利润，加成率就是预期利润占产品总成本的百分比。计算公式为：

单位产品价格 = 单位产品成本 ×（1 + 加成率）

微案例

某药品企业生产的某种药品的产量为 20 万件，所耗固定成本为 400 万元，变动成本为 200 万元，企业期望达到相对于成本的利润率为 15%，则该药品的价格为：

单位药品成本 = 总成本 ÷ 销售量 =（400 + 200）÷20 = 30（元）

单位药品价格 = 单位产品成本 ×（1 + 加成率）= 30 ×（1 + 15%）= 34.5（元）

在成本加成定价法中，加成率的确定是定价的关键。成本加成定价法是一种传统的定价方法，优点是简单易行，特别是在市场环境基本稳定的情况下，可以保证企业获得稳定的利润。缺点是从保证生产者（卖方）的利益出发进行定价的，完全忽视了市场竞争和供求状况的影响，而且加成率的确定缺乏科学性，因此，采用这种定价法制定的产品价格，难以适应市场竞争的变化形势。

（二）目标利润定价法

目标利润定价，是指根据估计的总销售量，以总成本为基础，加上预定的目标利润，计算出单位药品价格的方法。其计算公式为：

单位产品价格 =（总成本 + 目标利润）÷ 预计销售量

微案例

某制药企业固定成本为 400 万元，单位变动成本为每盒 15 元，企业计划实现的目标利润为 220 万元，预计销售量为 10 万盒，则该药品的单价是：

总成本 = 400 + 15 × 10 = 550（万元）

单位药品价格 =（总成本 + 目标利润）÷ 预计销售量 =（550 + 220）÷ 10 = 77（元）

目标利润定价方法较简单，它的优点是可以保证实现既定的目标利润。但是，这种方法利用预计销售量来确定价格，而价格恰恰是影响销售量的重要因素，如果预计销售量与实际销售量有较大出入时，则严重影响了企业的利润。因此，目标利润定价法一般只适用于产品市场占有率很高或具有垄断性质的企业。

（三）盈亏平衡定价法

盈亏平衡定价，是指药品企业以保本为基础参与市场竞争的一种思路，即企业以总成本和总销售收入保持平衡为定价原则，利润为0，不盈也不亏。盈亏平衡定价法实际上就是确定在已知销售量、固定成本、单位变动成本的情况下，把价格定在什么水平上才能达到盈亏平衡（保本）。其计算公式为：

保本价格 = 固定成本 ÷ 销售量 + 单位产品变动成本

微案例

某药品企业的固定成本为15万元，单位变动成本为每盒20元，如果预计销售量为5000盒，则：

单位药品保本价格 = 150000 ÷ 5000 + 20 = 50（元）

即当每盒价格在50元时，企业不亏也不盈。

盈亏平衡定价法的优点是可使企业明确在不亏不盈时的产品价格和产品的最低销售量，为企业的价格决策提供依据。缺点是要先预测产品销售量，销售量预测不准，价格就定不准。这种方法在市场不景气的情况下采用比较合适，因为保本经营总比停业的损失要小，而且企业有较灵活的回旋余地。

（四）变动成本定价法

变动成本定价法以减少亏损为目的，也就是企业只计算变动成本，不计算固定成本，只要单位药品价格大于单位变动成本即可。采用这种定价方法，虽然药品价格高于变动成本的差额不足以补偿固定成本，但可以部分补偿固定成本，因此尽管亏损，但比不生产要少赔一些。如果按这种价格能增加销售量，则亏损可以更少一些。

这种方法适用于市场供过于求，卖方竞争激烈的市场环境，但作为一种权宜之计在短期内可以接受，不能长期使用。

微案例

某药品固定总成本为100万元，变动成本为每盒6元，根据市场调查，由于暂时市场不景气，该药品的市场接受价格为每盒8元，年销售量大概有30万盒，企业是继续生产销售还是暂时停业？

如果继续生产，总成本为：100 + 6 × 30 = 280万元，而收入只为：8 × 30 = 240万元，亏损为40万元。但如果暂时停业，则企业要亏损100万元。因此从变动成本的角度看还要继续生产，它可使企业减少亏损60万元。

课堂互动

某药店每天要支付的固定成本（如房租等）1000 元，变动成本（人员工资、水电等）600 元，因为最近店面前的马路在拓宽改造，还要半年左右才能修好，因此到这里购药的人较少，药店每天的收入只有 1400 元。扣除每天要支付的人员工资等变动成本 600 元，就剩下 800 元了，而房租等固定成本，却要 1000 元，很明显，如果继续经营，药店每天要亏 200 元；但如果不经营，已经支付了全年的房租也不能收回，且按照合同规定不能转租。如果药品涨价，那么就没人来购药了。药店经理困惑了，这样的生意还能做吗？

二、竞争导向定价法

竞争导向定价法是以市场上竞争对手的同类产品价格为定价依据的一种定价方法。对一些市场竞争十分激烈的产品，其价格的制定，不依据成本和需求，只能以竞争对手的价格水平为基础定价，从自身的竞争环境、竞争目标、竞争优势等方面考虑，制定一个最有利于企业获得竞争利益的价格。竞争导向定价法主要有以下三种：

（一）随行就市定价法

是指企业按照行业的平均现行价格水平来制定价格的方法。由于人们常常认为平均价格是“合理价格”，所以容易被消费者接受。这种方法还可以避免挑起竞争，降低竞争带来的风险，能为企业带来合理、适度的利润，是一种简单易行的定价方法。这种方法适合在同质产品市场上使用。

（二）差异定价法

是指企业有意将其药品价格定得高于或低于竞争者价格的方法。采用这种方法的前提是企业的药品有自己的特色和优势，在消费者心目中有独特的品牌形象。这种定价方法在异质产品市场上经常为一些实力雄厚或产品独具特色的药品企业所采用。

（三）投标定价法

投标定价法是通过投标方式定价的方法，其交易过程是：招标者（买主）首先发出公开招标方案，说明招标的内容和具体要求；所有参与竞争的投标者（卖主）在规定的期限内密封报价提交给招标者；然后，招标者进行集中统一开标，并择优确定中标者签约成交。

一般来讲，谁的投标报价最低，谁就能中标。在投标时，投标企业报价高，利润大，但中标机会小；反之，报价低，虽然中标机会大，但利润小。因此投标企业要同时考虑生产成本，目标利润和中标概率，以确定投标的最佳报价。

知识卡

药品的招标采购

为了纠正医药购销中的不正之风，整顿药品市场价格秩序，降低药品的虚高价格，减轻人民的医药费负担，我国医疗机构推行了药品招标采购制度。由采购中心公开发布招标方案和招标品种目录等招标信息。在规定的时间内，采购中心统一受理参加投标的企业报送的资格证明材料。然后，组织招标采购评标专家按照招标方案进行评标、议标和定标。中标企业的价格即为药品中标价格，作为医疗机构实际的采购价格。

三、需求导向定价法

需求导向定价法是指根据消费者对产品价值的主观判断来制定价格的一种定价方法，主要有以下两种类型：

（一）反向定价法

所谓反向定价法，就是以消费者对产品价格的接受程度为基础来制定价格的一种方法。在确定了市场可销零售价之后，生产企业根据批零差价和进销差价来反推出厂价。

出厂价 = 市场可销零售价 − 批零差价 − 进销差价

微案例

根据市场调查，某药品的市场可销零售价为 22 元，进销差价为 1.5 元，批零差价为 1.2 元，则出厂价为：

出厂价 $=22-1.5-1=19.5$（元）

对于这样的出厂价，如果企业觉得有一定的利润空间，就可以列入生产计划；或者在产品质量和出厂价一定的情况下，设法提高效率降低成本来适应市场。反向定价法的关键是企业对消费者认知和理解的价格有正确的估计。

知识卡

药品“零差率”

近年来，我国一些城市已经进行了药品“零差率”的探索和实施。所谓“零差率”是指在社区卫生机构中，将基本能满足居民健康需求的药品实行政府集中采购，统一配送，并以购进价格销售给就诊患者。实施药品“零差率”后，对常见病、多发病使用的基本药品不再加价产生利润，让利给社区居民，利润部分由政府给予补贴。

（二）需求差异定价法

需求差异定价法是根据销售对象、销售地点、销售时间不同而产生的需求差异对商品定价。比如，同样的保健品，企业往往设计实惠的简约包装和华丽的精美包装，制定不同价格以满足消费者的不同需要。药品企业有时还根据大医院、私人诊所、药店等终端的不同，设计不同的包装，制定不同的价格。

这种定价方法并不反映成本的差异，但可以为企业获取尽可能多的利润。企业使用这种定价方法时，要充分考虑消费者的需求、消费者的心理、商品品质、时间差别、地区差别等，灵活运用价格差异，以达到促销的目的。

以上这些定价方法各有不同的适用范围和优缺点，并不存在一个万能通用的定价方法。实践中，定价像许多市场营销决策一样，是一个复杂的、动态的过程，更多的时候是要综合考虑，根据企业的实际情况和发展目标以及对消费者和竞争者清楚明确的认识来偏重于某一种定价方法。

第三节　药品定价策略

知识卡

价格策略对企业来说非常关键和重要。采取什么样的价格策略，取决于企业的实际情况和总体战略部署。当然，企业在进行价格营销决策时，应该尽可能避免发动价格战。单纯的相互比拼低价以赢得市场可能会影响产品的质量，降低企业提高产品研发、创新的动力，从而使企业与消费者利益都受到损害。

药品定价策略是指药品企业在不同的内部条件和外部条件环境下，依据企业的定价目标和相应的定价方法所采取的定价方针和价格方式。药品定价策略的关键在于如何让药品价格既能让购买者接受，又能使企业获得一定的收益。下面介绍几种常用的定价策略和调整策略。

一、新药品定价策略

新药品的定价对于新药品能否打开销路占领市场从而给企业带来预期效益有很大关系。常用的新药品定价策略有以下三种。

（一）撇脂定价策略

“撇脂”的原意是指把浮在牛奶上面那层最好的奶油撇出来。撇脂定价策略又称高价厚利策略，即在新药品上市初期，价格定得很高，以便在短期内就攫取高额利润。

这种策略的主要优点是：远远高于成本的价格，可以在投入期短期内收回研制开发新药品的各项费用，获取较高的利润，弥补药品进入成熟期时大量竞争者可能涌入市场而降低价格给企业带来的损失；较高的价格还可树立高档药品形象，形成品牌效应，从而提高药品的市场吸引力，刺激消费。

撇脂定价策略的主要缺点是：在新产品尚未建立起声誉时，高价策略不利于市场的开发与扩大；因价高利厚，会吸引大量竞争者涌入市场，争夺同一块“蛋糕”。

撇脂定价策略一般适用于市场上没有任何类似替代品、需求价格弹性小、市场生命周期短的产品，对于有专利保护的新药品更有利。

（二）渗透定价策略

渗透定价策略又称薄利多销策略，是指药品企业在新药上市初期，价格定得较低，使新药以价廉物美的形象出现，吸引消费者，迅速提高市场占有率。

渗透定价策略的优点在于：由于价格较低，可以迎合消费者求实、求廉的心理，可以增加销售量，迅速占领市场；低价薄利使竞争者觉得无利可图，可以有效地阻止竞争对手加入，有利于控制市场。

这种策略的缺点在于：由于价格较低，单位产品的利润较少，投资回收期限较长。

这种定价策略比较适合那些潜在市场需求量大、需求弹性大，扩大产量能降低成本的药品。对于那些生产能力较小的药品企业不宜采用这一策略。

（三）温和定价策略

温和定价策略又称满意定价策略，是产品价格定在高价和低价之间，兼顾生产者和消费者利益，使两者都能得到满意的一种定价策略。这一策略的目的是在长期稳定的增长中获得大家都比较认可的平均利润。

温和定价策略既可避免高价带来的竞争风险，又可防止低价带来的损失，企业能在一个相对稳定的市场环境中获取平均利润，并为其他阶段价格水平的基本稳定奠定了基础，价格不会出现较大的波动和失控。其不足之处是有可能造成高不成、低不就的状况，对消费者缺少吸引力，难以在短期内打开销路。

温和定价策略适用于产销比较稳定的产品。

二、折扣定价策略

微案例

某商店采用了一种折扣销售方法，颇获成功。具体方法是这样：先发一公告，介绍某商品品质性能等一般情况，再宣布打折扣的销售天数及具体日期，最后说明打折方法：第一天打九折，第二天打八折，第三、四天打七折，第五、六天打六折，以此类推，到第十五、十六天打一折，这个销售方法的实践结果是，第一、二天顾客不多，来者多半是来探听虚实和看热闹的。第三、四天人渐渐多起来，第五、六天打六折时，顾客像洪水般地拥向柜台争购。以后连日爆满，没到一折售货日期，商品早已售缺。这是一则成功的折扣定价策略。妙在准确地抓住顾客购买心理，有效地运用折扣售货方法销售。人们当然希望买质量好又便宜的货，最好能买到二折、一折价格出售的货，但是有谁能保证到你想买时还有货呢？于是出现了头几天顾客犹豫，中间几天抢购，最后几天买不着者惋惜的情景。

企业为了鼓励顾客大量购买或淡季购买，以减少存货或增加销售额，往往酌情降低商品基本价格以吸引消费者购买，这种价格调整叫做价格折扣。常见的折扣形式有以下六种。

（一）现金折扣

现金折扣就是对在约定付款期内以现金提前付款的客户给予的一种价格折扣。例如，合同规定客户须在30日内付清款项，若10日内就已付清，则给3%的折扣。采用现金折扣可以减少风险，加速企业资金周转，提高企业利润率。

（二）数量折扣

数量折扣是企业给那些大量购买产品的客户的一种价格折扣。其目的在于鼓励客户大量购买，从而降低企业在销售、储运等环节中的成本费用。一般来说，购买数量越多，折扣越大。例如某药品企业规定的数量折扣条件为：一般每盒售价25元，购买100盒以上者每盒20元，购买500盒以上者每盒18元。

数量折扣可分累计数量折扣和非累计数量折扣两种。累计数量折扣是指同一顾客在一定的时期内购买产品累计达到一定数量时，按总量给予的价格折扣。采用这类折扣，可以鼓励客户长期购买本企业产品。非累计数量折扣是指客户一次购买达到一定数量或金额时所给予的价格折扣。采用这类折扣，其目的是鼓励客户一次性大量购买，从而增加销售量，增加盈利。

（三）季节折扣

企业向在销售淡季购买季节性强的商品的顾客给予一定的价格折扣，叫做季节折扣。采用这种策略可以鼓励顾客淡季购买，减轻企业的仓储压力，加速资金周转；还可以使企业的生产和销售不受季节变化的影响，保持相对稳定。

（四）组合折扣

组合折扣是把若干相关药品组合配套出售时而给予的价格折扣。药品企业在运用组合折扣时，配套药品价格要低于单件药品价格之和。组合折扣的优点在于：通过价格差异吸引买主，增加销售量；增加每次交易的成交量，减少交易时间；配套得当，还可以实现以畅带滞，减少滞销品积压。一些保健品往往使用这种折扣。

（五）交易折扣

交易折扣又称中间商折扣，是生产企业根据各类中间商在本企业产品市场营销过程中担负的功能不同所给予的相应的折扣。

（六）推广让价

推广让价又称促销让价，是指在新药品的导入期，为了鼓励中间商积极销售新药品而给予的价格优惠。推广让价一般是给予零售商的，由于零售商单独或与批发商、生产商联合刊登广告，有利于扩大药品企业为其产品开拓市场而支付给其一定的费用。

三、心理定价策略

心理定价策略是指医药企业根据顾客的不同心理，采取不同定价技巧的策略。常见的心理定价策略有以下五种：

（一）尾数定价策略

尾数定价策略又称零头定价策略，即企业给商品定一个接近整数，以零头尾数结尾的价格。如把某种价值接近 10 元的药品定价为 9.9 元，使价格处在较低档次，一方面给人以便宜感，迎合了消费者的求廉心理，另一方面可使消费者觉得企业定价认真、准确、合理，对企业定价产生信任感。需求价格弹性较强的商品适合采用这种策略。

（二）声望定价策略

声望定价策略是企业根据产品在消费者心中一定的品牌效应和“一分钱一分货”的心理，制定高于其他同类产品的价格，并往往有意识地以整数价格的形式出现，以显示药品的名望。这种定价策略一般适用于较为贵重的商品，如高档消费品、礼品等。如将价值为 928 元的贵重药品定价为 1000 元。企业把基础价格定为整数，不仅能够迎合消费者价高质优的心理，而且能使消费者产生高档消费的满足感。消费者购买名牌贵重产品不仅仅是为了消费，主要是为了显示他们的身份和地位，因此，产品价格定得过低，反而不能满足消费者心理的需求。

（三）习惯定价策略

习惯定价策略是指对市场上销售多年的常用药品，按照消费者习惯接受的价格制定价格。对于常年销售的药品，要尽量顺应消费者的习惯价格，不能轻易改变，否则会引起他们的不满，导致购买的转移。即使药品成本提高或发生了通货膨胀，也不宜轻易提价，如确实需要提价，可采用后面介绍的价格调整策略。

（四）招徕定价策略

招徕定价策略是指零售商为了招徕顾客，特意将某几种商品以非常低的价格出售，或是节假日和换季期间对部分商品实行折价让利销售，以此吸引顾客，促进全部商品的销售。

微案例

某药店将一种原来卖200元的补药以80元超低价出售时，每天都有大批人潮涌进店中抢购补药，按说如此下去肯定赔本，但财务账目显示出盈余逐月骤增，其原因就在于没有人来店里只买一种药。人们看到补药便宜，就会联想到其他药也一定便宜，促成了盲目的购买行动。

（五）最小单位定价策略

不同的标价单位往往对消费者的心理影响不同。一般来说，用较小的单位标价，会给人以便宜的感觉，从而促进交易。如某一名贵中药材标价“8元/克”就比“8000元/千克”更容易被消费者接受。

四、差别定价策略

差别定价策略是企业根据不同流通环节、不同地区、不同季节、不同规格、不同包装和品牌等制定不同价格的一种策略。

（一）批零差价策略

批零差价是指批发价和零售价的差异。药品零售企业从药品批发企业购进药品然后出售给消费者的过程中，需要支付一定的流通费用，交纳一定的税金，还应得到合理的利润。这些流通费用、税金和利润之和就是批零差价。

合理制定批零差价有利于调动药品批发企业和零售企业两方面的积极性，也有利于稳定药品的零售价格。

（二）地区差价策略

地区差价是指同一药品在不同地区之间的价格差异。地区差价形成的原因有两个：一是地区间药品运输的流通费用不同；二是由于自然、经济条件不同而造成的社会成本之间的差异。正确制定地区差价，有利于促进社会生产力的合理配置，引导地区之间的药品交流，密切地区之间的经济协作。

（三）质量差价策略

质量差价是指不同质量的同类药品在价格上的差异。品牌优、质量好的药品所耗费的社会必要劳动量大，价值高，因而价格就高，反之价格就低。

微案例

某药品生产企业对某药品制定三种价格：52 元、28 元、9 元，在消费者心目中形成高、中、低三个档次，人们在购买时就会根据自己的消费水平选择不同档次的药品。如果一味地定成一个价格，效果可能就差一些了。一般情况下，如果相邻两种功能相近的药品价格相差大、买主常常会买便宜的；如果价格相差较小，买主倾向于买质量好一些的。

（四）季节差价策略

季节差价是指同一药品在不同季节的收购价格或销售价格之间的差异。如某些中药材的生产和收购季节十分集中，而消费者是常年需要。这就形成了季节性生产和常年消费的矛盾。所以，药品经销企业和生产企业往往都要储存和保管中药材，在这过程中，必然要支出储存、保管和利息等费用，这些费用就形成了季节差价。

合理制定季节差价，有利于药品生产部门合理地安排生产，经营部门有计划地均衡上市，从而保证不同季节的均衡供应，满足人们的消费需要。

五、药品价格调整策略

为适应市场环境的不断变化或者药品企业自身经营目标与条件的改变，企业往往需要适时地进行价格调整。通常有以下三种调价策略。

（一）提价的策略

引起提价的主要原因一方面可能是成本的增加，使企业的利润空间受到挤压，当到达一定程度时，企业不得不考虑提价；另一方面当市场供不应求时，企业可通过提价来调节市场供需。

对企业来讲虽然有充分的理由来提价，但消费者是不欢迎的。为了避免不必要的麻烦，就可以采取“暗涨”的方式。如企业可以采用改变包装或改变商品内在成分的办法以变相提价，如一种药品原来是每盒装 12 包，在保持价格不变的基础上改为每盒装 10 包；或者改进包装装潢后再重新定价，消费者相对容易接受一些。

当企业不得不提高药品的价格，而暗涨又无法解决问题时，就应该采取“明涨”的方式，即直接宣布提价。不过，在实施这种策略前应尽可能深入而广泛地宣传提价的理由，并取得消费者的认同。同时，必须控制提价的幅度，选择合适的提价时间，尽可能不率先提价。

微案例

某品牌中药滴眼液因为历史原因价格一直偏低，而近年来，基础能源价格飞速上涨，使得生产该滴眼液的药材成本上涨了 50% 以上。公司对产品进行了全面的市场调查，调查显示，因为价格低，特别在一类城市的年轻消费者视该产品为低端产品。因此，企业决定一方面提升产品品质，一方面大幅提升价格，同时还进行了强势广告，进行渠道促销。价格提高了，销售量也得到了新的提升，当年的销售额突破一亿，市场占有率超过60%。

（二）降价的策略

一般来说，当企业生产能力过剩、市场竞争份额趋于下降或企业主动扩大市场份额时，往往考虑降价。

降价虽然能给消费者带来更多的实惠，但也并非受到消费者的一致欢迎，有时消费者会怀疑是因为产品质量不好而不容易销售才降价，或认为是一种陷阱。所以，如果企业采用“明降”的方式，即对外明确公布降低产品单价时，要注意做好以下事项：选好降价的理由；确定好降低的幅度；选择合适的降价时间；不要频繁地降价等。这些事项处理不好很可能会影响企业和其产品的形象。

当然，企业也可以采用其他一些“暗降”的方式，如增加免费项目，附赠品，改进药品性能和质量，增加药品的量等。

微案例

杭州某平价药店在开业当天精选了100种日常用药，打出了“不赚一分钱零差价”的宣传旗号，并且请物价部门进行监督。这一措施起到的效果可谓石破天惊，开业3天的总销售额高达150万元，创下了杭州药品零售企业单店销售的历史最高纪录。

（三）应付竞争者调价的策略

在市场竞争中，应对竞争者的调价，必须全面了解竞争者的价格调整目的和可能持续的时间，并及时采取相应的措施。根据实际情况，企业可以采用追随策略，保持与价格调整者同方向的运作，使整个行业保持稳定和谐；也可以与价格调整者反方向运作或者维持原价，寻求和竞争者不同的产品定位和发展空间，或者采取一些非价格竞争手段，以提高消费者对本企业药品的理解价值来应对竞争。

【知识结构】

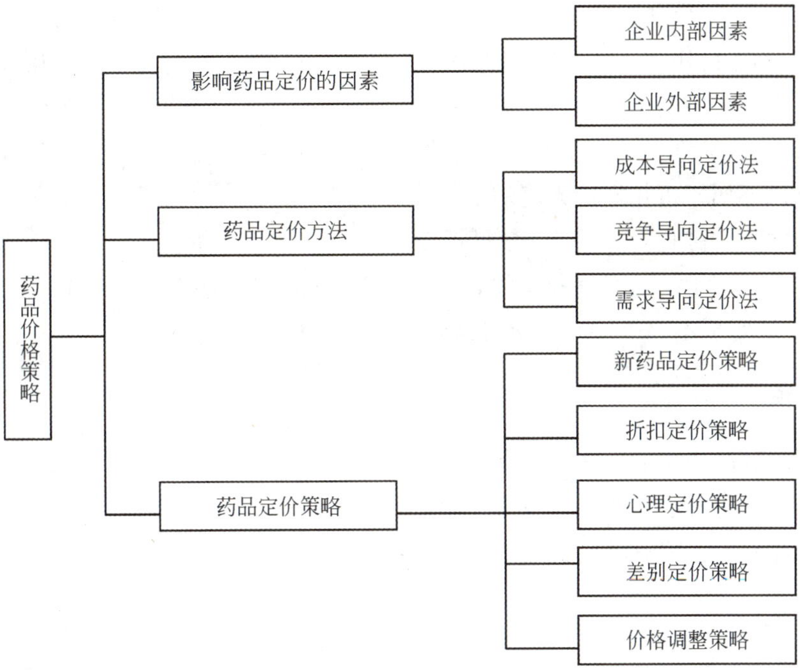

图7－1　药品价格策略知识结构图

【目标检测】

☆练一练

判断：

1. 面对激烈的竞争，企业为了生存和发展，在任何时候都应始终坚持只降价不提价的原则。(　　)

2. 高档消费品采用尾数定价法，可使消费者觉得企业定价认真、准确、合理，对企业定价产生信任感。(　　)

3. 不同的标价单位往往对消费者的心理影响不同。(　　)

4. 在任何情况下，只要产品的价格低于产品的成本，都应该马上停止生产，以免造成更大损失。(　　)

5. 新药品的定价对于新药品能否打开销路占领市场，从而给企业带来预期效益有很大关系。(　　)

单选：

1. 在流通企业，很多商品的定价都不进位成整数，而保留零头，这种心理定价策略称为（　　）策略。

A. 尾数定价　　B. 招徕定价　　C. 声望定价　　D. 习惯定价

2. 为鼓励顾客购买更多物品，企业给那些大量购买产品的顾客的一种减价称为（　　）。

A. 功能折扣　　B. 数量折扣　　C. 季节折扣　　D. 现金折扣

3. 以下属于新药定价策略的是（　　）。

A. 尾数定价　　B. 招徕定价　　C. 撇脂定价　　D. 习惯定价

4. 下面不属于折扣定价策略的是（　　）。

A. 现金折扣　　B. 数量折扣　　C. 季节折扣　　D. 减价折扣

5. 在总成本中，随产品种类和数量的变化而变动的成本为（　　）。

A. 固定成本　　B. 流通费用　　C. 广告费　　D. 变动成本

☆说一说

1. 影响药品定价的因素有哪些？
2. 药品定价方法有哪几种？
3. 药品定价策略有哪些？

☆想一想

案例

面对低价竞争该怎么出手？

某公司甲在美国某类产品市场上属于营销出色的公司，它所生产的产品Q，市场占有率达41%。后来，另一家公司乙推出新型同类产品S，其质量不比产品Q低，每瓶价格却比它低1美元。按照惯例，甲公司面前有三种对策可用：

一是降价1美元，以保证市场占有率；

二是维持原价，通过增加广告和推销支出来与竞争对手争夺市场；

三是维持原价，听任其市场占有率降低。

由此看来，不论甲公司采取上述哪种策略，似乎都输定了。

但是，甲公司的市场营销人员经过深思熟虑后却采取了对方意想不到的第四种策略，就是将产品Q的价格提高1美元，同时推出一种与竞争对手乙的S产品价格一样的产品A和另一种价格更低的产品B。这一策略，一方面提高了产品Q的地位，同时使竞争对手的新产品S沦为一种普通的品牌。结果，该公司不仅渡过了难关，而且利润大增。

问题：

1. 本案例中甲公司运用了什么价格策略？
2. 如果是你会怎样运用价格策略应对竞争对手？
3. 你在该案例中得到了什么启发？

☆做一做

药品定价方法和技巧的运用

一、实训目的

通过实训，使学生针对某一具体药品，能正确分析影响药品定价的因素，选择恰当的定价方法并运用一定的定价技巧。

二、实训内容

根据以下背景资料，帮该企业解决问题：如何为产品制订合理的价格策略去开拓市场与创建品牌？

某药品企业制造出一种新产品——六味地黄软胶囊，其功能主治为：滋阴补肾。用于头晕耳鸣，腰膝酸软，遗精盗汗。该六味地黄软胶囊与六味地黄丸相比，有四大特点：一是它的有效成分含量高，疗效好（软胶囊的主要成分——丹皮酚含量大于0.3%，熊果酸含量大于0.03%，均大于其他同类剂型）；二是它的崩解速度快（软胶囊的平均崩解时限为10分钟，崩解速度明显快于其他同类剂型）；三是易吸收，起效快，生物利用度高（软胶囊内容物是采用水提醇沉、水蒸气蒸馏等先进提取工艺，并利用指纹图谱分析精制而成的一种油状液（脂溶性物），不含生药粉）；四是服用量少、服用方便（1粒/次，2次/日）。

三、实训步骤

1. 以自愿为原则将学生进行分组，6~8人为一组，每组选一人为组长。
2. 按小组由组长分配各自的成员在规定的时间内完成下列调查与分析：定价方法与技巧分析、消费者分析、市场环境分析、竞争对手分析、效果评估、品牌形式与提升等，要求分析全面、正确，人员的分工合理。
3. 根据调查、分析的结果，由各小组成员共同讨论制订合理的定价策略。
4. 所有学生填写实训报告，要求书写规范、认真、准确。
5. 组织交流，每个小组由代表阐述本小组的实施过程及制订的价格策略。

四、实训评价（100分）

教师与学生对各小组的实施情况及制订的价格策略进行评估打分，教师进行点评。

表7-1 教师评估打分表

评价标准	分值100分
1. 能合理地确定产品的成本	15分
2. 能正确分析市场环境	10分
3. 能选择合适的定价方法和策略	20分
4. 能正确分析营销组合中的其他要素	10分
5. 能正确分析消费者需求	15分
6. 能正确分析竞争对手	10分
7. 运用一定的定价技巧，合理、科学	10分
8. 实践报告书写认真、规范，分析合理	10分

第八章 药品分销策略

学习目标

知识目标

1. 掌握医药产品分销渠道选择、管理的方法；
2. 熟悉医药分销渠道的分类和模式；
3. 了解医药产品分销渠道的构成和特征。

能力目标

1. 能根据医药企业营销实际选择适当的分销渠道模式；
2. 能发现具体渠道运营中出现的问题并提出解决问题的对策。

第一节 药品分销概述

一、药品分销渠道及其构成

1. 药品分销渠道 是指医药产品和服务在其所有权转移过程中从生产领域进入消费领域所经历的各种途径。在这个过程中生产者出售医药产品是渠道的起点，消费者购买医药产品是渠道的终点，处于生产者和消费者之间，参与销售或帮助销售的单位或个人称为渠道成员（中间商）。渠道成员主要包括医药批发公司、零售药店、医药代理商、医院和诊所等。

2. 药品分销渠道构成 药品分销渠道由生产者、中间商和消费者构成。在渠道中某些机构可以被取消或代替，但渠道中的职能不能被取消，机构一旦被取消，它的职能将向前或向后一个环节转移，由其他成员承担。消费者市场与产业市场的分销渠道构成不尽相同。

（1）消费者市场分销渠道 如图 8 -1 所示。

（2）产业市场分销渠道 如图 8 -2 所示。

二、药品分销渠道的功能

分销渠道的基本功能是对药品或服务从生产领域转移到消费领域所必须完成的工作加

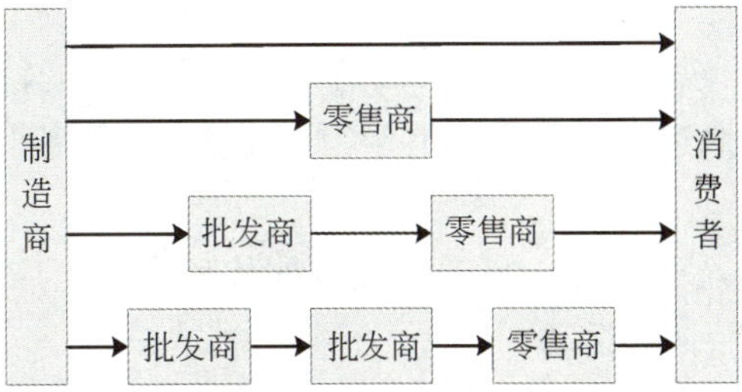

图 8-1 消费者市场分销渠道图

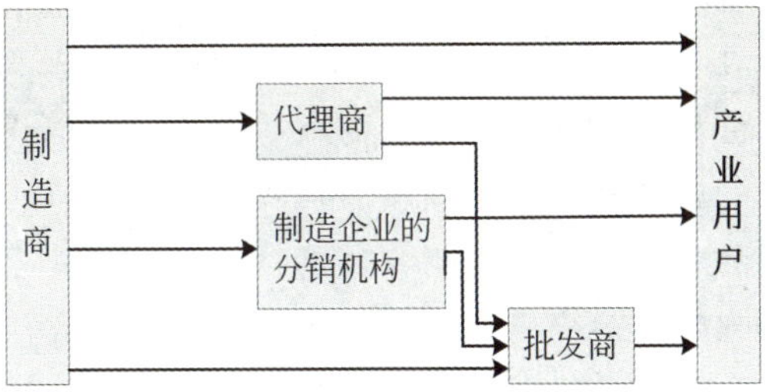

图 8-2 产业市场分销渠道图

以组织，其目的在于消除药品或服务与消费者的分离。药品分销渠道的功能主要表现为：

1. 研究功能 收集制订计划和进行交换所必需的信息。

2. 促销功能 进行关于所供应的药品或服务的说服性工作。

3. 接洽功能 寻找可能的购买者并与之沟通。

4. 配送功能 对所分销的药品或服务进行符合消费者需求所必需的分类、分等、包装、运输、储存。

5. 谈判功能 分销商独立或协助生产商进行药品或服务向消费领域过渡时所必须经过的下一环节的商人谈判。

6. 融资功能 为补偿渠道工作的成本费用而进行的资金筹措和投入活动。

7. 风险共担功能 独立承担与渠道工作有关的全部风险，与生产商共同承担其他相关风险。

课堂互动

1. 药品生产企业为什么不直接把药品卖给患者？

2. 湖北九州通药业的客户群以药品批发商、药品零售商为主，而将医院排除在主要客户之外，为什么？

三、药品分销渠道的特征

由于药品是事关人民健康的商品，为了保证用于防病治病的医药商品在质量上的安全性、疗效的可靠性和使用的经济性，政府用政策与法律手段干预与限制医药商品的流通活动。因此，药品分销渠道有着与一般商品分销渠道不同的特征，主要表现为：

1. 药品一般不能由制造商直接卖给消费者（患者），因此药品分销渠道在模式选择上较少运用零级渠道。

2. 药品分销行业进入壁垒高，渠道各成员如代理商、药店和医院都必须获得药品经营许可证方可进行药品销售活动。

知识卡

开办药品经营企业必须具备的条件：

1. 具有依法经过资格认定的药学技术人员（取得执业药师资格）；
2. 具有与所经营药品相适应的营业场所、设备、仓储设施、卫生环境；
3. 具有与所经营药品相适应的质量管理机构或者人员；
4. 具有保证所经营药品质量的规章制度；

2000年，劳动部明确规定，医药商品购销员、中药购销员、中药调剂员等必须经过国家职业技能鉴定，取得职业资格证书后持证上岗。

3. 处方药的购买选择与决定权被拥有专业优势的医务人员掌握，患者作为药品消费者不具有购买处方药的选择与决定权。因而药品渠道系统的终端客户除了消费者外，更涵盖了医院的医生甚至于药店的店员。

知识卡

现阶段，医院一直是药品分销最主要的终端市场，通过医院销售的药品占整个药品销售的80%，因此逐渐形成药品特有的销售方式——制药公司的医药代表向医生宣传介绍药品、推荐医生进行处方，再向患者进行健康教育，然后将需求信息反馈中间商，由中间商向医院供货。

第二节　药品分销模式

一、分销渠道的模式

（一）直接渠道和间接渠道

这是根据是否通过中间商转卖划分的渠道模式。

1. 直接渠道　是指没有中间商参与，产品由生产者直接销售给消费者的分销渠道。优点：可及时了解市场信息，缩短产品的流通时间，提高企业的经济效益。缺点：增加生产者的营销费用，销售范围受到较大限制，从而会影响销售量。该方式适用于原料药销售。

直接渠道的主要形式有：生产者直接销售产品；销售人员上门推销；通过设店、设门市部销售；邮寄；电话、电视直销；网上销售；与用户、客户之间的合约销售。

2. 间接渠道　是指有一级或多级中间商参与，产品经由一个或多个商业环节销售给消费者的渠道类型。是药品销售采用的主要渠道。优点：减少交易次数，降低了销售费用和产品价格；减少生产者的经营风险；扩大流通范围和产品销售。缺点：延长了流通时间；影响了服务的质量及消费者情况的及时反映。

（二）长渠道和短渠道

这是根据渠道中间环节的多少划分的渠道模式。

1. 长渠道　是指医药产品的生产企业使用两个及两个以上不同类型的中间商来销售自己的产品。其特点是：市场覆盖面大，容易打开产品销路；减少了生产者的流通费用。但削弱了产品的价格竞争力，影响了生产者的决策。

2. 短渠道　是指医药产品在销售过程中只有一个环节或者没有中间环节的分销渠道。其特点是：增强了药品的价格竞争力和生产者的决策力，也有利于医药企业和中间商的合作。但渠道短，市场覆盖面较小，不利于药品的大量销售；生产者承受的市场风险也大。因而对于那些新特药品、进口药品等的销售比较适合。

分销渠道长度模式如图 8 -3 所示。

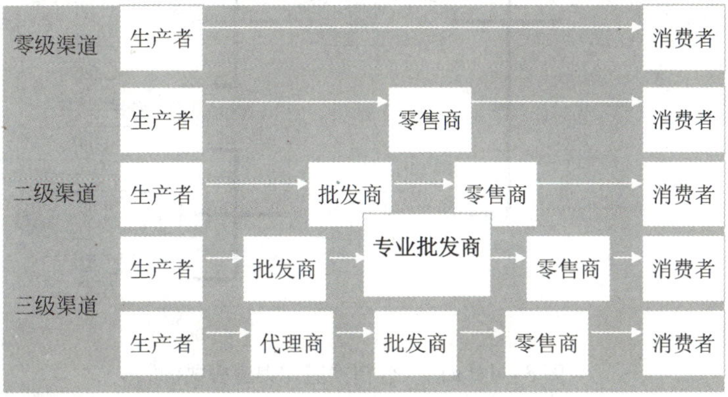

图 8 -3　分销渠道长度模式图

（三）宽渠道和窄渠道

这是根据在同一流通环节中使用中间商的多少划分的渠道模式。

1. 宽渠道　是生产者在每一个流通环节上选用两个以上的同类型中间商销售自己的产品。其特点是：通过多家中间商，可以迅速地把产品推入流通领域；促使中间商展开竞争，提高产品的销售效率。但中间商的忠诚度难以保证，生产者对渠道难以控制。适用于 OTC 药品和普通药品销售。

微案例

强力渠道策略助王老吉“北伐”

在王老吉的渠道和终端推广上，加多宝还开辟了餐饮新渠道，选择湘菜和川菜馆、火锅店作为“王老吉诚意合作店”，投入资金与他们共同进行促销活动。并且把这些消费终端场所也变成了广告宣传的重要战场，设计制作了电子显示屏、红灯笼等宣传品免费赠送。在给渠道商家提供了实惠后，王老吉迅速进入餐饮渠道，成为渠道中的主要推荐饮品。

2. 窄渠道 是生产者在每一层流通环节上只选用一个中间商来销售自己的产品。有时我们将其称为独家销售。窄渠道使生产者与中间商协作关系密切，生产企业对中间商的支持力度大，易于控制、管理。但对中间商的依赖性太强，所承受的风险也大。适用于单位价值高的处方药、进口药和新特药以及大型的医药工业品的销售工作。

分销渠道宽度模式如图 8 -4（a）为宽渠道，图 8 -4（b）为窄渠道。

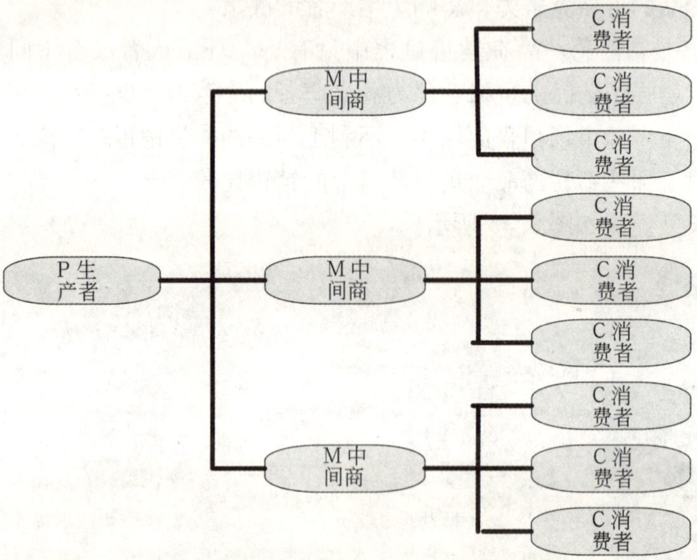

图 8 -4（a） 分销渠道宽渠道模式图

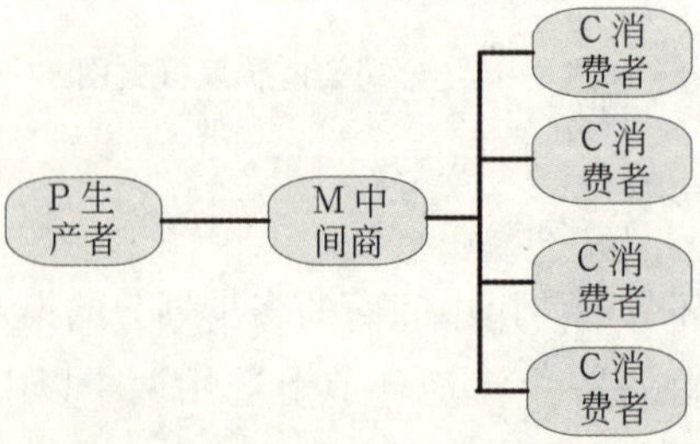

图 8 -4（b） 分销渠道窄渠道模式图

课堂互动

根据国家对处方药的相关政策，销售处方药时适合采用长渠道还是短渠道？宽渠道还是窄渠道？

（四）传统分销渠道和现代分销渠道

这是根据渠道成员之间相互联系的紧密程度划分的渠道模式。

1. 传统分销渠道　是由独立的生产者、批发商和零售商所组成，他们在保持距离的情况下相互讨价还价、谈判销售条件，并且在其他方面自主行事，各自追求利润的最大化而不顾整体的利益。传统分销渠道是一个高度松散的销售组织网络。

2. 现代分销渠道　是指渠道成员为提升渠道竞争能力，采取不同程度的联合经营或一体化经营，共同为顾客服务，以取得规模经济效益。联合的方式主要有三种：

（1）垂直分销渠道系统　是实行专业化管理和集中计划的销售组织网络。网络中的渠道成员为取得经营规模经济和市场效果显著，采取一体化经营或联合经营，其中的一个成员拥有较大的权力，可以迫使其他成员合作。

（2）水平分销渠道系统　是指两个以上的相互无关联的企业自愿联合，以资金或计划共同开拓新的市场营销机会，以实现每一个企业由于缺乏资金、技术、生产或营销资源等而无力单独经营，或惧怕风险，或期望实现最佳协同的效果而实行的暂时或永久性的相互合作。

（3）多渠道分销系统　是指一个企业建立两条或更多的分销渠道以到达一个或更多的顾客细分市场。如手机的销售，除设专卖店外，还可和其他各种手机商店、手机经销商合作，甚至大型超市也可称为分销渠道。

二、药品分销渠道的模式

医药产品按最终使用者的不同，可分为个人消费药品与医药工业品，药品又可分为处方药与非处方药。不同类别医药产品的销售管理方式不同，因而其分销模式各有其特点。

（一）处方药分销渠道模式

1. 制药企业——医院——患者　这是一种制药企业直接把药品销售给医院，再由医院在患者就诊时转售给他们的营销模式。它适用于需要进入医院销售的新特药、进口药、处方药。采用这种模式，企业必须实力雄厚、管理规范，有自己健全的营销网络，能够承担繁重的发货、推广、回款等工作。需要指出的是，这种渠道模式不一定在全国各地都适用，因为大部分地区规定企业生产的药品不能直接进入医院，必须经过当地的医药公司。

2. 制药企业——代理商——医院——患者　通过合适的药品代理商，直接将药品进入当地医院，再由医院将药品出售给消费者。制药企业的销售工作由代理商全权负责，自己相当于一个生产基地。这种模式适合于需直接进入医院销售的一些新特药、进口药、处方药，适合医疗器械类和市场营销能力不足的医药生产企业采用。

3. 制药企业——代理商——医药公司——医院——患者 这是目前药品销售中较为普遍采用的渠道类型之一。适合于需要直接进入医院的处方药、进口药和新特药，适用于整体实力较弱，不能在全国建立销售网络的企业。通常是制药企业首先寻找合适的代理商，通过代理商的销售网络再通过各地医药公司的力量，将药品进入目标医院，制药企业配合医药公司做医院的推广工作，这既解决了制药企业营销能力不足的缺陷，又可满足医院用药品种杂、数量多的要求，是多数制药企业和医院都认为理想的销售渠道。但这种模式渠道长、环节多、价格高，制药企业对渠道的控制力较差。

4. 制药企业——医药公司——医院——患者 这是目前处方药、进口药、新特药营销工作中最为普遍的营销模式。通常是由制药企业与医药公司签订销售合同，由医药公司销往医院，并负责与医院间的货款结算工作。制药企业与医药公司发生直接货、款往来关系，制药企业的药品销售人员帮助医药公司做医院的药品推广工作。这种模式既能保证药品质量，又可避免企业间越演越烈的促销不正之风；制药企业既减少了营销工作量，又能直接了解药品的市场营销情况，也可以在必要时通过自己药品销售人员的促销工作提高药品的销量。

知识卡

我国目前90%的处方药是通过医院销售出去的；
处方药不允许开架销售。

（二）非处方药分销渠道模式

1. 制药企业——药店——患者 是指制药企业直接把药品销售给药店，然后由药店销售给患者。这是营销渠道中较简单的模式之一，利润空间较大。目前一般OTC药物或普药的销售常采用这种模式。采用比模式的企业必须实力雄厚、管理规范，有自己健全的营销网络，能够承担繁重的发货、推广、回款等工作。

2. 制药企业——代理商——药店——患者 即通过一定的代理商将药品销售给药店，再由药店将药品出售给患者。适合于生产OTC药品但实力不足或没有自营销售网络的制药企业。

3. 制药企业——代理商——医药公司——药店——患者 这种渠道适合于单位价值低、销售面广、零售点多而分散的OTC药和普药，适用于整体实力较弱，不能在全国建立销售网络的OTC药和普药生产企业。通常是制药企业首先寻找代理商，通过代理商寻找医药公司，再借助于这些医药公司的销售网络向药店铺货，最后通过药店将药品销售给患者。这种模式虽可借助于中间商的力量实现销售自己药品的目的，但因无法直接接触市场而对渠道的控制力较差。

4. 制药企业——医药公司——药店——患者 即由制药企业自有的销售力量与各地医药公司发生业务联系，并由医药公司自有的药店或其他专业药店向消费者销售药品。这可最大限度地借助于医药公司的销售渠道和销售力量，扩大产品的销售，并且对销售渠道的控制力较强，利润空间也大，同时可较多地参与具体的市场销售活动，了解市场第一手信息，帮助企业做出正确的营销决策，是目前非处方药品最常用的销售手段。

（三）医药工业品分销渠道模式

1. 生产企业——医药生产者 这是一种直销模式，是由生产企业直接向产品下游生产企业供货，适用于数量大、品种单一的产品类型。这是医药原料药企业常用的营销渠道模式。随着互联网技术的发展，企业具体操作时往往通过网络平台交易。

2. 生产企业——代理商——医药生产者 生产企业通过一定的代理商向生产者销售产品。优点是有助于企业扩大市场份额，最大限度地占有分销资源。缺点是企业不能直接与需求者沟通，对市场信息的控制力不够。

3. 生产企业——代理商——医药商业批发公司——医药生产者 这是环节最多、途径最长的一种模式。通常适用于产品数量少、品种多的生产企业。可以充分借助中间商的各种功能促进生产与销售工作的开展，但也容易造成渠道成员之间的矛盾。

4. 生产企业——医药商业批发公司——医药生产者 这是生产企业借助医药批发商力量销售产品的一种形式。

第三节 药品分销中间商

中间商是专业从事商品流通经营活动的企业和个人。中间商作为生产和消费之间的媒介，促成商品交换。中间商有批发商和零售商两大类，批发商又有商人批发商和代理批发商两类，零售商与商人批发商合称为经销商。

一、药品批发商

批发商是以批发经营活动为主业的企业和个人。批发的功能是将购进的商品批量转售给各类为了转卖而进行购买的个人和组织。批发商可以分为三大类：

1. 商人批发商 是指批发商自己进货，取得商品所有权后再批发出售的流通企业，即独立批发商。这类批发商约占整个批发销售额的50%～60%。商人批发商按职能和提供服务是否完全，可以分成两种类型：完全服务批发商和有限服务批发商。

2. 代理商或经纪人 与商人批发商不同的是，代理商没有商品的所有权，其主要职能是为买卖双方提供方便，从销售价款中收取佣金。代理商与生产企业之间的关系是委托与被委托的关系，不是买卖关系。这类批发商约占整个批发销售额的10%。代理商的主要类型有以下五种：

（1）经纪人 没有现货，没有商品所有权，只是受人之托，拿着样品或货物说明书，为买卖双方牵线搭桥，协助谈判，交易成功后向雇佣方收取佣金。他们不持有库存，也不参与融资或承担风险。

（2）生产者代理商　按照生产企业规定的售价、销售地点等销售产品，安排货物贮运，销售后提取佣金，不设仓库，由顾客直接向生产企业提货或由生产企业发货。生产企业可同时委托多个生产者代理商，分别在不同地区销售，企业自己也可同时参与销售活动，代理商也可同时替几个生产企业代理非竞争性的相互关联的产品。

（3）销售代理商　是生产企业的全权独家代理。独立接受委托，负责代理包销生产企业的全部产品，这类代理商有权确定销售价格和交易条件、条款，起到了厂商销售部的作用。一个生产企业在同一时期只能使用一个销售代理商，生产企业也不得再进行其他直接的销售活动。同时，代理商也不能同时代销其他企业的同类或类似产品，一般设置有仓库，负责储运和实物销售。

（4）采购代理商　采购代理商一般与顾客有长期的关系，代他们进行采购，往往负责货物的验收、储运，并将货物交给买主，同时提供有用的市场信息，而且还能组织到最好的货物，争取到最低的进货价格。

（5）佣金代理商　是指对产品实体具有控制力并参与生产谈判的代理商。大多数的佣金代理商从事农产品的代销业务，农场主将其生产的农产品委托佣金代理商代销，付给一定佣金，佣金商人用卡车把货物运到中心市场以较好的价格销售，扣除佣金后将余款退回给农场主。

3. 制造企业销售机构　是指制造企业组建的有相对独立经营权的销售公司。它在国际和国内市场广泛从事本企业产品的批发经营活动的。这类批发商约占整个批发销售额的20%～30%。制造企业销售机构的规模有大有小，独立程度不同。有的可称为接近独立的销售公司，有自己的仓库和庞大的销售网，几乎承担了企业全部的营销职能。

二、药品零售商

零售商是以零售经营活动为主业的企业和个人。零售的功能是向终端消费者直接销售产品或提供服务。目前，零售商店主要有以下8种类型：专用商品店、百货商店、超级市场、方便商店、超级商店、折扣商店、仓储商店（批发俱乐部）、产品陈列室推销店。

医药零售组织主要有以下几种类型：

1. 按医药产品适用对象分类

（1）医药专卖店　针对一些特殊群体而销售药品，销售的品种较单一、规模较小。如计生用品。

（2）医院药房和个体诊所　主要针对处方药的销售。

（3）折扣药店　主要是针对OTC市场而设立，品种多，经营方式灵活。

2. 按医药零售目标市场分类

（1）传统药店　主要经营常用药品。

（2）便利药店　主要经营药品、日用品。

（3）专业或专科药店　主要经营处方药或某一类药品。

（4）平价药品超市　主要是药品低价吸引消费者。

3. 医药连锁经营组织　医药流通领域若干药店，以共同售货或授予特许权等方式联合起来，实现服务标准化、经营专业化、管理规模化，共享规模效益的一种现代医药商业经营方式和组织形式。

4. 网上药品零售组织　网上药店等，利用网络信息技术和药品配送系统，通过网络向消费者提供药品和药学服务，进行药品交易的零售组织。

第四节　药品分销渠道选择

对于医药企业而言，拥有一条适合的渠道网络，使产品能尽快在市场铺开，占领市场，这是提高销量、获取利润较直接的方式。

一、影响药品分销渠道选择的因素

企业决定所用分销渠道的长短、宽窄以及是否使用多重渠道，要受到一系列主、客观因素的制约。具体表现为以下几方面：

1. 药品特性

（1）药品所属类别　OTC 产品价格便宜，使用方便，适宜选择长而宽的渠道，比如大卖场模式、连锁药店模式等各种 OTC 销售模式。

课堂互动

1. OTC 药品的主要零售渠道是药店，制药企业为什么愿意保留医院渠道，并在市场策略和临床推广上给予足够的重视？

2. 比较 OTC 药品销售的平价大药房和连锁药店零售渠道的优缺点。

（2）药品单位价值　单位价值高的药品，销售渠道的环节应少一些，销售途径要尽量短一些；单位价值低、使用面广、量大的药品，宜采用长而宽的分销渠道。

（3）药品的重量和体积　体积和重量会直接影响到运输费用和储存费用。因此，对于体积大或很重的医药产品，产需之间应尽量组织直达供应，应选择较短的分销渠道。

（4）药品的技术性　售后服务要求高的产品，分销渠道要窄。对于技术极为复杂的产品，或者是销售后技术服务非常重要的产品，应尽量由生产企业直接供应用户；如果确需通过中间商推销的，生产部门应设立专门的技术服务网点，以方便用户。

（5）药品的时尚性　时尚性较强的产品，如营养口服液或保健食品，应快产快销，缩短销售渠道，加速产品周转。

（6）医药新产品　为了较快地把新产品投入市场，占领市场，生产企业应加强推销力量，拓宽分销渠道，直接向消费者或利用原有分销渠道销售。

2. 市场特性

（1）目标市场范围　目标市场范围大，例如感冒、咳嗽等常见的普通疾病类药品的目标市场极大，遍及各级城乡市场，患者具有成熟的消费习惯，能快速选择并购买，可选择较短的分销渠道，而处方药可采用较长的分销渠道。

（2）销售的季节性　对一些销售季节性较强的医药产品，一般应充分发挥中间商的作用，以便均衡生产，所以较多采用长的分销渠道。如清凉油、风油精之类，夏季是其销售旺季，市场容量很大，销售时间集中，这时应多采用广泛的分销渠道。

（3）消费者的集中程度　消费者主要集中在某一地区，可采用短渠道或直接渠道，相反，如果消费者分布均匀，则需要更多发挥中间商作用，采用长而宽的分销渠道。

（4）消费者的购买习惯　消费者的不同购买习惯，如购买数量、购地点的不同，都会影响分销渠道的选择。

（5）竞争状况　通常情况下，同类医药产品与竞争者采取相同或相似的分销渠道，若在竞争特别激烈的情况下，可选择特殊的分销渠道。

3. 药品企业特性

（1）企业的生产经营能力　规模大、资金雄厚、生产经营能力强的企业，在渠道选择上主动权大。一般会选择扁平化的短渠道，或自建渠道。如格力空调自建渠道，雅戈尔也以自营店为主；反之，就要考虑渠道的成本因素，多依赖中间商，采取长而宽的分销渠道。

（2）企业的销售管理能力　企业的销售管理能力很强、市场营销经验丰富，同时又具备仓储、运输能力，在这种条件下比较适合采取直接销售渠道。相反，则应尽可能利用中间商进行销售。

（3）企业的财务能力　财务能力差的企业，一般都会采用“佣金制”分销渠道，利用能够并且愿意承担部分储存、运送、商展费用的中间商销售产品。

（4）企业控制销售渠道的愿望　企业控制销售渠道的愿望有强弱之分。如果企业希望控制销售渠道，以便控制药品价格和进行统一的促销，维护市场的有序性，可以选择短渠道；有的企业无意控制销售渠道，就可以选择长渠道。

4. 法律法规　国家相关法律法规有《药品管理法》、医疗保险制度、GSP 认证规定等，均会影响药品分销渠道的选择。如：药品管理法明确规定药品不能直销，通过 GSP 认证的药品经营企业才能销售。

二、药品分销渠道的选择

渠道选择的内容包括：确定渠道模式、确定中间商的数目、规定渠道成员的权利与义务。

1. 确定渠道模式　即决定渠道的长度。企业须根据顾客需求特点，各种限制因素及企业本身战略目标的要求，决定采用什么类型的分销渠道。是通过零售药店销售还是医疗单位销售，或是两者同时进行；是直接销售还是间接销售，是一层渠道还是两层渠道;是利用中间商销售还是委托代理商,或是自己也销售。通常新的医药企业在刚刚开始经营时,因资本有限,只得先用现有的中间商,以当地或某一区域为目标市场,进行销售。

微案例

北京同仁堂为自己开出了渠道整合的药方

北京同仁堂是中药行业著名的老字号,创建于清康熙八年(1669年),其产品以“配方独特、选料上乘、工艺精湛、疗效显著”而享誉海内外。目前,同仁堂已经形成了在集团整体框架下发展现代制药业、零售商业和医疗服务三大板块,其中零售门店800余家,海外合资公司(门店)28家,遍布15个国家和地区。

北京同仁堂已有43个品种进入基本药物目录。国内外中药材市场需求量很大,公司的生产和销售已不能满足市场需求,并计划在未来5年,增加1万名一线生产和销售人才。

北京同仁堂副董事长兼总经理梅群表示,未来5年,北京同仁堂将强化自己的销售终端,以中心城市为主,逐渐覆盖周边城市,并大力发展二、三线城市和海外市场。集团还将利用医改的机会进入医疗市场和社区市场,建立医院和社区医疗中心的院中店,并继续扩大原有的OTC市场份额。

除院中店外,未来北京同仁堂的销售终端还有另外两种主要模式,分别是综合店和设在大型超市商店的店中店。该公司的店中店目前已近1000家,未来5年有望实现翻番。店中店的特点是由公司直营,取消了所有中间环节。

同仁堂股份的销售主要通过经销商进行,公司直接管理一级经销商,由一级经销商负责下游的分销。目前同仁堂股份在全国有100多家一级经销商。

2. 确定中间商的数目 当确定使用中间商以后,企业营销决策者还必须决定在每一渠道层次上使用中间商的数量,即决定渠道的宽度。这主要取决于医药产品本身的特点、市场容量的大小、需求面的宽窄以及企业整体经营目标等因素。根据使用中间商数量的多少,通常有三种类型可供选择:

(1) 密集分销 即寻找尽可能多的中间商,无论谁申请经销自己的药品只要具备相应资格都予以批准,运用尽可能多的分销网点,使渠道尽可能加宽,让每一个潜在消费者都能接触到药品,从而以销售量的扩大取胜。医药市场中的常用药品、保健品、OTC药品都适合于采取这种分销形式,以提供给消费者购买消费上的最大便利。

微案例

先声药业有限公司的渠道建设

先声药业于1995年成立,拥有6家通过GMP认证的现代化药品生产企业,员工3000余人,2012年实现销售收入20.83亿元,实现净利润2.81亿元。

目前,先声药业拥有45种以上药品的强大产品组合,重点覆盖肿瘤、心脑血管、感染等疾病治疗领域。拥有“再林”、“必存”、“恩度”、“英太青”等著名品牌药。其中，英太青2009年成为“NBA中国推广合作伙伴”。由此，先声药业成为NBA在中国合作的首家医药企业。

先声药业在中国拥有广泛的分销网络和专业化的营销团队，近2000名销售人员和近100家战略合作伙伴；大力发展连锁药店，2009年进入全国药品零售百强行列。在中国，先声拥有超过1500家的经销商。产品营销到超过4000家医院以及70000家药店。

(2) 独家分销 厂家在某地仅选定一家中间商经销其产品，通常双方协商签订独家经销合同。所谓独家经销，是指生产企业要求这种经销商不得再经营与之竞争的其他产品。通过授权独家营销，生产企业希望经销商在营销活动中更加积极，而且能够在价格、促销、信用、技术支持、服务方面对中间商加强控制。独家经销是最窄的分销渠道，通常适用于新产品或名牌产品的销售。

(3) 选择分销 是介于上述两种形式之间的分销形式。即利用中间商的数量不止一个，但对有意经营企业药品的中间商并不全部都加以利用，而是有条件地精选其中几家经销自己的药品。无论是成立已久、信誉良好的企业，还是想以承诺采取精选式销售以吸引经销商的新企业，对于大多数医药产品而言，都可利用这种形式的渠道。这样企业不必再为为数众多的经销者包括那些不肯协调动作者而耗费精力。同时企业又能与精选的经销商逐渐形成良好的合作关系，并可指望其努力销售以提高企业销售的水平。总的好处是它比独家经销方式的市场覆盖面宽，有利于扩大销路、开拓市场，促使经销商间展开销售竞争；又比密集分销方式节省费用、成本较低，并容易控制中间商的销售活动，不必分散太多的精力。

3. 规定渠道成员的权利与义务 其主要内容有价格政策、销售条件、经销区域或特殊服务等。如对不同地区、不同类型的中间商和不同的购买量给予不同的价格折扣，提供产品质量保证和价格保证，以促使中间商积极进货。同时，还要规定交货和结算条件，以及彼此为对方提供的服务项目，如配备医药代表、协助促销等；销售方提供市场信息和各种业务统计资料，保证实行价格政策，达到服务水平等。在医药企业与中间商签约时应包括以上内容。

第五节 药品分销渠道管理

药品分销渠道的管理实质就是要解决分销渠道中存在的矛盾冲突，提高分销渠道成员的满意度和积极性，提高渠道的协调性，提高分销的效率。

一、药品分销渠道的建设

(一) 寻找渠道成员

不同的医药企业招募能力不同，有些企业能轻易地找到特定的医药分销商，并让他为其服务；而有的企业必须费尽心思才有可能找到比较符合要求的医药分销商。在经销商的选择上，制药企业必须结合自身综合因素以及拥有的资源来进行分析决策，企业自身的综合实力、营销战略、产品线的广度、宽度、深度以及相容度、产品的定位、目标客户群体等各方面都应考虑周全，找到最适合自己的经销商。主要包括三个方面：

1. 基本资料 主要指中间商最基本的原始资料，如名称、地址、电话、经营药品的证照以及法人代表的相关信息，如姓名、年龄、籍贯、学历、兴趣爱好、职称、科研成果等详细信息。

2. 经营特征 包括中间商的经营理念是否与自己的经营观念、目标基本一致，是否有共同愿景；信誉和知名度的高低、预期合作程度如何、对企业产品的熟悉程度；规模和资金实力等经营销售方面的内容。

3. 业务状况 包括中间商的网络覆盖和掌控能力，经销竞争产品的情况，其他条件如销售体系的组织架构和销售队伍的人员素质、营业面积、仓储和运输能力及地理位置等。一般说来，中间商的实力越强，销售成功的概率也就越大。生产企业应首先选择实力较强的中间商。

（二）培训渠道成员

医药企业对渠道成员进行培训的目的在于增强医药分销商对本企业的信任度，提高其营销水平，扩大本企业产品的销售，提升销售业绩，建立与医药分销商稳定、持久的战略伙伴关系。围绕这一目标，医药企业对医药分销商的培训内容主要包括以下几个方面：企业形象宣传、产品知识培训、销售政策培训、营销理念培训等。培训形式有内部培训和外部培训两种：内部培训包括企业销售人员拜访洽谈、集中演示、会议交流等；外部培训通常是由企业委托专业培训公司来进行，例如销售管理培训、销售技巧培训等，用以不断提升经销商素质和内部管理水平。

知识卡

窜货及其治理

窜货就是某一经销商超越自己销售区域范围的限制，将产品销往其他经销商的销售区域中。遏制窜货的对策：第一，企业要合理划分各经销商的专营区域，并与经销商签订协议明确规定不得跨区销售，对违规的经销商要采取警告、罚款甚至取消经销权；第二，实现产品外包装区域差异化。

二、药品分销渠道的评价

1. 建立经销商档案，进行分级管理 经销商档案信息主要包括：地区及城市、客户名称、联系人、联系方式（电话、传真、通讯地址、E—mail 等）、销售员人数、销售区域、上年度营业额、公司成立时间、注册资金、员工人数及本企业产品在该公司的营业额和比例等基本信息，再根据经销商所在地区的地理经济环境和销售状况分级，能使有限的企业资源投入得到有效配置。

知识卡

客户 ABC 分析法

据销售量及回款额的大小确定客户的不同地位：A 类重点客户（占累计销售额或回款额的75%）；B 类客户（占20%左右）；C 类所占销售比例较小。

2. 评价经销商销售动态 第一，每周、月的进销存管理，保持合理的购货频率及科学库存。第二，每月、季度销售分析，包括销售流向、销售价格、销售完成进度等数据分析。第三，回款管理，及时跟踪经销商资金周转，加快回款，减少货款风险。

3. 检查经销商的履约能力 为了能使中间商有效合作，及时掌握中间商履行约定的情况，生产者有必要经常检查中间商，以一定标准衡量中间商的表现程度。检查的标准是生产者与中间商约定的项目，通常包括：销售额完成情况；销售增长情况；产品的销售范围及占有率；向顾客交货的速度快慢；平均存货水平；对损坏或损失商品的处理；对顾客服务的表现；在促销及员工训练方面的合作程度等。

三、药品分销渠道的维护

1. 激励经销商 对渠道结构中的中间商，应以激励为主，使之不断提高业务经营水平。激励渠道成员应本着互利互助的合作精神，对经营业绩好的中间商应及时予以奖励，以争取建立长期合作关系。对中间商的激励方法很多，常用的有以下几种：

（1）根据市场需要及时向中间商提供适销对路的药品，并协助其做好相应的药品市场开发工作。通常 OTC 药品需要做大众促销工作，处方药品生产企业通常需派专业营销人员做相关医院的销售推广工作。

（2）制定合理的药品价格与折扣政策。合适的药品价格不仅有助于市场销售，而且会使中间商获得相应的利润。因而在制定价格时充分考虑企业成本与消费者的承受能力，同时根据实际销售业绩，给予中间商合理的价格折扣（通常有累计折扣和数量折扣两种）是鼓励中间商积极销售本企业药品的有效手段。

（3）设立合理的奖惩制度，鼓励中间商多销货早回款。通常做法是：当中间商销售药品累计到一定数量后给予它一定数量的返利；或是当经销商当月回款时也给予一定数量的返利。相反，当中间商没有达到合同约定的销售量或不按期回款时，则给予一定的惩罚。

（4）对于 OTC 药品，可通过生产者负担广告费用，或者与中间商合作广告等形式，扩大企业和药品的知名度，以促进市场销售。对于处方药品，生产企业有能力时可负责医院推广工作，或者由中间商负责医院的推广工作而生产企业负担相应的费用，以促进医院使用。

（5）药品生产企业可提供技术指导、宣传资料、举办药品展示会、指导商品陈列、帮助零售商培训销售人员或邀请中间商派员参加生产企业的业务培训等工作，来支持中间商开展业务活动，提高专业水平，改善经营管理。

2. 协调与渠道成员的关系 如何处理好生产者与中间商之间的关系，使二者之间保持较高的亲和性，是生产者销售成功的关键。生产者在处理中间商关系上通常有三种做法：

（1）合作　生产者与他们的中间商建立合作关系，一般采取两方面措施：一方面利用高利润、奖赏、津贴、合作推销折让、销售竞赛等办法，激励中间商的推销热情和工作积极性；另一方面对表现不好或工作消极的中间商，则降低其利润率、减少为他们所提供的服务，甚至终止双方关系等来强化激励措施。

（2）合伙　生产者通过与中间商签订协议，建立起一种“利益共享、风险共担”的合伙关系。在协议中必须明确双方的责任和权利，如规定中间商的市场覆盖面，产品可得性、市场开发、寻找顾客、技术方法与服务、市场信息等各种因素来衡量。企业希望经销商能同意上述有关政策，并根据其遵守程度的具体情况确定付酬办法。例如，某生产者根据协议向中间商付25%的佣金并将25%的佣金分配在各项约定中：①如能保持适当的存货水平付5%；②如能完成销售定额再付5%；③如能向顾客提供有效服务再付5%；④如能正确报告顾客购买水平再付5%；⑤如能适当管理应收账再付5%。

（3）分销规划　通过建立一个有计划的、实行专业化管理的垂直市场营销系统，把企业的需要与经销商的需要结合起来。企业可在市场营销部门下设一个分销关系规划处，负责确认经销商的需要，制定交易计划及其他各种方案，以帮助经销商以最佳方式经营。该部门和经销商合作确定交易目标、存货水平、商品陈列计划、销售训练要求、广告与销售促进计划。企业借助该部门的上述活动，可以转变经销商对企业的某些不利看法。

【知识结构】

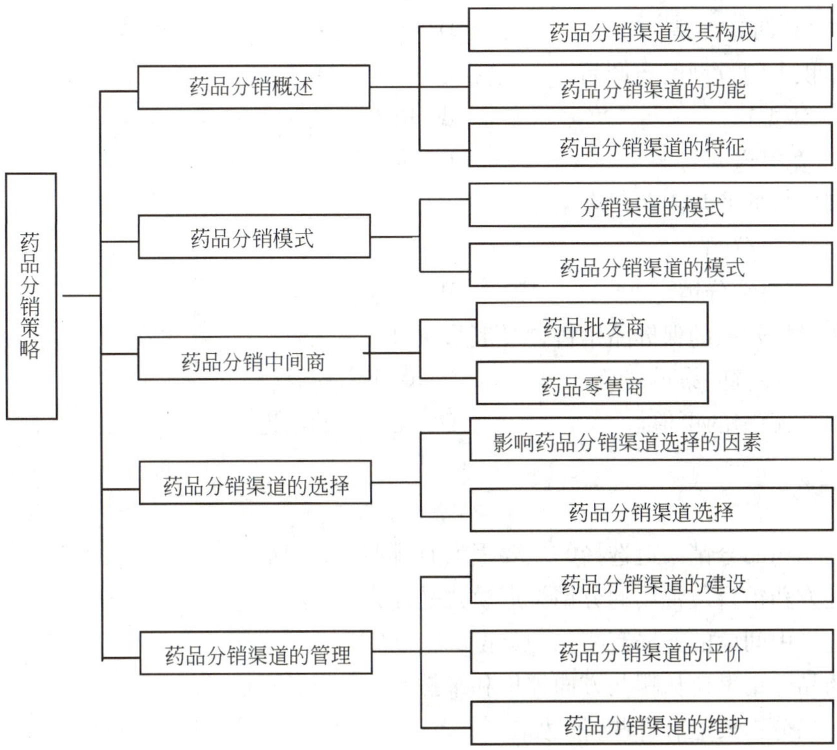

图8－5　药品分销渠道策略知识结构图

【目标检测】

☆练一练

单选：

1. 医药产品分销渠道是指（　　）
   A. 促销手段　　B. 消费者购买能力　　C. 个人销售行为
   D. 取得这种医药产品和服务所有权的商业组织和个人。
2. 医药产品到达目标消费者的过程中，其中间商所起的作用是（　　）
   A. 盈利作用　　B. 促进作用
   C. 桥梁作用和过滤器作用　　D. 无作用
3. 医药产品分销渠道最短的是（　　）
   A. 直接分销渠道　　B. 间接分销渠道
   C. 其他分销渠道　　D. 代理商渠道
4. 医药产品分销渠道短渠道的中间环节一般有（　　）
   A. 0 ~1 个　　B. 1 ~2 个
   C. 2 个以上　　D. 3 个以上
5. 医药代理商的功能是（　　）
   A. 结合、沟通　　B. 管理、融资
   C. AB 两者都是　　D. AB 两者都不是
6. 体积大的重型医药产品，一般应采用（　　）
   A. 短渠道　　B. 长渠道
   C. 宽渠道　　D. 窄渠道
7. 面广价低的常用药适合采用（　　）
   A. 独家分销　　B. 选择性分销
   C. 密集性分销　　D. 代理型分销
8. 时尚性较强的保健品销售，一般采用（　　）
   A. 短而宽的渠道　　B. 短而窄的渠道
   C. 长而窄的渠道　　D. 长而宽的渠道

☆说一说

1. 影响药品分销渠道选择的主要因素有哪些？
2. 处方药销售最常用的分销渠道模式是什么？
3. 选择中间商的方法有哪几种类型？
4. 药品分销渠道从哪些方面评价和维护？
5. 药品分销渠道有哪些特征？

☆想一想

案例

盘龙云海药业有限公司

1995年，云南盘龙云海药业有限公司在选定排毒养颜胶囊这个产品项目之初，就把渠道网络的建设与发展放在首位。公司高层领导坚信，企业建立稳定广泛的市场网络，是企业和市场共存与互动的基本建设项目。企业一旦建立并拥有一定程度的物流渠道网络和信息渠道网络系统，企业与市场的互动就会显得非常积极。

2000年9月，公司董事长焦家良先生在展望21世纪企业发展前景时指出，我们的渠道网络系统无形资产价值为5个亿，因为我们5年来在全国建立了65个市场部，这些市场部遍及全国23个省，到目前为止，有超过100个地（州）的药品批发和媒介信息单位与我们建立了良好的合作关系。对这个系统的有效利用，我们的新产品可以在一个月以内在全国1000多个零售点上柜，也可以在一个月以内在全国100多个地（州）的媒介同时发布产品信息。

2000年上半年，盘龙云海药业有限公司与美国Metabolife签定了双方渠道网络资源共享的合作意向。Metabolife在美国所有大型百货商场均设有专柜，销售名为Metabolife356的产品，单一产品年销量为12亿美元。面临世纪之交，中国加入世贸组织的新形势，Metabolife很看好中国市场。它之所以选择与盘龙云海药业有限公司合作，首先看中的是多年来盘龙云海药业有限公司苦心经营而且运转高效的渠道资源。实现资源共享后，盘龙云海药业有限公司可通过在美国的保健食品营销渠道，进入美国市场，在21世纪实现新的发展，创造美好明天。

问题：

1. 分析盘龙云海药业有限公司的分销渠道构成情况。
2. 该公司选择分销渠道的原则和影响因素有哪些？
3. 如果你是该公司的营销人员，你会在分销渠道策略方面向公司提出什么好的建议？

☆做一做

药品分销渠道选择与管理

一、实训目的

通过实训，学生能提出选择与管理企业分销渠道的合理化建议。

二、实训内容

某制药企业生产“六味地黄丸”，其规格为200 丸/瓶，服用后无需特殊的要求，价格适中，有效期5 年，运输中不易损坏，且该药处于成熟期，市场形势比较景气，目前市场的顾客数量多但地点分散，且购买数量少，购买频率高。企业的资本实力一般，计划提高研发能力，所以考虑增加批发商、零售商的合作关系，而相应地减少流通领域的投入。

三、实训步骤

1. 将学生分为每6～8 人一组，对上述医药企业进行“六味地黄丸”分销渠道选择和渠道管理的策划。

2. 每小组选1～2 名代表将其策划简要介绍。

3. 教师和学生共同评价。

四、实训评价（100 分）

1. 选择分销渠道（60 分）

（1）考虑影响分销渠道选择的因素：顾客的需要和购买行为、产品自身的特点、产品盈利能力。（20 分）

（2）选择分销渠道类型：传统渠道：直接渠道与间接渠道、渠道的长短、渠道的宽窄；垂直渠道系统：直营式垂直渠道系统、支配式垂直渠道系统、契约式垂直渠道系统。（20 分）

（3）确定所用中间商类型并选择具体的中间商：是批发商还是零售商？什么样批发商和零售商？用不用代理商？具体选择那些中间商？（20 分）

2. 进行渠道管理（40 分）

（1）确定中间商符合要求。（20 分）

（2）有效激励渠道成员，减少生产企业与中间商的矛盾。（20 分）

第九章　药品促销策略

学习目标

知识目标

1. 掌握药品人员促销、广告、营业推广与公共关系的特点及策略；
2. 理解药品促销、促销组合的含义；
3. 了解影响促销组合的因素。

能力目标

1. 能分析具体企业药品促销组合策略的优劣；
2. 能针对具体药品提出促销策略的建议。

第一节　药品促销与促销组合

一、药品促销

（一）药品促销的含义

药品促销，是指药品企业在符合国家法律法规的前提下，将药品的相关信息通过人员或非人员的方式传播给目标消费者或客户，帮助和说服其了解、注意药品，激发其购买欲望，并促使其最终实现购买行为，从而使企业获利的市场营销活动。其概念中包含以下几层含义：

1. 药品促销的特殊性　药品是特殊商品，与人的生命安全息息相关，其研制、生产、销售和使用都和普通商品有着诸多不同，受国家相关法律法规的严格限制。因此，企业在制定促销策略和促销活动时必须多加注意，应使用合法的促销方式达到企业获利目的。

2. 药品促销的目的　就是让消费者或客户了解、接受药品，并使其购买本企业药品，从而使企业获取利润。

3. 药品促销的本质　就是沟通，企业通过各种方式将药品信息传递给目标消费者或客户，同时获得目标消费者或客户的需求信息，实现药品企业和消费者之间的良好信息沟通，弥补产品策略、价格策略、分销策略等方面的不足，加快商品流转和资金回笼。

4. 药品促销的对象 药品企业除了需要将购买者作为重要的信息传递对象外，还需要将医生作为重要的信息传递对象。因为大部分药品，尤其是处方药，都是由医疗机构的医生通过处方开具给患者购买的。

5. 药品促销的方式 包括人员促销和非人员促销两大类。人员促销是由企业的推销人员与目标消费者或客户进行面对面的沟通，说服其购买。非人员促销是由企业运用广告、药品推广、公共关系等方式促使目标消费者或客户熟悉了解药品，进而产生购买行为。

（二）药品促销的作用

1. 传递信息，加速沟通 进行有效的药品促销活动，可以增强消费者或客户对药品功能和服务价值的了解；另一方面，通过对消费者或客户反馈意见的跟踪记录，企业可以了解和掌握消费者或客户不断变化的需求状况。因此，信息的传递是争取顾客的重要环节，可以加强医药企业与合作者、顾客之间的关系、强化分销渠道各环节的分工协作，加速商品流通。

2. 影响需求，引导消费 通过有效的促销活动，可以将消费者的需求引导到本企业产品上来，实现产品销售，尤其是同类产品众多，竞争异常激烈的非处方药市场，其影响作用更加明显。

3. 突出药品特点，促进销售 在医药市场，特别是非处方药市场中，各企业的同类药品之间差别很小，消费者往往很难区分，使得其选购药品的难度加大。医药企业可以通过恰当的促销活动，将本企业药品的特点突出宣传，让消费者了解其产品相对于其他药品的优点，认识本企业药品可以带来的益处，从而更快做出购买行为，实现产品销售。

4. 树立企业形象，提高企业声誉 消费者对形象好、声誉高的企业及其产品普遍有好感，并且愿意购买这些企业的药品。合理有效的促销活动可以树立企业和产品良好的形象，在公众间创造良好的人际关系，提高企业知名度和声誉，增强消费者对企业的信任感，逐渐成为企业的忠诚顾客。

二、药品促销组合

（一）药品促销组合的含义和方式

1. 药品促销组合 就是药品生产企业或药品经营企业根据促销的目标要求，结合本企业药品的特点，在促销预算约束下，有计划地综合运用人员促销、药品广告、药品推广、公共关系等促销方式所形成的一种整体的促销措施。企业在营销活动中，根据其营销目标，可以采用单一促销的方式或多种促销方式，也就是制定合理的促销组合策略。

2. 药品促销组合方式 企业为了有效地与购买者沟通信息，促进药品销售，可以使用人员促销、非人员促销两大方式，其中非人员促销又包括药品广告、药品推广、公共关系三种方式。推销员面对面地说服消费者购买药品，广告传递企业及药品的有关信息，药品推广吸引消费者注意，公共关系提高企业和产品的知名度。不同的促销方式有着不同的优缺点和营销目标，见表9－1。

表9－1 不同促销方式比较

促销方式	优点	缺点	营销目标
人员促销	反馈及时、灵活性强、针对性强	成本高、覆盖范围有限	与顾客建立良好关系
药品广告	传播范围广、人均成本低、生动形象	传递信息量有限、针对性差、总成本高	提高企业及产品知名度
药品推广	吸引力大、见效快	接触面窄、只能短期使用	短期内增加销售量
公共关系	影响面广、可信度高	效果可控性差	树立良好企业形象

（二）影响药品促销组合的因素

要准确选择一种或几种促销方式，确定合理的促销策略，将企业所拥有的资源进行有计划的系统的协调分配，实现促销方式的最佳组合，必须在考虑各种促销方式的优缺点的同时，把握影响促销组合策略的各种因素。这些因素包括：

1. 促销目标 促销目标是医药企业进行促销活动所要达到的目的，是其促销行动的指向标。促销目标根据企业整体的营销目标制定，医药企业在不同时期、不同市场环境下都有其特定的促销目标。促销目标不同，所需要的促销方式、促销组合也不同，企业要根据实际情况结合其促销目标选择促销方式和促销组合。

2. 企业促销预算 促销预算是医药企业为从事促销活动而事先确定支出的费用预算，它支撑着企业的促销活动全过程。促销预算的多少,直接影响促销组合的制定。一般来说,广告的费用较高,人员促销次之,药品推广较少,公共关系的费用最低。但在不同时期不同市场状况下它们的促销效果也是不同的。这就要求医药企业在选择促销方式时综合考虑各种影响因素,制定出最佳促销组合,力求做到以最少的费用取得最好的促销效果。

3. 促销总策略 促销策略从总的指导思想上来讲，会表现出“推式策略”和“拉式策略”两种，如图9－1。医药企业对其选择会影响各种促销方式的协调分配。

（1）推式策略 是指生产企业通过各种促销方式将药品推销给药品批发商或代理商，由药品批发商或代理商将药品向医院或药店积极推销，最后由医院或药店将药品推销给消费者。在推式策略中，产品实物的流动方向和促销活动的方向一致。

（2）拉式策略 是指药品生产企业采取促销方式直接针对消费者进行产品推荐，以刺激消费者对药品的需求进而向医院或药店求购，医院或药店在消费者需求的拉动下，转而向医药批发商或代理商求购，医药批发商或代理商继而向药品生产企业求购。在拉式策略中，促销活动往往越过流通环节的中间商，直接针对消费者，产品实物的流动方向和促销活动的方向有差别。

4. 市场特点 面对不同的目标市场,企业应采取不同的促销方式。如在市场范围

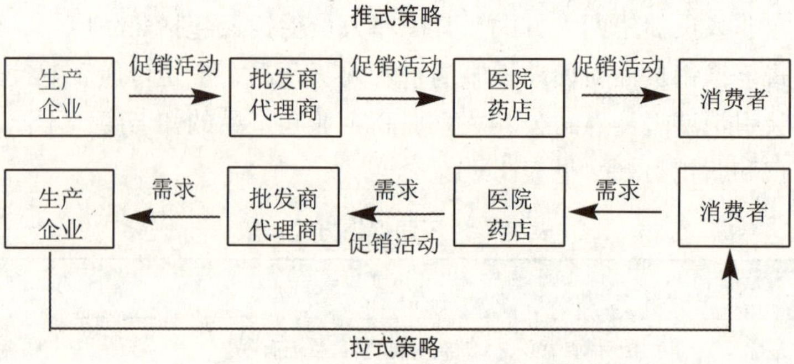

图 9-1 推式策略和拉式策略图

广、购买者多而分散、产品技术性不强的情况下，应以广告、药品推广为主要促销手段，同时配合以药品推广；若购买者人数少而集中、产品技术性强的，则多以人员推销为主。

5. 药品类型 针对处方药和非处方药，消费者和用户的购买行为和购买过程及影响因素都有所不同，因而医药企业所采取的促销组合也应有所区别。非处方药的购买者往往就是决策者，购买者专业知识较少，影响因素较多，广告一直是影响消费者购买的主要促销方式，医药企业在制定促销组合时主要在广告、药品推广、人员推销等促销方式之间组合使用。处方药的决策者往往是医疗机构的处方医生，购买者只能按照医生处方购药，制定促销组合时应更多考虑人员推销、公共关系和药品推广等促销方式的组合使用。药品最佳促销组合模型见图 9-2。

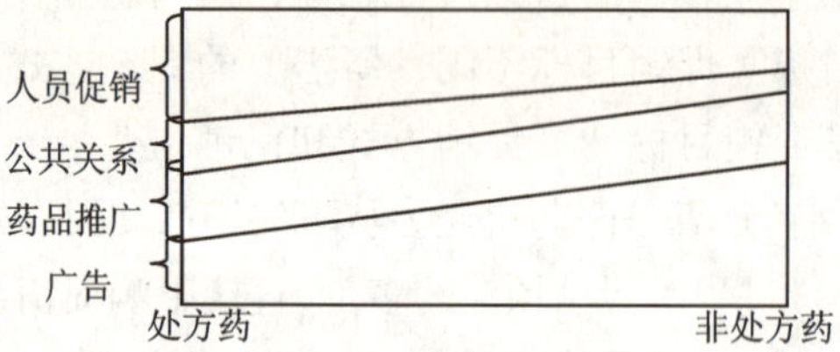

图 9-2 药品最佳促销组合图

6. 药品所处的生命周期 药品从进入市场到退出市场，要经过投入期、成长期、成熟期和衰退期。在其生命周期的不同阶段，销售量、成本、竞争等市场状况均不同，促销目标也是不同的，因此在进行促销方式选择时需要结合药品所处的生命周期的不同阶段，选择不同的促销方式，制定不同的促销组合策略。药品在不同生命周期的促销目标和适宜选择的促销方式组合见表 9-2。

表 9-2 药品在不同生命周期的促销目标和适宜选择的促销方式组合

生命周期	促销目标	促销组合
导入期	让消费者了解新品	广告为主，人员促销、药品推广
成长期	激发消费者的购买欲望和兴趣	广告和公共关系为主
成熟期	塑造企业形象，培养忠诚顾客	公共关系为主
衰退期	增强消费者对产品的信任感，鼓励继续购买	药品推广为主

除此之外，影响促销组合的因素还很多，如购买者所处的不同准备阶段、产品的不同渠道策略和价格策略，企业在竞争中所处的地位、竞争对手的情况、消费者需求的不断变化、广告成本不断提升、广告媒体的多样化等，企业应综合考虑各种因素，制定合理的促销组合策略并注意促销方式的创新和改良。这样，企业才能在市场竞争中立于不败之地。

第二节 药品人员促销策略

一、药品人员促销概述

（一）药品人员促销的含义和形式

1. 药品人员促销 就是医药企业通过派出销售人员，与可能成为药品购买者的人交谈，做口头陈述，以促进和扩大药品销售的整体活动。人员促销是企业所有促销方式中唯一利用人员进行的促销活动，是最早使用的产品推销方式，是一种面对面的交流，推销人员的使命是帮助和说服购买者认识和购买某种商品或劳务。

2. 人员促销的形式

（1）企业建立自己的销售队伍 该队伍由多种层次构成，可以是基层推销员、销售代表、业务经理、销售工程师、销售大区经理、销售总经理或销售顾问等。其中一类是内部销售人员，通过在办公室接听电话、收发传真、上网沟通、来客接待等方法进行工作；另一类是户外推销员，主要是走访客户。

（2）企业通过签订合同的形式使用销售员 如销售代理商、制造商代表、经纪人等，这种推销员是企业的授权促销者，他们不隶属于企业，但是通过收取佣金的形式来履行企业向客户推销药品或服务的义务。

（二）药品人员促销的特点

1. 针对性强 人员促销是一种上门或在办公室接待（联络）顾客的推销，往往通过大量的人与人直接对话、操作演示、就地结算等行为来促销，其针对性特别强。

2. 灵活性大 促销人员是直接与消费者或顾客打交道，可以及时观察到顾客对企业产品或服务的反应，并能从顾客的眼神、动作、语言等表现中观察和揣摩其内心世界，及时做出改进陈述方法，灵活回应顾客的心理变化，最终促成交易的完成。

3. 信息反馈及时 人员促销注重和强调人与人之间的关系，是一种推销员与顾客面对面的交流，双方便于信息沟通，促销效果较好。

4. 便于维护顾客关系 推销行为在友善和和谐中才能有良好结果，人员促销往往极具亲切感和说服力。因此，推销员作为企业、推销员、顾客三方利益的代表，使推销成为一种建立企业与顾客、推销员与顾客友谊的过程。

二、药品人员促销策略

人员促销策略包括促销人员的素质与能力、药品销售技巧、销售管理等内容。这里主要介绍销售管理。促销人员的素质与能力以及药品销售技巧详见第10章。

按照菲利浦·科特勒《市场营销学》对销售人员管理的定义：销售人员管理是一种对销售人员的活动进行分析、计划、实施和控制。包括以下几个方面：

（一）药品销售队伍的结构设计

销售队伍的结构是根据销售职责的分工标准来确定的。企业根据自身的产品、客户、市场等特点选择的销售队伍结构有：

1. 区域销售队伍结构 是指一个销售员负责一个地区，职责明确，能较好地处理与顾客的关系，费用也较低。

2. 产品销售队伍结构 是指同一地区有不同的销售员在销售同一个企业不同的产品，以适应企业技术复杂产品较多的销售需要。

3. 顾客销售队伍结构 是指根据客户或产品组织销售人员，各自分离地销售不同的产品，其中有些销售员为大客户服务，有些为小客户服务、有些为新客户服务、有些为老客户服务。

4. 复合销售队伍结构 是指根据不同的要求混合设置销售队伍，对推销员可以进行顾客与地域、产品与地域、产品与顾客等多方面的训练。

（二）药品销售人员的招聘和选拔

优秀销售人员的特点，可以粗略地分为三个主要方面：品质——个人具有的特殊品性；技能——专业能力；知识——专门的信息。招聘和选拔推销员应设法考察其文化素养、营销专业知识、医药学基础知识、本企业所需要的产品知识等；考察其是否精力充沛、自信乐观、勤奋好学、积极向上、坚韧不拔等；还应注意推销员对企业的忠诚、信用问题。

现代推销员应该是受过良好教育和职业素养培训的高素质人才，他们的工作就是通过自己高质量的智力和体力劳动，建立和保持与顾客之间的商业和个人关系，宣传企业的文化和形象，推介企业的产品或服务，能动地树立企业的品牌威望，促成顾客和社会其他公众信任企业及其产品与服务，并最终促进企业的销售。

（三）药品销售人员的培训和使用

1. 确定培训主题 在开始培训之前，销售经理应该实现明确销售培训所应达到的目标，即通过培训，受训人应该达到什么样的水平。然后根据这一目标和受训人员已经具备的知识能力，判断培训应该涉及哪些主题，或者培训应该使他们增加哪些知识技能。培训的内容一般为企业的有关情况、产品知识、市场知识、推销的技能与技巧、推销的职责、本企业或外企业成功与失败的案例等。

2. 选择培训形式 企业对推销员的培训时间可以从几周、几个月到一年不等，而且每年还应有大量的继续培训。

培训形式主要有：

（1）上岗培训 这是运用最广泛的培训方式，“经历是最好的老师”，它具有将受训人引入真实世界经历的优势；

（2）课堂培训 它能在一个构造好的传递信息的场所有效地传授一定类型的信息，特别是产品或行业知识；

（3）经验培训 其运用得比较成功的有：角色联系、案例学习、游戏、团队项目、人际关系培训等；

（4）提供指导 能使新销售人员在工作时间内得到辅助，并在公司有一个角色示范。

（四）药品销售人员的监控与考评

1. 销售人员的监控

对推销员的使用应采取指导、帮助、鼓励相结合的原则，以保持推销员长期处于可使用状态。但由于销售人员长期在外，他们个人的行为代表公司的形象与利益，为此，企业必须加强对推销员的监督和控制。企业可以采取要求推销员定期报告、不定期核查、集中整治等方式进行。定期报告是每天也可以是每周或每月的工作汇报；不定期核查是对推销员本人也可以对客户进行问讯，或者对某一区域市场进行检查；集中整治则是对推销员已出现的问题进行纠正和责令改过。

2. 销售人员的考评

（1）考评原则 一个好的销售经理要全面观察销售人员，发现他们每一个人的特点和长处，并鼓励他们提高自己不足的地方，这样可以帮助他们有更快的提高。在评价者进行业绩评价时，如果考虑了一些与业绩无关的因素就容易产生偏见。例如：销售经理认为学历不高的推销员一定表现相对较差等等，则无法产生准确的评价结果。

（2）考评方式 考核和评估可以从三方面入手：一是横向的比较，即在推销员之间进行设定标准的比较；二是纵向的考核与评估，即比较某一个推销员历史绩效与现在绩效；三是进行综合评估，包括对推销员销售报告、年度区域销售计划、开支报告、推销员本年销售实绩以及推销员对企业、产品、顾客、竞争者等方面的了解与认识，进行考核与评估。

（3）考评指标 销售人员的工作一般有五个方面需要评价：销售业绩、顾客关系、工作技能、公司关系、个人特性。基于业绩的收入和奖励要符合“正态分布”的形状，无论是将平均等级给所有的员工，还是标准过高、过低，使大多数人都被评为较差或较好，都不合理。

另外，销售的评价也会有其他因素，但销售经理们日益认识到仅仅考虑数量会导致达不到销售系统所能创造的最理想利润。同时，销售经理也要注意销售员的反馈，并主动引导和激励销售员进行反馈。因为从销售员那里的反馈，一方面可以使销售经理了解销售员现实工作中的情况，有助于销售经理对销售员的工作进行跟踪和指导；另一方面，销售经理可以通过反馈，了解不同的销售员在销售活动中碰到的问题和积累的经验，供整个团队共享。

课堂互动

请你以一个药品推销员的身份，介绍自己并模拟一次药品推荐的过程。

第三节 药品广告策略

一、药品广告概述

（一）药品广告的含义

知识卡

广告一词最早源于拉丁文，意为“引起注意”，从中文字面意思理解就是“广而告之”。美国市场营销协会定义委员会对广告的定义为：“广告是由明确的发起者公开支付费用，以非人员的任何方式，对产品、服务或某项行动的介绍。”该定义包括三个方面的内容，一是“非人员”，面对面的个人对个人，组织对组织（或组织对个人）的促销方式都不属于广告。二是“任何形式”，指广告的载体如报纸、电视、广播、杂志、网络等。三是“介绍产品、服务或某项行动”，这是指广告内容可以针对产品，也可以是服务或某种行为。

1. 广告 《中华人民共和国广告法》定义：“广告是指商品经营者或服务提供者承担费用，通过一定的媒介和形式直接或间接地介绍自己所推销的商品或者所提供的服务的商业广告。”广告包含的因素：广告主、广告费、传播媒介、广告内容、广告对象。

2. 药品广告 广义的药品广告是指一切面向大众的与药品相关的公开宣传，包括商业性和非商业性的药品广告；狭义的药品广告，是指由广告主支付一定金额的广告费用，通过特定的广告媒体向广告对象传播药品或服务信息，提高药品、服务或企业的知名度，指导公众安全有效用药，以促进销售为目的的促销手段。狭义的药品广告是指商业性药品广告，是市场营销学主要研究的广告。

课堂互动

讨论：2011 年安徽铜陵药品监管部门所做的“提示网购药品安全”的平面广告、厦门药品监管部门提示“没有医生明确诊断，请不要擅自使用处方药”的视频广告，属于促销手段吗？

（二）药品广告的作用

现代社会，广告在传递信息，说服、提醒消费者和用户购买产品，促进销售、指导消费等方面均有着不可比拟的作用。目前，药品广告宣传已经成为我国医药企业使用最广泛的促销方式，粗略统计，某时期中央电视台新闻联播后的全国天气预报中，三分之二以上省会城市图片中都打着药品生产企业或其药品的广告。广告对企业促销主要有以下作用：

1. 告知 即向市场提供有关的信息，如药品的特点、消除消费者的担心、树立企业形象、突出企业竞争优势等。这类广告常见于药品生命周期中的投入期，希望能引起消费者的注意，激发消费者的需求。

2. 说服 在药品成长期，这类广告很重要。它意在培养消费者的品牌偏好，鼓励消费者改用本企业药品，改变消费者对药品的认知，说服消费者立即购买等。

3. 提醒 这类广告常用于药品成熟期和衰退期，是希望消费者不要淡忘企业的药品或服务，保持药品的高知名度，同时也提醒消费者未来需要此药品或服务的可能性及在何处购买等。

课堂互动

讨论：你是否同意“只要广告做好，药品就能有好的销售”的说法？

（三）药品广告的分类

准确地进行广告分类可以帮助营销者制定恰当的广告宣传策略。按照不同的分类标准可以将广告分成不同类别。

1. 按广告覆盖范围分

（1）国际性广告 指通过国际性广告媒体发布的广告，如各种国际性报刊、电视、体育比赛、国际性网站的广告。

（2）全国性广告 指在面向全国发行的电视、报纸、杂志、广播等媒体上发布的广告。这是使用频率较高的广告类型。

（3）区域性广告 指在某个区域内传播信息的广告，适于发布区域性消费的产品或服务信息。

（4）地方性广告 指广告传播范围更窄的一种区域性广告形式，多为配合短期内某地区性市场营销活动。

2. 按广告内容分

（1）产品广告 指为了提高某种产品的知名度，让消费者熟悉了解产品，促进产品销售而发布的广告。

（2）企业广告 为提高企业的知名度，树立企业良好形象而发布的广告。

（3）观念广告　为了说服人们接受有利于广告主的某种消费观念，最终达到推销广告主某种产品的目的而发布的广告。

3. 按广告媒体分

（1）印刷品广告　以印刷品为广告媒体传播产品或企业信息的广告，如报纸广告、杂志广告等。

（2）电波广告　通过电波传递信息的广告，如电视广告、广播广告等。

（3）邮政广告　通过邮政部门寄送产品或企业信息至广告对象的广告。

（4）户外广告　通过路牌、橱窗、霓虹灯、公交车等多种户外载体传播信息的广告。

4. 按广告设计制作分

（1）报道式广告　主要目的是使人们知道某种产品的有关信息。在设计制作时运用富有教育性和知识性的文字和图像向消费者或用户介绍产品信息，帮助客户全面获取产品有关内容。

（2）劝导式广告　说服、劝导消费者和用户购买广告主所宣传的产品为主要目的的广告。设计制作时应突出产品优点，尤其是该产品可以给消费者和用户带来的利益，劝说客户购买产品。

（3）指名式广告　主要目的是提高产品和企业的知名度和信任度，在设计制作时，从企业战略角度出发，宣传产品品牌和企业名称，树立良好的企业品牌形象。

（4）心理式广告　用于产品宣传，在设计制作时应认真分析消费者购买心理，把握消费者心理需求特征，主要目的是迎合消费者心理，促进产品销售。

（5）提示式广告　用于普通产品的宣传。消费者已有购买习惯，在设计制作时，主要目的是刺激消费者重复购买，强化购买。

此外，广告还可按照产品生命周期分为开拓性广告、竞争性广告、维持性广告；按诉求形态分为理性广告、情感性广告、说明性广告、叙述性广告、悬念性广告等。

二、药品广告策略

（一）药品广告的原则

广告是以盈利为目的，带有明显自我宣扬特征的说服性，其创意必须准确、新奇、简明，突显企业及其产品的个性。药品的特殊性决定了药品广告与其他产品广告相比，要求更严格、更规范，应特别注意其真实性、专业性和限制性。药品广告应遵循以下原则：

1. 真实性原则　真实性是广告的灵魂。药品的特殊性决定其广告遵循真实性原则更为重要。广告传播的信息必须真实准确、科学无误，广告内容涉及药品适应证或者功能主治、药理作用等内容的宣传，应当以国家食品药品监督管理部门批准的说明书为准，不得进行扩大或者恶意隐瞒的宣传，不能弄虚作假、欺骗消费者，这样才能赢得消费者和用户的信任。同时药品广告的感情必须是真实的，不矫揉造作，要以真善美的审美情趣去感染受众，唤起美好的感情，最终达到预期的促销目的。

2. 思想性原则　医药企业的广告不仅是宣传药品和服务，而且也反映企业经营思想和道德风貌，同时它会辐射影响到广告消费者，指导消费者的用药理念。

3. 艺术性原则　广告应具有艺术性，能给人以美感。只有美的东西，人们才愿意接受它，它才能影响消费者。因此广告必须用人们喜闻乐见的艺术形式把药品或企业的信息传递给消费者，指导患者用药。

微案例

太太口服液是美容养颜保健品。该产品广告中设计了妻子因服用太太口服液而脸色日益变好，丈夫百看不厌这一虚拟的广告场景，“还是太太好”一语双关的广告语，将夫妻间的伉俪情深在不经意间表露无遗，它既能让看到此广告的已婚男性猛然醒悟自己是否在工作的忙碌之中忽略了对妻子的关怀，又能使看到此广告的女性为那一句“还是太太好”怦然心动，对产品产生好感。

4. 经济性原则　经济效益是企业生存和发展的基础，企业一切营销活动都围绕经济效益开展，广告宣传也是如此，即用尽可能少的广告费用取得尽可能大的广告效果。要求医药企业一定要从实际出发，少花钱多办事，提高广告的经济效益。

（二）药品广告的制作

1. 确定广告的目的　营销者首先必须弄清楚广告宣传的目的，即广告要宣传什么？广告宣传要达到什么效果？销售效果和传播效果分别是什么？通过广告让消费者了解药品信息还是关于本企业的形象信息？

2. 确定广告的对象　不同的广告对象，其所处的地区、年龄结构、收入水平、购买行为、希望从药品中获得的利益和文化教育等都有所不同，只有确定了明确的广告对象，了解其相关背景后才可能制作出有实际效果的药品广告。

3. 确定广告的提纲　即确定药品广告的主要诉求，以便在设计制作广告时能围绕中心，突出特色，达到药品广告所要求的目标。

4. 确定广告的预算　医药企业应在设计制作广告前先根据促销组合策略确定广告预算，在预算范围内进行广告设计。

5. 设计制作广告　有广告制作实力和经验的企业往往会自己制作广告，更多的企业则是请专业的广告制作者按企业的要求代为制作广告。

（三）广告媒体的选择

1. 广告媒体

企业要做好广告宣传工作，还必须正确选择广告媒体，以帮助企业将药品有关信息通过恰当的广告媒体及时准确地传递给广告对象。广告运用的媒体多种多样，如报刊、杂志、广播、电视、电影、幻灯片、户外招贴、广告牌、霓虹灯、交通广告、传单、包装纸、商品陈列、现场 POP 广告、网络广告等。其中最常用的五大媒体是报纸、杂志、电视、广播和网络，它们各有优缺点，见表 9-3。

表 9-3　五大广告媒体的比较

媒体类型	优点	缺点
报纸	迅速及时、成本低、传播面广、影响力大、时效性强、制作简单、灵活性强	表现性差、持续时间短、要求传播对象有一定文化、不易保存、感染力差
杂志	针对性强、持续时间长、易于保存、表现力较强、印刷精美	定期发行、灵活性差、信息传递不及时、覆盖面小、成本较高
电视	表现力强、形象直观生动、娱乐性强、宣传效果好、传播广泛	时间短、费用高、针对性差
广播	传播迅速及时、传播面广、费用低、听众多、不受时空限制	表现力差、时间短、不易记忆
互联网	覆盖范围广、费用低廉、多媒体动感、迅捷性、互动性、信息传播量大	制作水平待提高、针对性差、效果评估困难、创意局限

2. 影响广告媒体选择的因素

（1）药品的特征　不同的药品要选择不同的广告媒体。对于非处方药应选择影响面大的普通杂志、报纸、电视、广播等。对于处方药、化学试剂、中药材，则应采用专业性的报纸、杂志等。根据药品分类管理的有关规定，处方药不能在大众媒体做广告，只能在专业性的媒体做广告。

（2）媒体的特征和费用　不同的广告媒体有不同的特征，影响力不同，其费用的差异也很大。在选择媒体时一定要考虑媒体传播的范围与对象、媒体被收听（看）的情况、媒体的费用、媒体的信用、媒体的影响力等因素。

（3）目标消费者的购买特性　广告必须要有的放矢，必须考虑目标消费者的特性，特别是要了解消费者的消费习惯、购买力、偏好、对媒体的依赖程度等。如写字楼白领对网络接触较多，老年人经常听广播等。

（4）市场竞争情况　当竞争激烈时，医药企业应选择影响力大并且影响面广的广告媒体，当竞争不激烈时，广告媒体的选择则相对自由些。

（四）广告效果的测定

广告效果，是指广告信息通过广告媒体传播后所产生的社会影响和效应。这种影响和效应包括销售效果和传播效果。营销者在制作出良好广告作品后就要正确测定，分析广告投入市场后的宣传实际效果，并及时反馈测定结果，从而不断调整广告策略，提高广告效应。

1. 销售效果测定　药品广告销售效果大小，一般可以用广告传播后药品销售量、销售额和市场占有率的增减为衡量标准。准确评估广告销售效果并不简单，因为药品的销售情况不仅受广告影响，而且受药品本身质量、竞争等多因素制约，很难确定因广告增长的药品销售额度。具体评估指标有以下三个：

（1）广告费比率　广告费比率越小，广告效果越好。其计算公式为：

$$广告费比率=\frac{广告费}{销售量}\times100\%$$

（2）广告效果比率　广告效果比率越大，广告效果越好。其计算公式为：

$$广告效果比率=\frac{销售额增加率}{广告费增加率}\times100\%$$

（3）市场占有率提高率　市场占有率提高率数值越大，广告效果越好。其计算公式为：

$$市场占有率提高率=\frac{单位广告费用销售增加额}{同行业同类产品销售额}\times100\%$$

2. 传播效果测定　通过药品广告的收看、收听率以及人们对广告的印象来评价广告效果。其评价指标包括注意度、理解度、记忆度、行为度等。测定方法包括以下两种：

（1）直接评分法　邀请广告专家、目标消费者或客户评价各广告，填写评分问卷。此方法可以帮助营销者找出那些质量差的药品广告从而剔除，但不一定能完全反映出广告对目标消费者或客户的实际影响效果。

（2）测试法　广告投入市场后邀请收看过广告的消费者若干人，通过测试他们对药品广告的记忆度、理解度等，来判断广告引人注意和令人记忆的程度。

三、药品广告管理

药品广告能帮助企业达成促销目的，对企业营销带来事半功倍的效果。但激烈的市场竞争和丰厚的利润也诱惑着营销者做出了大量虚假、夸大宣传性质的药品广告，损害人们身体健康，更有甚者给人们的生命安全带来了威胁。

知识卡

根据国家食品药品监督管理局关于发布2012年第4期违法药品医疗器械保健食品广告公告汇总的通知，2012年第3季度，各省（区、市）食品药品监督管理部门以发布《违法广告公告》等方式，通报并移送同级工商行政管理部门查处的违法药品广告51786条次，对严重篡改审批内容进行违法宣传的广告，各省（区、市）食品药品监督管理部门共撤销药品广告批准文号5个，撤销药品广告批准文号7个。据国家食品药品监督管理局有关方面负责人分析，企业及广告媒体法律观念淡薄，依法经营的自律性差是药品广告发布存在问题的主要原因。

2012 年第 4 季度，各省（区、市）食品药品监督管理部门以发布《违法广告公告》等方式，通报并移送同级工商行政管理部门查处的违法药品广告 43348 条次，违法医疗器械广告 4825 条次，违法保健食品广告 15181 条次。对严重篡改审批内容进行违法宣传的广告，各省（区、市）食品药品监督管理部门共撤销药品广告批准文号 7 个，收回保健食品广告批准文号 16 个。

世界各国对药品的监管都比较严格，我国对药品广告也有一系列的要求与规定。企业的药品广告必须遵守《广告法》《药品管理法》《药品管理法实施条例》《药品广告审查发布标准》等，以及国家有关广告管理的其他规定。作为医药企业营销者，必须全面了解并掌握国家在药品广告监管方面的特殊要求，合法利用广告对药品营销的积极作用。

根据 2007 年 5 月 1 日发布的《药品广告审查发布标准》，我们要注意以下内容：

1. 下列药品不得发布广告：①麻醉药品、精神药品、医疗用毒性药品、放射性药品；②医疗机构配制的制剂；③军队特需药品；④国家食品药品监督管理局依法明令停止或者禁止生产、销售和使用的药品；⑤批准试生产的药品。

2. 处方药可以在卫生部和国家食品药品监督管理局共同指定的医学、药学专业刊物上发布广告，但不得在大众传播媒介发布广告或者以其他方式进行以公众为对象的广告宣传。不得以赠送医学、药学专业刊物等形式向公众发布处方药广告。

3. 处方药名称与该药品的商标、生产企业字号相同的，不得使用该商标、企业字号在医学、药学专业刊物以外的媒介变相发布广告。不得以处方药名称或者以处方药名称注册的商标以及企业字号为各种活动冠名。

4. 药品广告内容涉及药品适应证或者功能主治、药理作用等内容的宣传，应当以国务院食品药品监督管理部门批准的说明书为准，不得进行扩大或者恶意隐瞒的宣传，不得含有说明书以外的理论、观点等内容。

5. 药品广告中必须标明药品的通用名称、忠告语、药品广告批准文号、药品生产批准文号；以非处方药商品名称为各种活动冠名的，可以只发布药品商品名称。药品广告必须标明药品生产企业或者药品经营企业名称，不得单独出现“咨询热线”、“咨询电话”等内容。非处方药广告必须同时标明非处方药专用标识（OTC）。药品广告中不得以产品注册商标代替药品名称进行宣传，但经批准作为药品商品名称使用的文字型注册商标除外。已经审查批准的药品广告在广播电台发布时，可不播出药品广告批准文号。

6. 处方药广告的忠告语是：“本广告仅供医学药学专业人士阅读”。非处方药广告的忠告语是：“请按药品说明书或在药师指导下购买和使用”。

7. 药品广告中涉及改善和增强性功能内容的，必须与经批准的药品说明书中的适应证或者功能主治完全一致。电视台、广播电台不得在 7：00～22：00 发布含有上款内容的广告。

8. 药品广告中有关药品功能疗效的宣传应当科学准确，符合《药品广告审查发布标准》的有关规定。

9. 非处方药广告不得利用公众对于药品学知识的缺乏，使用公众难以理解和容易引起混淆的医学、药学术语，造成公众对药品功效与安全性的误解。

10. 药品广告应当宣传和引导合理用药，不得直接或者间接怂恿任意、过量地购买和使用药品，符合《药品广告审查发布标准》的有关规定。

11. 药品广告不得含有利用药品科研单位、学术机构、医疗机构或者专家、医生、患者的名义和形象作证明的内容。药品广告不得使用国家机关和国家机关工作人员的名义。药品广告不得含有军队单位或者军队人员的名义、形象。不得利用军队装备、设施从事药品广告宣传。

12. 药品广告不得含有涉及公共信息、公共事件或其他与公共利益相关联的内容，如各类疾病信息、经济社会发展成果或药品科学以外的科技成果。

以上只是一些简单介绍，具体内容要以国家最新发布的有关法律法规为准。

微案例

某企业生产的药品功能主治为“健脾益肾，温中止痛，涩肠止泻。用于脾肾阳虚所致的泄泻，症见大便不调、五更泄泻、时带黏液，伴腹胀腹痛、胃脘不舒、小腹坠胀”。而其广告宣称“胃酸、胃痛、胃胀永远消失；3个疗程溃疡全面康复，真正的胃肠修复专家”。

该药品广告宣传超出了食品药品监督管理部门批准的内容，含有利用患者名义作证明、不科学地表示功效的断言和保证，严重欺骗和误导消费者，被国家食品药品监督管理局查处并公布。

第四节 药品营业推广策略

一、药品营业推广概述

（一）药品营业推广的含义

广告虽为消费者的购买行为提供了信息，但购买所需的激励还得由营业推广提供。营业推广也称销售促进，美国营销学协会认为营业推广是“人员推销、广告和公共关系以外的销售活动，用来激发消费者购买和促进经销商的方式。诸如陈列、展览会、展示会等不规则的、非经常性的销售努力。”

药品营业推广，就是指医药企业在特定的目标市场中，针对目标消费者或客户采取的短期内直接、迅速刺激需求，从而鼓励其购买的促销方式。

（二）药品营业推广的特点

1. 方式多样，灵活性大 药品推广的方式繁多，可因地制宜，根据不同目标消费者或客户，不同时期适当调整，灵活性强。

2. 刺激性强，见效迅速 药品推广的诸多方式对目标消费者或客户具有相当诱惑，特别是对关注药品价格的经济型消费者，可以直接刺激消费者的购买欲望。但若推广方式固定不变，激励力就可能减弱。

3. 具有空间限制性 药品推广的种种做法若不进行大规模宣传，它的刺激范围往往是有限的，需要医药企业配合以大规模的广告宣传才可能扩大使用范围。

4. 贬低药品和企业形象 药品推广的有些做法容易给目标消费者或客户留下急于抛售的感觉，若使用不当，会引起消费者疑虑，怀疑药品的质量和企业的经营状况，因此而贬低药品，降低药品在消费者心目中的形象。

（三）药品营业推广的作用

1. 药品投入市场初期，医药企业可以通过药品推广吸引消费者或用户的注意，诱导消费者购买，从而打开药品销路。

2. 药品市场需求和销售开始下降时，医药企业可用药品推广刺激消费者或用户购买，恢复人们对药品的兴趣，以增加销售。

3. 知名度较低的医药企业可利用药品推广方式增加消费者或用户的关注，提高知名度。

4. 市场竞争激烈的情况下，可通过药品推广干扰消费者对其他竞争产品的品牌忠诚，吸引竞争对手的消费者购买本企业药品。

二、药品营业推广策略

药品营业推广这一促销方式是企业在短期内刺激消费者购买欲望、扩大销售的促销方式。它是一种辅助性的、非常规性的促销方式，需要与其他促销方式配合使用，适合于特定时期或特定任务的短期性促销活动。推广策略的制定需从以下几方面入手：

（一）确定药品营业推广对象

1. 以消费者为推广对象 刺激消费者购买，鼓励现有药品使用者重复购买，吸引未使用者注意，争取竞争品牌的使用者等。

2. 以中间商为推广对象 鼓励中间商采购、销售本企业药品，提高其药品库存，打击竞争品牌，增强和巩固中间商的合作规模及忠诚度，开拓新的中间商销售渠道。

3. 以推销人员为推广对象 鼓励推销人员推销本企业药品，增加其寻找更多潜在顾客的动力，提高推销业绩。

（二）选择药品营业推广方式

根据不同的药品推广对象，采取的药品推广方式也应不同。

1. 针对消费者的推广方式

(1) 赠送样品　药品生命周期中的投入期，为了让消费者了解产品，扩大销售，可赠送消费者样品，让其试用，认识到产品的优越性能、益处后，购买或重复购买产品，但是成本较高。

(2) 赠送优惠券　在一定时期内购买某种特定商品可抵用一定金额，可直接寄给消费者也可在店内发放。

(3) 专业健康知识讲座　组织本企业药品相关行业内的专家举办专业知识讲座，就药品相关的健康知识进行讲授，向目标消费者推广健康知识并在其中穿插本药品的功效说明，起到宣传目的。

(4) 专家义诊　组织行业专家医生在公共场所进行大型义诊，提供义诊和咨询，塑造企业品牌形象，提高企业知名度和消费者信任感。

(5) 赠送印花　消费者购买药品时给予若干数量的印花标记，积攒印花到一定数量后可兑换某种奖品，吸引消费者刺激购买，回馈消费者，维护忠诚顾客。

课堂互动

现实生活中你见过哪些药品推广的活动？给你留下最深印象的是哪一种？为什么？

2. 针对中间商的推广方式

(1) 购货折让　中间商在规定期限内购买某种药品时，每买一次就可享受一定的小额购货折让，以鼓励中间商增加购买量，尤其是增加新产品的采购数量。

(2) 陈列折让　中间商为药品生产企业举办特别陈列，由生产企业免费提供赠品和一定数量免费品。

(3) 推销奖励　中间商推销企业产品达一定金额后，生产企业给予中间商推销奖励，或免费赠送附有企业名字的特别广告赠品，如笔记本、日历等。

3. 针对推销人员的推广方式

(1) 销售竞赛　通过举办营业额、陈列、接待顾客等方式的竞赛，以不同等级的奖金和奖品刺激推销人员销售激情，鼓励其提高销售业绩。

(2) 业务培训　药品生产企业配合其他促销方式，举办以推销人员为对象的药品相关知识培训，增加推销人员对产品的了解，同时可设置有奖互动，鼓励推销人员对药品专业知识进一步了解，从而在开展推销工作时增加该药品推荐率。

(三) 设计药品营业推广方案

制定药品推广策略，不仅需要选择推广对象和推广方式，还需要对药品推广的规模、时间、途径等制定完备的事先方案，包括以下四个方面：

1. 药品推广规模　推广规模关系到促销的成本，影响企业的收益。为了达到促销目的，一定金额的销售奖励或赠品等成本是需要付出的，但如何把握成本和最终获得的销售金额的增长所带来的收益，需要企业在事先衡量以确定一定的推广规模，保证企业的经济效益。

2. 药品推广时间 即药品推广活动的持续时间长短。药品推广是一项短期内的促销方式，但是如果时间太短，消费者可能还没来得及购买，无法获得实惠，企业的促销目的无法达成；如果时间太长，消费者对药品推广已经疲倦，影响其对药品的印象，无形中贬低药品。

3. 药品推广时机 即在什么时候进行药品推广活动。如果利用传统的节假日，消费者购买欲望较大时，效果往往较好。也可根据节日的不同进行相关联产品的推荐推广，如在九九重阳老人节时推广慢性病用药。

4. 药品推广预算 通过先前促销组合策略的制定，从总的促销预算费用中确定药品推广总的预算费用，再根据推广对象推广方式的不同确定各项推广方式的费用预算。

第五节 公共关系策略

公共关系是当今社会常见的一项公共活动，从营利性组织、公司、各大企业到非营利性组织、国家政府、慈善机构都在进行或多或少的公共关系活动。公共关系是企业市场营销的一部分，是一种重要的促销售方式。

一、公共关系概述

（一）公共关系的含义

知识卡

公共关系是由英文“Public Relations”翻译而来的，中文可译为“公共关系”或“公众关系”，简称“公关”（P. R.）。

美国著名公共关系学者卡特李普（ScottM. Cutlip）和森特（AllenH. Centre）认为：公共关系是一种管理功能，它能建立和维护组织与公众之间的互利互惠关系，而一个组织的成功或失败取决于公众。

《大英百科全书》中定义：公共关系是旨在传递有关个人、公司、政府机构或其他组织的信息，并改善公众对其态度的种种政策或行动。

市场营销学之父菲利普·科特勒认为：公共关系是指用于宣传或者保护公司形象或产品形象的一系列活动。

公共关系，是指任一社会组织用传播手段使自己与相关公众进行双向沟通，让双方相互了解和相互适应，树立组织良好社会形象的各项活动。这一概念包含以下几方面含义：

第一，公共关系包含三个要素，其主体是任何形式的社会组织，包括营利性组织和非营利性组织；其客体是与组织关系密切的所有公众；其主要手段是双向沟通。

第二，公共关系是一种有计划有目的进行的传播活动，也是一种管理职能。

第三，公共关系的基本原则是实事求是、真诚相待，保持与公众利益、社会利益一致。

第四，公共关系的直接目标是广结良缘，内谋团结，外求发展，建立完善组织和公众间的社会关系，树立组织良好的社会形象，以实现组织的最终目标。

课堂互动

"对于医药企业来说，公共关系的最终目标就是获取经济效益和社会效益，实现利润最大化。"这个说法对吗？

（二）公共关系的特点

1. 双向性 公共关系不是单方面的组织向公众传达信息或公众监督组织，它是主体与客体之间的双向信息沟通系统，是坦诚相待的。组织一方面要接收民意以调整和改善自身；另一方面又要告知公众，使公众认识和了解自己，达成有效的双向信息沟通。

2. 广泛性 包含两层意思：一是公共关系存在于任何组织的任何行为和过程中，即公共关系无处不在，无时不有，贯穿于其主体的整个生存和发展过程中；二是其客体的广泛性。公共关系的对象可以是任何个人和组织，既可以是已经与主体发生联系的任何公众，如消费者，也可以是将要或有可能发生联系的任何暂时无关的人们，如潜在消费者。

3. 间接性 公共关系在市场营销中的作用是间接的，不像人员推销那样介绍宣传产品，不像药品推广那样刺激消费者的购买欲望，而是通过推销企业来推销企业的产品，其作用需要间接转化。

4. 持久性 组织必须通过持续不断地努力才能树立良好的社会形象，短期内个别几个公关活动只能在短期内局部地区维持企业的形象。但当良好的企业形象一旦在公众间竖立起来，个别失误一般不会对组织造成巨大的影响，或者恢复良好形象也比较容易。

5. 可信性 公共关系活动本身并不直接介绍组织的产品，大多数公众认为公关报道比较客观，比组织的广告宣传更为可信。

（三）公共关系的作用

公共关系对组织树立良好的企业形象有着至关重要的作用，它是促销组合四种方式中最能帮助企业建立良好形象的方式。在医药产品差异化越来越小的今天，树立良好企业和产品的形象成为众多企业竞相采用的竞争手段。鉴于此，菲利普·科特勒将其与政治力量一起合并加入产品、价格、渠道、促销的4PS中，将六者并称为6PS即大市场营销理论，来提醒企业注意。公共关系对于企业营销的重要性表现在以下方面。

1. 收集信息 市场营销的中心是消费者的需求，一切营销活动都是围绕消费者需求进行的，而通过公共关系活动，企业可以在活动中与消费者接触，了解消费者最真实的想法，包括企业形象、产品形象以及环境中与企业相关的动态信息。

2. 传播信息 公共关系人员根据企业所处的实际情况，选择传播对象和适当的时机方式，把企业有关信息及时准确地传递给公众，以便于公众了解企业。

3. 新闻代理 从正面传播与企业相关的新闻和信息，为树立良好的企业社会形象打下基础。

4. 咨询建议 公共关系人员根据工作中了解到的市场情况向企业决策者就公司形象和地位等问题提供咨询和建议，并参与决策。其咨询和建议会更多考虑公众的利益和需求，决策者应加以重视。

5. 教育引导 企业借助公关活动能改善企业内外部环境，改善企业内外公众的观念、态度和行为，并对其进行知识普及和培训。

6. 协调控制 企业在生产经营管理过程中，总会出现各种摩擦和矛盾，偏离企业预期。通过公共关系活动可以协调各方面的行为，根据企业目标衡量成效，纠正偏差，以使各方面达到统一和谐，保证企业整体目标的实现。

二、公共关系策略

（一）公共关系的主要内容

公共关系的直接目标就是要广结良缘，内谋团结，外求发展，这就决定了公共关系活动必须处理好企业和各种公众之间的关系，其主要内容如下：

1. 正确处理企业与消费者的关系 现代市场营销观念要求企业必须以消费者需求为中心，消费者是企业营销环境中最重要最基本的一个影响因素，他们对企业的印象和认知直接影响着他们的购买行为，进而可以影响企业销售目标和市场占有率等目标，决定着企业的生存和发展。因此，企业必须正确处理与消费者的关系，加强与消费者的沟通，了解其需求的变化，掌握市场动态，研制开发新产品，满足顾客需求，传递准确的企业思想和产品信息，注意提供优质的售后服务，树立良好的服务形象，重视消费者投诉并及时妥善地处理和解决。

2. 正确处理企业与新闻媒体的关系 新闻媒体是对企业影响很大的一类企业公众，它可以创造社会舆论，引导民意，影响企业行为。在公众监督力量、社会沟通交流手段异常繁杂的今天，尤其是网络的兴起、微博的力量，使得企业必须多加重视同各新闻媒体保持经常性的良好互动，通过主动合作，塑造良好企业社会形象。

3. 正确处理企业与政府的关系 企业在经营管理过程中必须接受国家的宏观调控，尤其是医药企业，一方面，必须遵守国家的相关法律法规，自觉接受政府有关部门的监督和指导；另一方面，要加强同政府相关部门的联系和沟通，以便及时了解行业信息，赢得政府的支持。

4. 正确处理企业与其他相关企业的关系 企业在生产经营管理过程中，必须和其他相关企业发生各种关系，包括有业务往来关系的供应商和经销商、有竞争关系的竞争对手等。企业与供应商和经销商的合作过程中，要充分发挥公共关系的协调控制作用，与其相互协商、相互体谅，友好协作，共同发展。而在与竞争对手的沟通中，要本着公平竞争的原则，摒弃不正当的竞争手段，以免伤害自身形象，创造一个良好的市场环境。

5. 正确处理企业内部公众关系 企业内部关系包括内部员工关系、各部门关系、企业与股东的关系等，是企业进行公共关系活动的基础。一要努力搞好各部门之间的协调，统一目标，统一思想，树立全局观念，通过恰当有效地组织明确各部门之间的关系，实现良好的部门间沟通，确保部门合作融洽；二要努力处理好员工之间、领导和下属之间的关系，上层领导要加强与下属的信息沟通，及时告知企业的目标、计划和工作部署，了解员工情况，加强与员工的感情沟通；三要正确处理企业与股东的关系，与股东保持经常联系，促使股东关心、参与企业决策，及时向股东回报企业的经营状况，使股东乐于长期投资。

（二）公共关系的活动方式

1. 撰写新闻稿件传递企业信息 企业自己或请新闻媒体人帮忙撰写企业或产品的相关新闻报道稿件，如企业的政策、所树立的楷模、活动和事件等，通过新闻媒体以新闻报道的形式宣传给公众。因新闻媒体的客观公正立场，使得这一方式往往更为有效。

2. 参加公益活动树立企业形象 积极参与各种社会公益活动，赞助文体等社会公益事业，捐助慈善事业和教育事业等，通过参加公众比较关注和影响较大的活动，在公众心目中树立良好企业形象，这是赢得良好社会关系的重要途径，也越来越为医药企业所采用。

3. 投放公共关系广告宣传企业 制作并投放电视、广播、报纸、杂志等媒体的公共关系广告，内容以介绍公司及产品、倡导某种新观念为主，吸引公众认识和了解公司，扩大公司的影响。

4. 举办专题活动扩大企业影响 结合节假日或当地的市场情况，举办与企业或产品相关的专题活动扩大企业影响，如3.15消费者权益保护日的家庭过期药品回收活动等。

课堂互动

请举出尽可能多的生活当中你所见到的公共关系活动，说出它们分别是企业处理哪种关系的公关活动。

【知识结构】

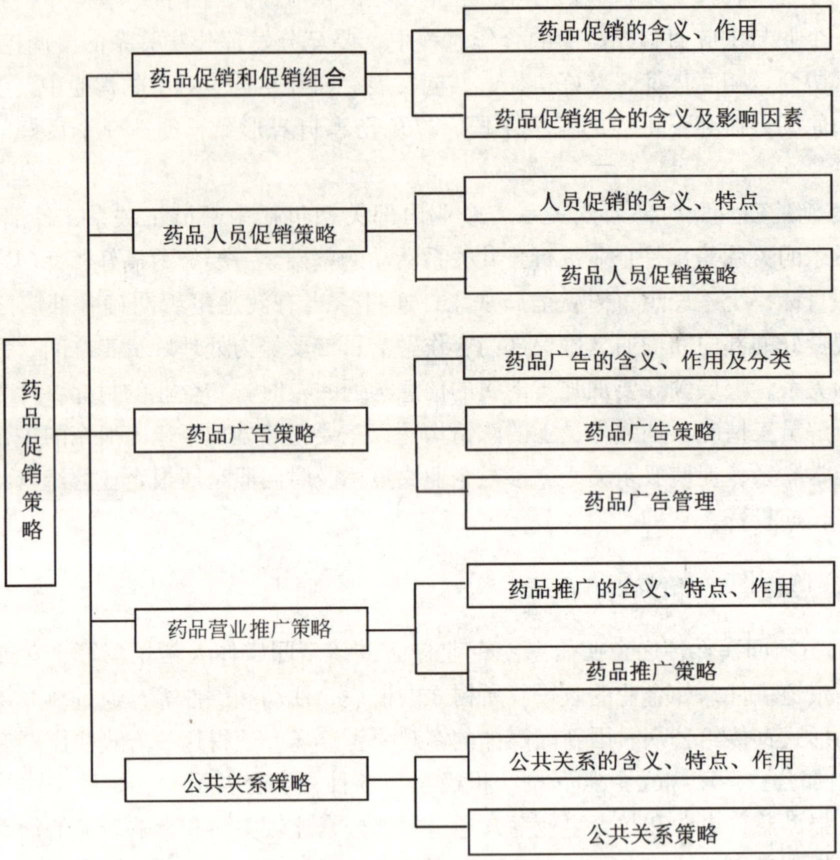

图9-3 药品促销策略知识结构图

【目标检测】

☆练一练

单选：

1. 公共关系的目标是使企业（　　）

A. 出售商品　　B. 盈利　　C. 广结良缘　　D. 占领市场

2. 企业以非付款的方式通过第三者在报刊、电台、电视、会议、信函等传播媒体上发布有关企业产品的有利报道的促销方式属于（　）

A. 广告　　B. 公共关系　　C. 销售促进　　D. 人员推销

3. 在促销组合中一般处于辅助地位的促销方式是（　）

A. 人员推销　B. 营业推广　C. 广告　D. 公共关系

4. 企业利用多种信息载体，与目标市场进行沟通的传播活动是（　　）

A. 产品　B. 定价　C. 促销　D. 分销

5. 直接针对消费者进行推销，以激发消费者对产品需求进而向零售商求购的促销策略是（　　）

A. “拉”的策略　B. “推”的策略　C. 导入期策略　D. 成熟期策略

多选：

1. 药品营业推广的对象主要有（　　）

A. 终端消费者　B. 医院　C. 中间商　D. 生产企业

2. 促销策略从总的指导思想上可分为（　　）

A. 组合策略　B. 单一策略　C. 推式策略　D. 拉式策略

3. 药品在导入期宜选择的促销方式包括（　　）

A. 广告　B. 人员促销　C. 公共关系　D. 营业推广

4. 下列属于我国法律对药品广告的限制的有（　　）

A. 药品广告的内容必须真实、合法，以国务院药品监督管理部门批准的说明书为准，不得含有虚假内容

B. 不得含有不科学的表示功效的断言或保证

C. 不得利用国家机关、医药科研单位、学术机构或专家、学者、医师、患者的名义和形象作证明

D. 不得与其他药品的功效和安全性比较

5. 不得发布广告的药品包括（　　）

A. 麻醉药品　B. 精神药品　C. 毒性药品　D. 放射性药品

☆说一说

1. 什么是促销组合？影响促销组合的因素有哪些？
2. 如何对销售人员进行有效管理？
3. 药品广告有哪些特点？药品广告管理有哪些特殊规定？
4. 药品营业推广的方式有哪些？
5. 企业公共关系活动需要处理那些关系？有哪些具体活动方式？

☆想一想

案例

珍视明药业活动营销

在上海、北京、广州等一类城市，珍视明被年轻消费者视为低端产品。2005年，珍视明成为唯一成功入选《中国药典（2005版）》的滴眼液产品。在新版药典中，珍视明滴眼液更名“珍视明牌四味珍层冰硼滴眼液”，拥有

“珍视明”商标，并为国家教委指定的青少年防近视产品。在此基础上，经深思熟虑、综合利弊后，珍视明断然调价，彻底改变了珍视明产品在消费者心中的固有形象。2009 年，珍视明打出“防近视珍视明”的新市场定位，并推出一系列新概念产品，在消费者培育上，特别是学生群体进行了全面广泛地宣传，进而极大提升了中药类产品在滴眼液市场的份额。

一、背景

随着滴眼液市场的快速扩大，竞争日趋激烈。一方面，以曼秀雷敦、正大福瑞达为代表的外资、合资企业凭借着高超的营销技术，一入市就以高价格、高利润、强势推广的营销策略，快速蚕食着国内滴眼液市场；另一方面，以潜江制药为代表的国内企业则不断以新概念产品冲击传统的市场格局。在这种局面下，中药滴眼液的市场份额不断萎缩。

二、创意

2009 年春节过后，由于受金融危机的影响，很多制药企业对市场前景感到担忧。滴眼液行业几大巨头博士伦福瑞达、曼秀雷敦制药、仁和闪亮纷纷发力，加大了广告投放及渠道促销力度，对珍视明滴眼液销售造成了一定的压力。

但珍视明的“防治假性近视”功能，是市场占有率相近的几个竞争品牌所没有的，暂时没有产品能够跟进扰乱。同时，围绕珍视明滴眼液的核心消费者（学生人群），整合捐赠活动、大学生广告节、药店超级团队大赛、线上等传播活动，从而产生合力，提升销售。

三、定位

调查发现，珍视明的主要购买者是 15 -35 岁的人群。为此，珍视明通过一系列活动实现信息的有效传播，传达到主要目标市场和人群中，进一步加强了消费者对珍视明的信任，逐步培养起消费者的品牌忠诚；为建立消费者对珍视明的知名度，提升品牌认知和好感奠定了基础。

锁定学生群体，提出“防近视珍视明”的宣传策略，通过反复诉求，强化珍视明滴眼液所具明目去翳、清热解痉之功效，使消费者需求与品牌直接对接，一旦出现最主观的症状或感觉，就能首先联想到珍视明，更有力地影响购买决策。

四、执行

在确定核心传播理念及终端消费者后，珍视明逐次开展了一系列、不间隙的活动传播。

第一，与中国光华科技基金会联合开展《防近视——珍视明校园关爱行动》：向北京、河北、河南、山东、陕西、新疆维吾尔族自治区等 13 个地级市的 50 多万名大中小学生捐赠总价值 400 多万元的滴眼液。用于在青少年群体中普及用眼、护眼卫生健康常识，改善当前青少年近视低龄化的趋势，积极推动我国青少年防近视用眼、护眼卫生公益活动的开展，促进社会各界关注青少年视力健康教育。

第二，开展大学生广告艺术节。作为第七届大学生广告艺术节学院奖商业命题企业单位，珍视明在启动仪式、全国高校巡讲、颁奖盛典中全方面、立体化地进行企业形象宣传。

第三，开展“珍视明杯2009全国药店超级团队选拔大赛”。通过大赛推广邀请了1000支（3000人）药店从业人员参赛，影响药店从业人员5万余人，从而提高了珍视明品牌在药店从业人员心目中的形象，促进了药店单店品种销售机会。

第四，实施立体化媒介策略。珍视明根据2008年各大区的销售完成及增长情况，确定了3（浙江、广东、河北）+6（山东、河南、辽宁、四川、湖北、江苏）重点区域；坚持以学生为主要消费传播人群。在珍视明的销售旺季，通过央视、卫视+重点区域省台来全高空覆盖，并在全国数十个城市加强户外广告的补充。

五、效果

在各种传播活动的共同发力下，珍视明滴眼液在2009年竞争异常激烈的滴眼液市场中，从2008年1.5亿元的销售金额，上升到2009年的2个多亿元销售业绩，达到了珍视明药业历史上的销售新高。

问题：

1. 分析珍视明滴眼液营销成功的关键原因。
2. 珍视明滴眼液运用了什么促销组合策略？
3. 通过该案例说说药品促销的方式有哪些？

☆做一做

药品促销策划

一、实训目的

通过实训，使学生能掌握促销组合策略的制定方法，能结合企业背景资料分析，制定简单的促销组合方案。

二、实训内容

“华阳医药公司”新推出一种纯天然中药感冒冲剂，该药品具有良好的消炎、抗病毒、提高肌体免疫力的功效。该药为国药准字号药，该药上市以后已做大量宣传，并受到一定的社会好评。

根据所学的促销组合知识，结合市场实际，为该公司新上市的感冒药制定新品市场导入促销组合策略。

三、实训步骤

1. 本实训在校内教室进行。
2. 教师布置案例，学生组成产品推广小组，进行讨论、分析、策划。
3. 小组派代表阐述本小组观点。
4. 学生讨论交流，教师评析。

四、实训评价（100分）

1. 对公司背景资料分析完整，考虑影响促销组合的因素：产品种类及市场类型、促销目标、沟通的总策略、产品生命周期所处的阶段。(20分)
2. 选择恰当的促销方式，人员推销、广告、销售促进、宣传推广等促销方式。(20

分）

3. 制定出可执行的促销组合策略，符合国家法律法规要求，在案例背景下具有实施的可行性。（20 分）

4. 小组代表表述清晰准确，声音洪亮，语言流畅，能使用本章讲授的专用术语，且时间把握合理。（20 分）

5. 小组成员密切合作，体现团队合作精神。（20 分）

第四篇　药品市场营销实践技能

第十章　药品推销技能

学习目标

知识目标

1. 掌握药品推销的基本技巧；
2. 理解药品推销人员的素质要求；
3. 了解药品终端客户的种类。

能力目标

1. 能为某种药品制定具体的推销方案；
2. 能运用适当的推销技巧实施有效的推销活动。

第一节　药品推销员的素质

医药行业既是营利性的经济事业，又是人民健康的福利事业，具有双重性。医药行业的特殊性和其重要地位要求从事药品推销的人员，不仅要具备高尚的职业道德品质，而且要具有药品推销能力和相应的专业药品知识。

课堂互动

你认为作为药品推销人员应该具备哪些素质和能力？目前你已经具备了哪些素质和能力？

一、药品推销员的品质

（一）高尚的职业道德

药品的特殊性决定了药品推销人员一定要在思想道德上具备良好的职业道德素质，严格遵守社会主义的商业道德，在国家法律法规要求的范围内合法经营，不谋私利，坚决抵制不正之风，反对不正当竞争。以自身诚实正直的人格魅力使对方相信你所推销的产品是货真价实的。不能夸大所推广的药品的功效及适用范围；不能隐瞒药品的不良反应；充分考虑患者使用药品的有效性及经济承受能力；不对医生作无原则地使用或增加使用药物方面的误导。

（二）真诚服务和工作的热情

药品推销人员受命于企业，服务于消费者，他是企业和消费者之间联络的桥梁，不仅要帮助双方进行信息沟通，还要协调双方关系，正确处理企业利益和消费者利益间的关系。对企业来说，推销人员是企业的代表，而对消费者来说，推销人员是他们的顾问、参谋。药品推销人员要在以消费者为中心，维护消费者利益的同时，协调企业利益，保持企业利益和消费者利益的一致。

（三）高度的责任感和自豪感

药品推销人员要有责任感、自豪感，为企业、为产品、为自己的工作自豪并负责，爱企业、爱工作、爱产品、爱客户。只有这样，他们才能想方设法地完成企业推销任务，才能在工作过程中为企业树立良好形象，与客户建立保持融洽的关系，才不会因为要完成任务而不惜损害企业形象和信誉，才能对客户负责。重视对企业和客户的责任，要使推销的药品能真正满足客户的需求，为客户排忧解难，解决实际问题，不会因为要获得企业和自身利益而牺牲客户的利益，具有高度的责任感和自豪感才能处理好社会、企业和客户三者之间的关系。

（四）不怕挫折的勇气

药品推销人员在工作中经常遇到挫折和困难，只有胜不骄、败不馁，才能站住脚、有发展。不管面对任何情况，都要保持平和的心态和永不服输、永远进取的精神。通常推销员听到“不”远比听到的“好”多，而优秀的推销员绝不会由于这些客户的拒绝动摇了自己工作的信心和竞争力；而相反，他们会仍然意志坚定的遵守推销的基础规则，坚定从容地面对困难并且尽可能地做到永不言弃。

（五）充沛的体力和旺盛的精力

药品推销人员在帮助企业实现营销目标中起着举足轻重的作用，是企业向前冲锋的排头兵，必须具有良好的身体素质。推销工作是一项艰苦的工作，能力再好，还是要身体力行。推销员与推销对象进行的沟通拜访工作是复杂的脑力劳动和辛苦的体力劳动的集合，活动性较大，每天要与不同的人打交道，连续工作的时间也较长，如果没有良好的身体素质，根本无法胜任这项极具挑战性的工作。这就要求药品推销人员要经常锻炼身体，保持充沛的体力和旺盛的精力，才能接收工作的挑战，圆满完成工作任务。

二、药品推销员的知识

（一）产品相关知识

1. 行业知识和竞争知识　推销员要随时掌握与本企业有关的医药产品信息。“不怕不识货，只怕货比货”，顾客常常会通过不同产品之间的比较来评价和选购自己中意的产品。而在这种情况下，推销员对市场同类产品的熟悉程度往往决定了其说服顾客的力度。如果推销员能够通过将自己介绍的产品与其他同类产品作比较，让顾客充分相信和认识自己的产品更能满足顾客的需求，那么交易无疑就更容易达成。

2. 企业知识和药品知识　推销员只有在充分了解自己所推销的企业和产品的基础上，才能根据不同的客户特点找到产品推销中适当的卖点。科技的日益发展使得对推销员的要求也越来越高，现在许多推销员在推销一些高科技产品时往往是客户的问题解决者和现场工程师。企业方面包括企业的历史、在同行中的地位、生产能力、经营策略、产品种类及售后服务、价格策略等；产品知识包括有关药品的药理作用、具体参数、功能主治、用法用途、不良反应等。

（二）客户相关知识

1. 消费者知识　掌握充分的消费者知识是把握其需求的前提，因此也是现代推销活动开展的基础。消费者知识基于推销前对客户的了解和与客户接触过程中对客户信息的观察和总结。包括消费者购买的决策权、购买动机、习惯、方式、条件、时间等方面的知识或情况。比如消费者现实的购买力以及怎样才能增加其购买量，潜在消费者的状况以及对药品需求的发展趋势，目标市场环境以及影响其变化的因素等。

2. 消费心理知识　把握和了解消费者的心理活动规律，通过与消费者的简单对话、通过观察和分析，就能明白消费者的想法，从而因势利导，满足消费者需求的同时实现企业销售目标。

（三）其他知识

工作性质要求药品推销人员知识面要广泛，但不一定精深。药品推销人员要随时随地搜集话题，从中发现适宜交谈的新话题、热门话题，以及最新发生的奇闻趣事，才能在商谈时，配合时间、对象，选择合适并能引起对方共鸣的话题。成功的推销员就是那些能够在需要的时候保存必要信息的人——他们知道到哪里去搜集有用的信息，而且他们必须能够鉴别有用的信息，从中找出潜在的规律，并能将此规律进行综合和组织。

三、药品推销员的能力

（一）市场运作能力

1. 判断分析能力 推销员应该具有较强的判断分析能力，对市场需求、市场状况、市场走向、顾客的购买需求及其变化进行正确的判断。如果没有这方面的判断能力，推销工作根本无从做起。推销员应该努力学习，提高知识水平，不断提高自己的判断能力。

2. 市场开拓与进入能力 在竞争激烈的市场经济时代，推销员必须具备敢于开拓市场与进入市场的能力，其表现为：把握产品特性与可适用市场的能力，分析产品价格与患者承受度的能力，把握选择渠道的能力及进行促销策划和实际运作的能力。

3. 市场推销与回款能力 真诚和信誉是顾客接受推销的首选条件，而只有推销员的服务精神和提供的服务项目最能说明推销人员的真诚与信誉。推销员只有做好推销的售前、售中、售后服务，才能赢得顾客的满意，提高自己的知名度和美誉度，成功完成产品的市场推销和回款。

（二）顾客沟通能力

1. "说"的能力 良好的语言表达能力是推销员最应具备的综合能力之一。在推销过程中，推销员需要向顾客宣传、介绍，还要不断地启发顾客、说服顾客，如果没有良好的语言表达能力，这一切都不可能做到。良好的语言表达能力主要表现为语言要清晰、简明扼要，介绍产品时要抓住顾客的心理，针对顾客的需要，促使顾客产生强烈的购买欲望。

2. "听"的能力 推销员往往非常重视说的技巧而忽视"听"。"听"是指积极聆听，不单要求推销员听到对方"所说出口的话"，而且还要求深入体会讲述者的感受，并理解其所讲的信息。

（三）组织协调能力

1. 组织能力 因为推销员需要掌握的信息量太多了，他必须处理的信息包括：每一个顾客、产品、一般经济形势、行业情况和公司状况等等。推销员仅仅简单地让消费者接触大量信息是不经济的做法，必须能够将所有事项整理成对顾客有意义的一个卖点，并将这一处理后的信息有针对性地传达给顾客。

2. 综合协调能力 推销员大多是远离企业独立在外开展工作的，在工作中遇到各种各样的问题和困难要由他们独立去解决。所以，推销员必须有较强的综合能力。在复杂多变的情况下，推销员如果墨守成规地以通常方式对待顾客是很难奏效的。这就要求推销员要有灵活的应变和协调能力，在一定的原则下，以一定的变通方式去达到自己的销售目的。

（四）时间安排能力

正确安排工作时间和优先顺序，对推销员来说尤其重要。推销员应该清楚地认识和了解推销中的80/20原则，即一个推销员约有80%左右的推销量或是利润来自于20%的客户。优秀的推销员善于分配自己的时间，这样他们能够花费大部分时间与那20%的客户在一起。但成功的推销员也不会放弃那些较小的客户，因为他们是代表了将来潜在的购买力。

当然，推销技能会随时间的延续而发展、随着自身的锻炼而提高的。因此，推销员应该具有与业务一同进步一同发展的信心，并习惯成自然地使之成为自己生活和工作的一部分，不断提高自己的技能。

第二节　药品终端客户分析

一、药品终端的作用和分类

（一）药品终端的作用

药品终端就是指药品从生产企业向消费者流通过程的最后一个环节，具体地说，就是医院、诊所、药店等人们可以从那里购买到药品的场所。

药品终端是从药品到货币漂亮一跃的跳板，是营销价值链中至关重要的一环。通过这一端口和场所，厂家、商家将药品卖给消费者，完成最终的交易，实现产品的价值。如果把市场营销比作足球比赛的话，终端工作就是那“临门一脚”，无论整个进攻过程组织的多么完美，因“临门一脚”踢偏或遭到拦截而致使未能破门进球，前期所有工作都将付之东流。

药品终端的作用主要表现在以下两方面：

1. 药品展示　消费者在广告、公共关系等促销方式中始终看到的都是企业或产品的图片、形象，真正看到药品接触药品，还需要药品终端通过药品展示给消费者以实实在在的感受。因此，货品摆放的高度要合适，以便顾客发现和拿取，推销点展示应以大型的产品堆头、各种各样的POP为主吸引消费者光顾。

2. 劝导购买　由于药品消费的特殊性，消费者对药品知识往往比较片面，属于非专业购买，需要专业人员的指导。在药品终端，尤其是非处方药的消费中，推销员的推销工作就显得比较重要。推销员需要根据消费者的需求，结合其自身病理生理状况，给出合理建议，向消费者进行劝导，通过面对面极具亲切感、灵活性的促销工作，达成企业的促销目的。

（二）药品终端的分类

对于医药企业来说，在寻找恰当的药品终端过程中，要先从自身产品的定位出发对现有终端做划分，要明白不是所有的终端都是利润的来源。如果用经济学的帕累托 80/20 法则，就是 80% 的药品终端推销来自于占终端总数 20% 的有效药品终端。

药品终端按渠道不同分为以下三类：

1. 第一终端 主要指的是医院，这类客户数量有限，但推销数量大，对第二、三终端有辐射作用。该层次的每个终端，开发和维护成本是最大的，但对企业的销量和品牌贡献也是最大的。第一终端主要是以质取胜，是各家医药企业争夺的重点。在第一终端，用药以新特药为主，处方药占绝对优势，也有部分非处方药。

2. 第二终端 主要指的是药店，数量比较多，但推销数量较小，地理分布零散，单个药店的开发和维护成本比较低，但对企业的销量和品牌贡献也是一般。在第二终端，非处方药占绝对优势，也有部分处方药。第二终端是老百姓主动购买药品的场所，主要是以广告品种和医保品种为主，以量取胜，价格合理、见效快的医保品种推销更好。

3. 第三终端 主要指除医院药房、药店（包括商场中的药品专柜）之外的，直接面向消费者开展药品推销的所有零售终端。第三终端的主要阵地是广大农村和一些城镇的居民小区，如社区和农村的个体诊所、企业和学校的医疗保健室、乡村医生的小药箱、农村供销合作社及个体商店中的常用药品推销小柜等。虽然数量最多，但每个单体的销量少，没有辐射作用，目前医药企业基本上都没有直接管理。在第三终端，处方药和非处方药对企业的影响还不确定。

课堂互动

结合自身及周围人群的药品消费习惯，你认为，在三大药品终端中，哪个终端推销金额最大？未来会有改变吗？

二、药品终端客户分析

当今药品推销工作中，批发商、代理商的作用正日渐削弱，终端的作用越来越明显，甚至出现“药品终端为王”的说法。各生产企业开始由注重广告促销转而重视药品终端建设和完善工作。要选择合适的药品终端，实现最终产品价值，就必须进行终端客户的分析。

（一）第一终端——医院

在医院，企业主要是通过医药代表与医院内药品相关专业临床科室具有处方权的医生及药剂科等科室的相互沟通，使药品顺利地进入临床，从而更好地为广大患者提供服务。

1. 药品相关专业临床科室的分析

（1）临床科室主任 负责临床科室日常工作，主持负责本科室的医疗、教学、科研、预防及行政工作，组织全科人员学习、运用国内外先进经验，开展新技术、新疗法，及时总结经验，能直接指导影响临床用药，尤其是影响新药申购计划的提出。一般都是由临床经验丰富、业务理论水平和专业知识扎实，有一定工作业绩、能全面组织、指导本专业业务技术工作的医生担任。在其多年的临床工作中已经形成了自己的用药习惯，并对不同公司的药品也有了自己的看法。由于其负责主持科内科研课题，在学术上的带头作用，会特别重视药品尤其是新药的临床使用的新进展。

（2）主治医生　在科室主任领导和指导下，是住院患者的直接负责者，负责本科一定范围的医疗、教学、科研、预防工作，在科室中承担具体的工作，为技术骨干，是本科室主任治疗思想的执行与修订者。主治医生一般具有 5～10 年的临床经验，处于临床职业生涯的发展阶段。个人的治疗观念尚未最后形成，一边学习前辈经验，一边涉猎大量学术资料，积极了解本专业领域的研究发展动态，为不断提高自己，拓展发展空间，比较关注临床用药的发展。

（3）住院医生　直接负责科室内患者，具体执行上级医师的治疗方案，是全院医疗质量的关键所在，对患者作一线观察，对药物的疗效、不良反应及时做出评估。他们为初级医师，除完成日常的诊疗工作外，还必须积极参加各种继续教育学习，不断提高基本技能。

知识卡

在临床科室中，不同医师有不同的个性和沟通风格，一般包括“分析型”医师、“驱策型”医师、“表观型”医师和“温和型”医师。

“分析型”医师比较理性，以数据和事实为依据，不关注于关系，专业上要求较高，常提出问题。拜访这类医师，要做好充分的准备，介绍产品时，做到专业化，并能提供证据或医学文献、宣传资料，语言要有逻辑性和条理性，给其专业诚信的印象。

“驱策型”医师同分析型一样，比较理性，以数据和事实为依据，不关注于关系，但控制欲强，讲求效率，时间观念强。拜访这类医师，介绍产品时应突出重点，简明扼要。

“表观型”医师以人为处事基点，思维活跃，热情外向，依靠感觉判断。他们喜欢听医药代表介绍新药品、新的宣传资料和医学文献，也喜欢试用新药。是医药代表的理想客户。

“温和型”医师人情味浓，以人际关系为初始基点，对医药代表的态度温和，慎于发表意见。这类医师比较保守，不冒险，喜欢稳妥，重视药品安全性，一般不主动尝试使用新药。拜访这类医师，应着重介绍其他医师的用药经验，利用从众心理劝说。针对不同风格的医师，医药代表需要“对症下药”，提高拜访效果。

2. 药剂科的分析

药剂科在医院内主要负责临床用药的选购、储存、调配、临床药学研究及药物咨询等工作。目前在临床需求及国家相关的指导思想影响下，药剂科已经越来越多地参与到临床药学的各环节中，部分医院已开设专业的临床药学部，负责临床用药指导工作，与医生一起协商处方，指导医护人员临床用药。医药代表在药剂科的主要客户包括科主任、采购员、库房保管员、药房司药。

（1）药剂科主任　负责药剂科日常工作，如人员职责分配，进入医院的药品评审等。药剂科主任监控医院药品推销渠道及主要流通环节，保证临床用药的整体水平，是进入医院药品的核心评审人物之一，是药品生产企业进行药品推广工作的关键环节。

（2）采购员　商业进药渠道的具体负责人，日常工作中需要根据每月进药品种、数量、金额、时间，制定药品采购计划。工作繁杂，处理药品相关事务的信息量大。

（3）库房管理人员　负责医院药品库房的日常管理，登记医院医生每月用药情况，掌握药品具体发往部门、数量、方式及时间等详细信息。

（4）药房组长　负责从库房向药房调配药品，监控药房药品储备情况、处方流向及主要用药科室的各品种用量。

3. 医务科（处）的分析

医务科（处）的主要职能是安排全院的日常诊疗工作，设置科室编制，人员调配，确定各项业务活动的时间、内容等，统一协调医药企业与医院的各项合作事宜，如临床实验、义诊咨询、学术研讨等。

4. 影响医生处方的因素分析

医药代表在医院推销药品的关键客户是医生。了解影响医生处方的因素对医药代表来说非常重要。

（1）国家政策　近几年，国家为了更好地提供医疗服务，真正解决老百姓看病难的问题，降低老百姓的医疗费用，有计划有步骤地实施了医疗制度改革，其中涉及了医生处方金额及品种限制。要求不得出现大处方，某些特殊的药品进行了品种的限制，如抗生素等。这种针对医生处方的直接干预措施，无疑是医生在选择药品时必须考虑的。

（2）药品因素　药品的临床疗效、价格、质量、不良反应都直接影响医生处方。任何医生都希望选择临床疗效较好的药品为病人治疗。同时除了疗效之外还要认真考虑价格，注重药品的质量。一般情况下，医生在考虑药品质量时很重视生产厂家的声誉，如是不是国际知名的大厂，有没有 GMP 的认证，这些都会直接影响着医生处方的选择。但是药物具备治疗作用的同时也不可避免的还存在一些不良反应，进而会给医生的声誉带来影响，甚至在一定条件下还会造成医疗事故和医疗纠纷。例如某种药物，它可能跟以前的药物在疗效方面没有太大的区别，但是安全性很高，不良反应少，患者依从性好，医生选择的几率就高。

（3）患者因素　由于经济的发展和人民生活水平的提高，患者的自我保健意识逐步增强。在接受治疗的同时更加注重治疗过程，对药品信息的知晓要求增加，关注药品的价格、疗效，希望得到更加经济的治疗。药品说明书是否清晰可懂，服用是否方便都影响着患者的依从性，进而影响医生处方的选择。

(4) 医生因素　医生本人具备的医药知识，医药经验以及个人风格方面都在影响着处方的选择及后续效果。如果医生本身的医药知识不完善，对于处方的目的不清晰，内容模糊，或者存在疾病认识上的问题，这将影响到处方的质量和最终的治疗效果。不同个人风格的医生在制定处方时也有所不同。

(5) 药品提供方因素　药品提供方包括生产厂家和中间商，他们和医生既往的合作是否愉快也会影响医生处方的选择。所以，如何跟客户保持良好的持久合作对医药推销主管来说很重要，如何使客户满意是每一个推销员都必须考虑的问题。

（二）第二终端——药店

药店终端按照功能可分为：

1. 硬终端　硬终端是指药店的店堂环境部分，是物的因素，主要包括：店面、柜台、货架、货品、终端宣传品（POP）、终端促销品等。目前较常用的终端宣传品主要有宣传单、宣传册、招贴、台卡、吊旗、灯箱、展牌、柜贴、包装展示盒、条幅、横幅等；终端促销品主要是各类赠品、广告礼品。每一种形式的硬终端设施都有不同的特点、不同的展示场所和不同的展示内容，在具体操作实施中，药店经常综合使用。

2. 软终端　主要是指店堂营业员、厂家促销员（包括柜台内促销员和柜台外促销员），是人的因素。

(1) 厂家促销人员　促销人员一般为女性，分为专职和兼职。需要开展礼仪服务、导购服务；进行产品宣传，收集信息；进行市场调查和家访公关。企业选择促销人员时必须把好人员素质关，并严格培训，加强管理。

(2) 店堂营业员　药店是最基本的推销单位，是零售药品的流通主渠道，充分调动营业员的主动性、积极性，使其成为产品的隐性宣传员，可以增强宣传效果，加强信息反馈。药店与营业员之间可以有一定的物质利益关系，但最重要的是在融洽交流的基础上，利用适当的机会或创造一些机会加强感情交流。还可采用有奖征答、有奖阅读等形式进行培训，让营业员熟悉产品知识。

（三）第三终端——乡镇终端

包括镇卫生院、村卫生室（所）、镇村诊所、乡村赤脚医生等。

1. 药品来源　一般包括：政府指定商业配送，药房托管，诊所、私人医院自主购药。

2. 用药习惯　第三终端也属于医疗机构，归属于“拾遗补缺”一类的角色，市场份额较小，以治疗常见病、多发病、慢性病的普药为主。如：解热镇痛类（感冒、发热、头痛、咳嗽等）、消化系统类（胃肠道疾病）、皮肤用药、外用药、普通的抗生素、中成药、慢性病用药等。

第三节 药品推销策略与技巧

从事灵活性极强的推销工作，在与顾客面对面的交谈中，顺利完成推销任务，需要掌握一定的药品推销策略和技巧。

一、药品推销策略

（一）推销员的工作任务

推销员不仅仅是向顾客推销药品或服务，还是企业与顾客之间沟通的桥梁与纽带。他们向顾客介绍企业的产品或服务，促成顾客的购买和消费。同时，他们通过聆听顾客的疑问和意见，带回对企业的产品开发、生产、推销等方面的信息，为企业的决策提供依据。推销员的工作可以归纳成以下几个方面：

1. 积极向现有顾客介绍企业已投放到市场的产品或服务，促成购买；
2. 尽可能寻找和挖掘更多的潜在顾客；
3. 把关于企业现有的产品或服务信息传递给潜在顾客；
4. 向顾客提供各种咨询、帮助顾客解决各种技术问题、安排融资、催促加快办理交货等相关服务；
5. 进行市场调查，分析推销情况，提供商业情报；
6. 不断进行业务学习，提高推销水平。

（二）推销策略

在面对面的推销工作中，有经验的推销人员善于审时度势，根据当时的推销环境、气氛，针对推销对象的特点巧妙运用推销策略，促成推销的完成。推销策略主要包括以下三种：

1. 试探性策略 即“刺激——反应”策略，是指推销人员用试探性问话等方法刺激顾客的购买欲望，促使顾客做出购买行为。在推销人员不太了解消费者具体需求的情况下，可以使用这种策略。推销过程中，用事先准备好的几套刺激试探方案加以测试，仔细观察消费者的不同反应，选择其最感兴趣的话题进行推销，不断引起顾客积极反应，最终达成交易。

2. 针对性策略 即“配方——成交”策略，是指推销人员用事先准备好的有针对性的方案与消费者沟通，劝说消费者完成交易。在推销人员事先已基本了解消费者的情况下可以使用这种策略。要求推销人员事先对消费者进行详细准确的调查分析并确定好沟通方案。

3. 诱导性策略 即“诱发——满足”策略，是指在消费者与推销人员交谈前没有强烈的购买需求的前提下，通过推销员运用适当合法的方式唤起消费者的需求，诱导消费者购买产品来满足其需求。这种策略对药品及推销人员有较高要求，需求药品本身可以满足消费者需求，而且推销人员有较高的推销技巧唤起消费者的需求。

课堂互动

结合自身实际，请谈谈作为在药店消费的普通顾客，你是否接受过推销？推销员的推销策略属于哪一种？

二、药品推销技巧

推销是一项很富有创造性的工作，从一般意义上讲，完整的推销过程一般包括：发现和选择潜在客户、与顾客接触、异议处理、成交和后续工作。

（一）寻求顾客的技巧

寻求顾客尤其是寻求准顾客是推销人员的首要任务，准顾客选择是否妥当，将直接关系到推销效果。因此，在进行推销工作前，推销人员必须运用一些技巧寻求顾客。

1. 资料查阅　一般的顾客资料可以从下列途径获得：工商企业名录、统计机构的统计资料、产品目录、工商管理广告、电话簿、企业广告和公告、因特网等。

2. 连锁介绍　也称顾客介绍法，即通过现有客户或朋友推荐和介绍增加潜在客户的数量。这种方法避免了寻找客户的盲目性，能较好地取信于顾客。

3. 咨询　利用咨询机构咨询顾客信息，这种方法能以较低的有偿使用服务费，获取比较准确的客户信息，推销工作更具针对性。

4. 展销会吸引　通过举办各种展销会、洽谈会来吸引客户。

（二）准备工作的技巧

做好推销准备工作，是保证推销效果的重要基础。推销准备工作与技巧主要有：

1. 确定推销目标　在进行推销工作前，首先要明确推销工作是收集信息，还是促成交易。第一次进行沟通可以立足收集信息，但要看准时机，若时机成熟，可立即促成交易；比较熟悉的老顾客或前期已有沟通的顾客，应着眼于立即成交。

2. 确定接触方式　根据推销人员与客户熟悉的程度、推销目标等的不同，可以选择电话拜访、电子邮件、私人拜访等形式。

3. 确定拜访时间、地点　事先联系推销对象，说明到访事由，或侧面通过各种途径了解推销对象工作情况，以确定好拜访时间、地点。

4. 熟悉业务知识　在拜访前掌握本企业和药品的相关知识，准备好产品说明书、图片、资料、小礼品、名片等必要资料，以备随时之需。

5. 了解顾客资料　尽可能了解顾客的资料，做到心中有数，并确定好应对之策，有利于在今后与其有针对性地进行推销。对于初次访问的客户，应对其消费背景做认真的了解，例如个人或单位情况、消费能力、决策方式、购买习惯和偏好、最佳访问时间等；而对于老顾客，更多的是基于以前积累的顾客资料，将顾客情况的变动更新、顾客的意见反馈结合起来考虑。

（三）接触客户的技巧

与客户接触是推销工作的开端，是推销人员正式接触推销对象，为推销面谈的顺利开展铺路搭桥的过程。因此，推销人员必须运用推销礼仪，在很短的时间内引起客户的兴趣。

1. 约见客户 约见顾客不仅仅可以有助于推销员自己安排好时间，也是成功接近顾客的重要环节。对于关系密切的顾客，约见只需通过很简单的通电话打个招呼就可以了；而对于往来不多的顾客，约见的内容就应该稍加详细；对于从未谋面的顾客，则约见的内容就更需详细，使得顾客既能接纳推销计划，又能产生对产品的兴趣和对推销员的信任感。通常约见的内容包括：确定约见对象、时间、地点和明确约定事由（例如展示产品、调查需求、提供服务、签订合同、收取货款等）。

2. 保持良好的形象 顾客对推销人员的第一印象往往在推销人员未曾讲话时已经确定，是通过推销人员自身得当的仪容仪表来获得对方的信赖。因此，推销员要注意仪容、仪表得体，做到服饰整洁大方，服装色调、质地与自己的身材、肤色、身份相配，不可过于另类、时髦、有距离感，也不可过于古板、与时代脱节，要适合环境、场所，让顾客有亲切感。

微案例

一位经销商曾讲起一家公司推销员拜访他的故事：

有一天，秘书电话告诉我A公司的推销员约见我。我一听A公司的，听客户说他们的产品质量不错，我也一直没时间和他们联系。既然他们主动上门，我就和他约了一个时间到办公室来谈。

到了约定的时间，办公室进来一个人，说自己是A公司的推销员。他穿着一套旧的皱皱巴巴的浅色西装，穿羊毛衫，打一条领带，领带飘在羊毛衫的外面，有些脏，好像有油污，黑色皮鞋，没有擦，看得见灰土。有好一会儿，我都在打量他，心里在开小差，脑中一片空白。我听不清他在说什么，只隐约看见他的嘴巴在动，还不停地放些资料在我面前。

他介绍完了，不再说话，安静了。我一下子回过神来，马上对他说：把资料放在这里，我看一看，你回去吧！就这样我把他打发走了。我的心理没有接受他，本能地想拒绝他。我当时就想我不能与A公司合作。

这个故事，让我们深深感受到与客户的第一次见面在一笔交易中显得尤为重要，“好的开始等于成功了一半！”

3. 巧妙“开门” 在采用上门推销方式时，首先，要在进门前礼貌地按门铃或敲门，获得客户同意后再进门；其次，要有精彩的开场白，通常需要点头微笑并做出简短问候，然后作简单的自我介绍，同时主动提供一些能证明自己真实身份的证件，如工作证，名片等。

微案例

有一位推销员出现在一个从不接受推销的知名公司的经理面前时，不慌不忙地掏出一只大信封，对经理说："关于贵公司上月所失去的250位顾客的情况，我这里有一份小小的资料。"这句话引起了经理极大的兴趣，因此这位推销员成功地对这位经理进行了接下来的推销过程。

4. 激发顾客的兴趣 在洽谈初期可通过观察、询问、聆听等各种方式，利用心理学知识分析发掘客户需求；在洽谈时，巧妙自然地将话题转入推销的正题，并以诚挚、友好的气氛展开，以顾客感兴趣的方式和话题，将产品介绍给顾客。

微案例

书店里，一对年轻夫妇想给孩子买一些百科读物，推销员过来与他们交谈。以下是当时的谈话摘录：

客户：这套百科全书有些什么特点？

推销员：你看这套书的装帧是一流的，整套都是这种真皮套封烫金字的装帧，摆在您的书架上，非常好看。

客户：里面有些什么内容？

推销员：本书内容编排按字母顺序，这样便于资料查找。每幅图片都很漂亮逼真，比如这幅，多美。

客户：我看得出，不过我想知道的是……

推销员：我知道您想说什么！本书内容包罗万象，有了这套书您就如同有了一套地图集，而且还是附有详尽地形图的地图集。这对你们一定会有用处。

客户：我是为孩子买的，让他从现在开始学习一些东西。

推销员：哦，原来是这样。这个书很适合小孩的。它有带锁的玻璃门书箱，这样您的孩子就不会将它弄脏，小书箱是随书送的。我可以给你开单了吗？（推销员作势要将书打包，给客户开单出货。）

这位推销员的失误之处非常显而易见：不明白客户购买此书的动机；没有掌握产品介绍技巧；自始至终以自己为主，忽略客户的感受。

5. 语言表述恰当 推销过程应针对客户的需求，用准确到位且客户能接受的语言，表述自己想要表述的问题和观点。谈话要实事求是，诚恳稳重，条理清晰，言简意赅，提问的问题要简要明确，便于客户回答，不能言过其实、信口开河；要学会控制情绪，千万不要和客户发脾气，因为"客户的不满一旦严重表现出来，就会带走更多的客户"。

课堂互动

假设你是一位药品推销员，正在向一个妈妈推销一种儿童止咳药，你会运用什么言辞使顾客对所推销的产品有更感性的认识，进而提高推销的可能性？

（四）推销展示的技巧

在推销过程中，与顾客洽谈的同时，推销员常常需要结合展示，介绍所推销产品的特点和优势。示范是一种比较直接的方式，最常用的示范方式有三种：

1. 体验 就是让顾客亲身接触商品，让顾客亲身尝试怎样使用产品，并且现场感受产品的实际功能和特点。例如，美国玫琳凯（Marykay）化妆品公司，就是通过美容顾问指导客户体验产品的方式进行推销的。

2. 表演 为了增强示范的标新立异，推销员可以学会一定的表演技巧，使示范更加有效。例如，一个油污清洗剂的推销员总是把自己的衬衣袖子弄脏，然后脱下来当场洗净，边做边介绍，极大地激发了在场客户的兴趣和购买欲。

3. 写画 如果不能随身携带产品，推销人员可以利用模型、样品和图片做示范，通过写写画画进一步向客户介绍产品，并同时将各种产品特点重点介绍给客户。

（五）处理异议的技巧

在人员推销过程中，客户一般都会有这样那样的不同意见，面对异议，推销人员切勿慌张，要树立正确的观念，正视各种不同意见的存在。针对客户的反对意见进行客观分析，针对客户的不同异议，采用不同方法处理，保持良好的态度；针对顾客的不理解，逐步耐心的解答；针对顾客的疑问，引用数字或事实证据解答。

1. 全神贯注 找出客户不满意的理由全神贯注地倾听客户的弦外之音，从而了解这个客户是不是真的不满意。

2. 革除己见 介绍产品时，客户可能会说一些问题，虽然可能不对，但是千万不要去争辩，不要固执己见，要给客户留足面子。你可以点头，表示非常专心地聆听客户的谈话，非常理解客户的意思。

3. 复诵问题 比如："刚才您说的是售后服务，就是送货的问题，如果这个送货的问题解决以后您该不会有问题了吧？"

4. 从容作答 要学会在客户说"我考虑一下"、"你改天再来"或者说一些更尖锐的话语时，答话的时候一定不要紧张，一定要分清问题的重要性之后再从容作答。

5. 实话实说 做不到的事情就不要逞能地说出来，就是不要对客户做多余承诺，这就叫实话实说。

6. 提出证据 客户的异议可能是在数据上或者其他方面提出的一些不满意，对客户异议要寻求另外一种解答，提出证据，使客户进一步地相信你。

（六）把握成交时机的技巧

1. 促成成交 成交是整个面谈过程的高潮，推销员应对推销的成功、失败两种可能都有充分的思想准备。首先，要善于捕捉成交信号，在适当的时机促使成交。对于推销员来说，判断促使成交的时机非常重要，这就要求推销员在整个面谈过程中要把握和观察好整个推销进程。比如，顾客情绪变得轻松，友好，从起初礼节性的行为渐渐变成很自然的谈话和动作，通常表示顾客已经产生了购买意图，这时，推销人员就应逐渐从产品的介绍转向促成成交的谈话。

知识卡

一般当客户出现下列情况时，推销人员可立即提出成交请求。

1. 突然不再发问时
2. 话题集中在某个产品上时
3. 不讲话而若有所思时
4. 不断点头时
5. 开始注意价钱时
6. 寻求随行人或他人看法时
7. 关心售后服务问题时
8. 不断反复问同一个问题时

2. 引导成交 推销员促成交易的同时，应克服自身心理的障碍，培养自然成交的心态。在成交阶段，一方面，推销人员要克服不良心理倾向，不必害怕被拒绝，怕听到说“我不要”“我考虑考虑”，而应恰当运用一些技巧和方式让顾客开口说“我要买”；另一方面，推销员不要逼迫顾客购买，注意保留一定顾客决定的空间，适时诱导顾客主动成交。

知识卡

促成成交时应避免的几种不当行为

1. 倾力推销。倾力推销坚持这样一个信条：一个最理想的推销员必须能够冲破一些推销阻力，征服买主，成功地向任何人推销任何产品。显然，这一信条与以满足消费者需求为中心的现代推销观念是背道而驰的。例如，一味地向顾客推销昂贵的高档产品、向顾客许下很多不会实现的承诺、用大量不切实际的语言来形容购买可能带来的好处等等。

2. 向顾客乞求订单。在不少场合，推销人员为了拿到订单，往往提出一些有损于人格和身份的请求。例如："帮帮我的忙吧""您可不能对我说不啊"，等等。向顾客乞求也许可以获得订单，但这种乞求无疑会降低推销人员的身份，损害企业的形象，削弱自己的工作信心。

3. 给顾客下"最后通牒"。从推销活动的目的来说，推销人员在推销谈话的最后阶段应将顾客的思维引导到订货的选择或其他交易细节问题上，但向顾客下"最后通牒"，命令或逼迫顾客购买，却是顾客无法接受的。例如，将合同硬塞给顾客迫使顾客签字履行正式手续，或者问"你怎么还不下决心签合同""你难道不同意我的看法吗"等等。这种做法不但无助于交易，还会损害推销人员自身的声誉和形象。

（七）结束访问后告辞的技巧

对于推销员来说，无论交易是否达成，紧接着如果能够得体地告辞，往往显得非常重要，可为日后交易打下基础，增加日后推销成功的概率。

当一项业务达成时，推销员的言语和态度可以有助于减少用户的购后焦虑感，增加了对自己所购产品的信心。在推销员用亲切、自然的举止感谢顾客的购买，妥善处理任何关于送货和支付问题，并保证任何问题都能得到回答以及确保订货能及时送到，这样，顾客种种对交易产生的疑虑就会很大限度地降低。

交易失败后，推销员应在顾客告辞离开时保持礼貌和形象，保证让顾客没有感到因为接待自己而浪费时间，而是获得了日后购买有益的信息，这将会为以后的推销打下基础。假如客户有在将来购买产品的可能，推销员则需要询问他们现在不购买的真正原因，判断为什么没有推销成功，针对其原因采取相应的对策。推销员应及时把握时机，一旦口头成交就应当签订合同。如果是即时成交的推销活动，则应及时完成钱货交割。

（八）售后服务的技巧

售后服务，就是在商品出售以后所提供的各种服务活动。从推销工作来看，售后服务本身同时也是一种促销手段。在追踪跟进阶段，推销人员要采取各种形式的配合步骤，通过售后服务来提高企业的信誉，扩大产品的市场占有率，提高推销工作的效率及效益。提供优质的售后服务，与客户保持长期良好的沟通，恰当时机给予客户帮助，老客户会介绍更多的新客户，从而扩大推销范围。

课堂互动

有推销员认为，产品一旦推销出去，这一个推销任务就结束了，你是否同意这种看法？请说出你的理由。

【知识结构】

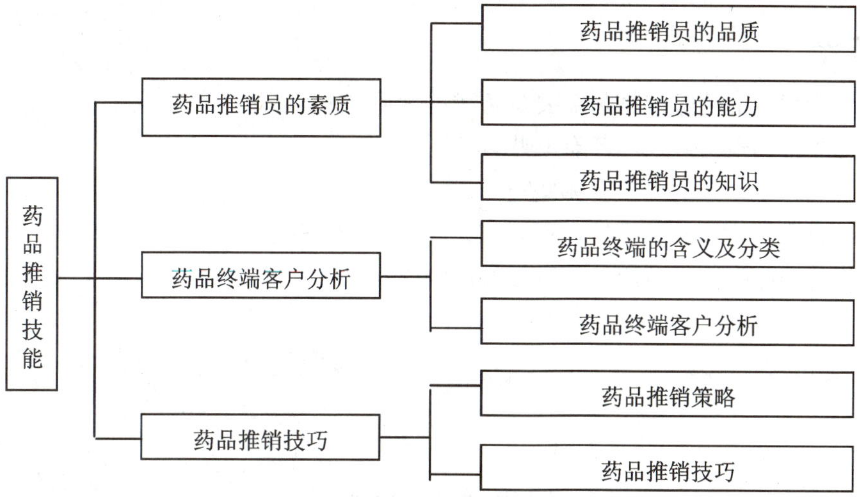

图 10－1　药品推销技能知识结构图

【目标检测】

☆练一练

单选：

1. 最古老的促销方式是（　　）

   A. 人员推销　　B. 营业推广　　C. 广告　　D. 公共关系

2. 推销人员用事先准备好的有针对性的方案与消费者沟通，劝说消费者完成交易的推销策略是（　　）

   A. 试探性推销策略　　B. 针对性推销策略

   C. 诱导性推销策略　　D. 突出性推销策略

3. 药店硬终端不包括以下哪项？（　　）

   A. 店面　　B. 柜台　　C. 营业员货架　　D. POP

4. 以下哪项不是正确处理异议的方法？（　　）

   A. 全神贯注，找出客户不要的理由，全神贯注地倾听客户的弦外之音，从而了解这个客户是不是真的不要。

B. 不管能不能做到，先让客户满意。

C. 从容作答，要学会在客户说“我考虑一下”、“你改天再来”或者说一些更尖锐的词的时候，答话的时候一定不要紧张，一定要分清问题的重要性之后再从容作答。

D. 提出证据，客户的异议可能在数据上或者其他一些方面提出了一些不满意之处，对客户异议要寻求另外一种解答，提出证据，使客户进一步地相信你。

5. 当客户做出以下哪项动作时不适合提出成交？（　　）

A. 突然不再发问时　　B. 说话漫不经心时

C. 不断点头时　　D. 开始注意价钱时

☆说一说

1. 一个优秀的药品推销员需要具备哪些素质？
2. 药品推销策略和技巧各有哪些？
3. 影响医生处方的因素有哪些？
4. 结合实例简述药品推销过程。
5. 作为药品推销人员应如何看待售后服务？

☆想一想

案例

药品推销演说

衣着整洁的推销员小李来到一家零售药店。

小李：王老板在吗？我是XX医药公司推销员李健，在百忙中打扰您。我是本地区的推销员，经常经过贵店。看到贵店一直生意都是那么好，实在不简单。

王老板：您过奖了，生意只能说还可以吧。

小李：贵店对客户的态度非常的亲切，王老板对贵店员工的教育训练，一定非常用心，我也常常到别家店，但像贵店服务态度这么好的实在是少数。对街的刘老板，对您的经营管理也相当钦佩。

王老板：刘老板是这样说的吗？刘老板经营的店也非常好，事实上他也是我一直为目标的学习对象。

小李：王老板果然不同凡响，刘老板也是以您为模仿的对象，不瞒您说，刘老板上星期刚进了我们一个新产品，今天见到他，说是销售得很好，非常高兴，才提及王老板的事情，因此，今天我才来打扰您！

王老板：喔！他进的什么新产品呀？

小李：是我们公司最新上市的消化系统用药XXX，属于OTC类，XX卫视、XX报纸等各大媒体正在进行产品上市宣传，王老板是否也考虑引进这个新产品呢？这个新药作用机制和以往常用的消化系统用药不同，价格也有着绝对的优势，同时厂家也正在市场上进行新品上市推广活动，短期内已经在消费者心目中建立了一定的认知。您可以参加统一的全国范围活动，我们也可以根据您的需要给予特别的促销活动支持。请王老板一定要考虑这个新品。

问题：

1. 你认为本案例中的推销员小李有希望成功将药品推销给王老板吗？
2. 小李运用了什么样的开谈技巧？
3. 假如你是案例中的推销员，你会怎样推销？请演示。

☆做一做

模拟药品推销

一、实训目的

通过在模拟药店内进行仿真药品推销实训，使学生掌握药品推销的技巧。

二、实训内容

1. 模拟场景：下午临近幼儿园放学时分，在一家幼儿园旁边的药店内，急匆匆走进一位衣着时尚的女士，向营业员询问儿科用药的情况。

2. 要求作为扮演营业员的同学了解客户心理和需求，成功推销一种或一种以上的药品，并进行用药说明（用法、用量、注意事项等）。

三、实训步骤

1. 教师布置模拟药店
2. 同学利用课余时间了解常用儿科用药的基本知识。
3. 每两位同学一组，一位扮演顾客，另一位扮演营业员，推荐一轮结束后，两人角色对调。
4. 针对模拟过程，教师总结点评。
5. 实训结束后每位同学完成一篇推销感受。

四、实训评价（100 分）

1. 接待顾客推荐药品时的行为举止和态度。(30 分)
2. 推荐技巧的使用。(30 分)
3. 推荐药品种类。(10 分)
4. 药品专业知识熟练程度。(20 分)
5. 推荐感受总结。(10 分)

主要参考文献

1. 吴虹. 市场营销. 北京：中国中医药出版社，2003
2. 董国俊. 药品市场营销学. 北京：人民卫生出版社，2009
3. 钟明炼. 药品市场营销学. 第2版. 北京：人民卫生出版社，2008
4. 林建宁、严振. 药品市场营销技术. 第2版. 北京：化学工业出版社，2009
5. [美] Philip Kotler，Gary Armstrong 著. 赵平，戴贤远，曹俊喜译. 市场营销原理. 第7版. 北京：清华大学出版社，1999
6. [美] 科特勒著. 梅清豪译. 营销管理. 第11版. 上海：上海人民出版社，2003
7. 吕一林. 现代市场营销学. 北京：清华大学出版社，2000
8. 芮明杰. 市场营销管理. 上海：复旦大学出版社，2001
9. 沈志平. 医药市场营销. 第2版. 北京：科学出版社，2001
10. 张丽. 医药广告实务. 北京：中国中医药出版社，2006